Entwurfskultur und Gesellschaft

Gui Bonsiepe

Entwurfskultur und Gesellschaft

Gestaltung zwischen Zentrum und Peripherie

Zürcher Hochschule der Künste

Birkhäuser Basel · Boston · Berlin

Inhaltsverzeichnis

Vorwort 7

Einleitung 11

01. Demokratie und Gestaltung 15
02. Über einige Tugenden des Design 25
03. Der *Opsroom* – zum Eigensinn der Peripherie 35
04. Identität – Gegenidentität im Design 63
05. Kognition und Gestaltung – Die Rolle der Visualisierung 99
    für die Sozialisierung des Wissens
06. Audiovisualistische *patterns* 129
07. Blick auf Bruchstellen und Fugen 147
08. Zwischen Okularismus und Verbozentrismus 161
09. Operationelles und gegenläufiges Denken 169
10. Militanter Rationalismus in einem Labor kultureller Innovation 179
11. Entwurf und Entwurfsforschung – Differenz und Affinität 199
12. Innovationen im Design und Globalisierung 219

Bildnachweis 239

Vorwort

Gui Bonsiepe legt in der Buchreihe *Schriften zur Gestaltung* der Zürcher Hochschule der Künste eine Materialsammlung vor, die sein Wirken als Designer, Designlehrer und Designtheoretiker in weiten Zügen erschließt. Ein Buch, das seit etlichen Jahren überfällig ist und von vielen, insbesondere jenen erwartet wurde, die das Design als kulturell und ökonomisch wirkende Disziplin in sich rasant verändernden Gesellschaften mit gestalten und beobachten. Seine Texte, Analysen und Zugänge zum Design und dessen gesellschaftlicher Kontextualisierung sind geprägt von persönlichen aber auch beruflichen Erfahrungen in Arbeit und Lehre, die er in unterschiedlichen historischen Perioden, in verschiedenen Weltgegenden und politischen Systemen gemacht hat. Bonsiepes Mentalität, die Humanismus mit Gedankenschärfe und Bescheidenheit mit Gestaltungswillen (im entwerferischen und im gesellschaftlichen Sinne) paart, führt ihn des Öfteren zu wegweisenden Erkenntnissen über das Wesen und Wirken des Design. Fragt man ihn nach seiner Berufsbezeichnung, antwortet er bisweilen mit leicht selbstironischem Augenzwinkern: «Ich bin weltreisender Privatgelehrter in Sachen Design», was nicht zuletzt auch darauf deutet, dass er bis heute in etlichen Ländern Designstudierende unterrichtet, wie zum Beispiel an der Zürcher Hochschule der Künste.

Die Wurzeln von Gui Bonsiepes Entwurfsauffassung reichen bis in sein Studium und seine Lehrtätigkeit an der hochschule für gestaltung in Ulm, mit deren weitreichender Bedeutung er sich bis heute auseinandersetzt, so auch im 10. Kapitel des vorliegenden Buchs. Die im deutschen Sprachraum zuvor unveröffentlichten Schriften seines Lehrers und Freundes Tomás Maldonado, der von 1964–1966 als Rektor der hfg ulm tätig war, bildeten den Auftakt unserer Buchreihe. Denn die Auseinandersetzung mit dem Entwurf und seiner Bedeutung, wie sie an der hfg ulm angelegt wurde, beeinflusst die Arbeit an Konzepten für das Designstudium und die Weiterentwicklung der Entwurfsdisziplinen weltweit nachhaltig. Ergänzend zu Maldonados Werk *Digitale Welt und Gestaltung*, dessen Texte Gui Bonsiepe aus dem Italienischen und Spanischen ins Deutsche übersetzt und herausgegeben hat, widmet Bonsiepe sich in dem nun vorliegenden Band den mannigfaltigen Aspekten gestalterischer Tätigkeit. Dabei folgt der kritisch-kontextualisierten Analyse eine Aufforderung zur Bewusstmachung der politischen Dimension des Design. Seiner beispielhaften Durchdringung der gestalterischen Kerndisziplinen Industrial Design und Graphikdesign folgt der Ruf nach einer eigenständigen Forschungshaltung, welche die Brücke zwischen Erkenntnisgewinn und praktischer Entwurfstätigkeit schlägt. Bei allem ist Bonsiepe weder vage noch lapidar, sondern konkret, oft mittels scharfer Beobachtung anspruchsvoll, wie es seinem kristallinen Rationalismus entspricht. Sein Augenmerk liegt nicht auf abschließend gültigen Manifestationen, sondern auf einer begründeten Eigenständigkeit des Design, das im Kern seiner Idee ein Projekt der Erneuerung ist. Erfreulich, dass sich dabei nie der Eindruck aufdrängt, hier flaniere ein vermeintlicher (Design-)Held schwadronierend durch das Archiv seiner selbstbespiegelten Weltansichten. Wiewohl man bei Bonsiepe auch nie Gefahr läuft, einer an formales Blendwerk gekoppelten Oberflächlichkeit aufzusitzen, die dem Designpraktischen in seinem zutage getretenen Fetischismus der Artefakte huldigt – von der «Boutiquisierung des Design», wie er das einmal nannte, grenzt er sich konsequent ab.

Entwurfskultur und Gesellschaft als dritter Band in der Reihe *Schriften zur Gestaltung* setzt den Versuch fort, bedeutende und bisher auf Deutsch unveröffentlichte oder kaum zugängliche Materialien zu publizieren. Leitende Idee ist dabei unsere Vorstellung von Qualität, die sich in dreifacher Weise äußert:

•Zuerst sollen die Schriften tatsächlich relevant sein, indem sie Positionen darlegen und verhandelbar machen, welche die Auseinandersetzungen um das Design in kluger und nachhaltiger Weise voranbringen.

•Zum Zweiten soll das Material in einer Form veröffentlicht werden, die mit Fug und Recht als gute Form bezeichnet werden kann – gut lesbar im inhaltlichen wie im typographischen Sinne; zudem als Objekt, sprich in der Druckqualität, der Papierwahl und der Bindung, angemessen ausgestattet.

•Drittens schließlich sollen die Bücher für Studierende erschwinglich sein, um das Wissen möglichst vielen zugänglich zu machen.

All dies ist in unseren Augen mit dem vorliegendem Werk gelungen. Zu danken ist das vorab dem Autor Gui Bonsiepe, der unermüdlich, in minutiöser Detailliebe an der Auswahl der Texte, an deren Aktualisierung und Feinschliff sowie an der treffenden Argumentation mit Text und Bild gearbeitet hat und der das Buch mit dem Graphikdesignstudio marca in Buenos Aires gestaltete, das wir in unseren Dank einschließen möchten. Die Lektorin Karoline Mueller-Stahl wie auch der Hersteller Werner Handschin vom Birkhäuser Verlag stehen für sorgfältige Lektüre und technische Qualität, ihnen sei namentlich an dieser Stelle vielmals gedankt. Schließlich sind wir froh, mit dem Birkhäuser Verlag einen Partner gefunden zu haben, der dafür sorgt, dass die *Schriften zur Gestaltung* in die Welt getragen werden und damit dem Ansinnen, kluge, gute und erschwingliche Bücher für Designinteressierte und Studierende zu machen, ein Forum gibt.

Ralf Michel, Jacqueline Otten, Hans-Peter Schwarz
Zürcher Hochschule der Künste, Juli 2009

Einleitung

Die hier vorgelegten Überlegungen zum Entwurfsdiskurs sind anhand von vier thematischen Strängen geordnet. Sie nehmen einige offene, zum Teil strittige Fragen der Designdebatte auf, und zwar erstens die Beziehung zwischen Visualität und Diskursivität, zweitens die Entwurfsansätze in der Peripherie(1), besonders die Rolle des Entwurfs für eine autonome Entwicklungspolitik, drittens die kontroverse Rolle der Entwurfstheorie und der Designforschung und viertens die soziopolitischen Hintergründe der Entwurfstätigkeit. Ein Grundtenor eint diese vier Trajektorien, und zwar der der Latenz, des Unabgeschlossenen, des nicht ausgeschöpften Potenzials, der geschichtlichen Offenheit. Dieser steht quer zum ominösen Diktat der Alternativlosigkeit, das einen affirmativen gesellschaftlichen Status quo ein für alle Mal einfrieren und legitimieren und somit das Entwerfen in Quarantäne schicken möchte.

Nachdem das Thema ‹Design› jahrzehntelang ein Randdasein gefristet hat, lässt sich derzeit eine überbordende Fülle von Publikationen über ‹Design› mit seinen kaleidoskopischen Erscheinungsformen von der Mode über die Medien und Events bis hin zu den Kerndisziplinen Industrial Design und Visuelle Kommunikation verzeichnen. Im Rahmen der Optionen, über Design zu schreiben, sind die hier vorgetragenen Reflexionen von der Materialität des Entwerfens geprägt, mit seinen inhärenten Widersprüchen, Paradoxien, Rückschlägen und – gelegentlichen – kleinen Erfolgen. Das kann insofern einen Vorteil bieten, als gehaltlosen Spekulationen, zumal mit normativem

(1) Der Begriff ‹Peripherie› ist nicht im städtebaulichen Sinn (also als Vorstadt oder urbanes Randgebiet) zu verstehen, auch nicht im geographischen Sinn, sondern als ein politischer Begriff, wie er in den kritisch angelegten Sozialwissenschaften in Lateinamerika Verwendung findet. Angespielt wird damit auf perpetuierte Abhängigkeitsverhältnisse, denen die Peripherie unterworfen ist. Als dialektisches Gegenstück zur Peripherie fungiert das ‹Zentrum› als Inbegriff der Verkörperung von Herrschaftsstrukturen. Verfechter affirmativer Interessen halten den Erkenntniswert des Begriffspaars heute für überholt; doch die vorgebrachten Argumente, wenn sie denn überhaupt stichhaltige Argumente vorbringen, halte ich für nicht überzeugend.

Einschlag, ein Sperrriegel vorgeschoben wird. Die Texte tragen die Spuren ihres Entstehens: Sie wurden im Spannungsfeld der zwischen Zentrum und Peripherie gemachten Erfahrungen in der Entwurfspraxis sowie im Bereich der Lehre und Forschung innerhalb und außerhalb akademischer Institutionen verfasst. Die politische Dimension des Entwerfens tritt bei der Tätigkeit im Kontext jener Länder, die einst mit dem Ausdruck ‹Dritte Welt› bezeichnet wurden, mit besonderer Deutlichkeit zutage. Ich nehme an, dass der Grund dafür auch und gerade in den ungemindert fortbestehenden (post-)kolonialen Herrschaftsverhältnissen zu finden ist, die mit dem Allerweltsausdruck ‹Globalisierung› eher verdeckt als erklärt werden.

Im ersten Teil gehe ich auf einen emphatischen Demokratiebegriff sowie auf einige Attribute des zukünftigen Entwerfens ein, die als wünschenswert betrachtet werden können, ohne Gefahr zu laufen, sich dem Vorwurf der Realitätsferne auszusetzen.

Der zweite Teil enthält eine detaillierte Dokumentation über die Entwicklung des Interface, eines kybernetischen Managementprojekts zu Beginn der 1970er Jahre in Chile. Diese Beschreibung sollte nicht als Versatzstück in einer Zeremonie zu höheren Ehren eines Designeregos missverstanden werden, sondern als Beispiel zur Veranschaulichung dessen dienen, was eine an gesamtgesellschaftlichen Interessen orientierte Wirtschaftspolitik bedeuten kann und was es heißt, sich gegen die Entwicklung der Unterentwicklung zu wehren. Weiterhin wird die Identitätsfrage des peripherischen Design analysiert, wobei offen bleibt, ob es sich nicht um ein Scheinproblem handelt, bei dem die Prioritäten des Entwerfens in der Peripherie verkannt werden. In diesem Zusammenhang kommt auch der Topos der Abhängigkeit zur Sprache, also des Bewusstseins, dass wegen eingerasteter, noch aus Kolonialzeiten stammender Dominanzstrukturen die Mitsprache bei wichtigen, die Zukunft einer Gesellschaft betreffenden Fragen vereitelt wird. Diese existenzielle *condition périphérique* bestimmt auch die Entwurfstätigkeit.

Im dritten Teil wird die Rolle der Visualität für die Vermittlung und Assimilation von Wissen sowie für das Verstehen komplexer Sachverhalte erörtert. Dem gleichen Themenbereich der Bildlichkeit widmet sich die Analyse audiovisualistischer *patterns*, wie sie in Film, Fernsehen und digitalen Medien durchgängig auftreten, deren Feinstruktur aber bislang nur ansatzweise erschlossen ist.

Die vierte Sektion handelt von der weitgehend ungeklärten Frage der Designtheorie und Designforschung und dem damit verbundenen Phänomen der Akademisierung. Dabei gehe ich unter anderem auf die Vorreiterrolle der ehemaligen Hochschule für Gestaltung (hfg ulm) ein, deren struktureller Ausnahmecharakter in der Hochschullandschaft nach fünfzig Jahren der Erläuterungen bedarf.

Was die Terminologie angeht, verwende ich sowohl den Begriff ‹Entwurf› als auch den Begriff ‹Design›, die bekanntlich nicht deckungsgleich sind. ‹Entwurf› meint die anthropologische Dimension des Schaffens und Prägens von materiellen und symbolischen Artefakten, wogegen ‹Design› eine besondere Funktionsweise des Entwerfens im Spätkapitalismus bezeichnet, die sich seit den 70er Jahren des vergangenen Jahrhunderts global ausgebreitet hat. Bisweilen greife ich auf den Begriff ‹Gestaltung› mit seiner an den deutschsprachigen Bereich gebundenen Resonanzfülle zurück, für die sich in anderen Sprachen nur in cingeschränktem Maß ein Äquivalent findet.

Frühere Versionen einiger dieser Überlegungen und Materialien wurden in Vorträgen in Europa, Lateinamerika und Asien präsentiert und teilweise – allerdings in nicht immer leicht zugänglichen Publikationen – veröffentlicht. Diese Vorarbeiten wurden im Verlauf des vergangenen Jahres gesichtet, verändert, aktualisiert, gekürzt, ergänzt und erweitert. Die bibliographischen Angaben habe ich überwiegend auf die im Text zitierten Quellen beschränkt und darauf verzichtet, weiterführende Fachliteratur aufzulisten, da man sich derlei heute leicht aus dem Internet beschaffen kann.

Die Arbeit an dieser Veröffentlichung wurde in Florianópolis/Santa Catarina begonnen und in La Plata/Buenos Aires weitergeführt und beendet. Die Initiative für dieses Buch ging von Ralf Michel aus, der auf die Unterstützung des Rektors der ZHdK Hans-Peter Schwarz und der Direktorin des Designdepartements Jacqueline Otten zählen konnte. Ihnen wie auch dem Birkhäuser Verlag und Karoline Mueller-Stahl, die diese Publikation betreute, sei hiermit gedankt. Weiterhin gilt mein Dank den Mitgliedern des Graphikdesignstudios marca in Buenos Aires, die ein typographisches Konzept für Text und Abbildungen entwickelt haben, ohne den Versuchungen selbstreferenzieller Entwurfsakrobatik zu verfallen. Schließlich möchte ich den Studierenden danken, die an Entwurfskursen und theoretischen Seminaren teilgenommen haben und deren Beiträge in diese Veröffentlichung eingeflossen sind. Silvia Fernández begleitete die Ausarbeitung des Buches, vor allem seine visuelle Umsetzung, von Anfang an. Sie erstellte unter anderem die erste Skizze des Layoutentwurfs. Ihre Untersuchungen zur Gestaltung im öffentlichen Raum lieferten den Ausgangspunkt für die Reflexionen über *breakdowns* im 7. Kapitel. Dafür bin ich ihr tief verpflichtet.

Gui Bonsiepe
El Destino / Buenos Aires, Juni 2009

Demokratie und Gestaltung

• ‹DESIGN› – EIN AUSGEFRANSTER BEGRIFF
• INDIFFERENZ GEGENÜBER DEM ENTWURF
• AUTONOMIE UND HETERONOMIE
• HUMANISMUS
• MARKT UND PRIVATISIERUNG BIS ZUR SCHMERZGRENZE
• ZUR STRATEGIE DER ERSCHEINUNGEN
• AUTONOME TECHNOLOGIEPOLITIK

Ein Blick auf den gegenwärtigen Designdiskurs registriert ein befremdliches, möglicherweise Besorgnis erregendes Phänomen: Offenbar lebt das Design unbehelligt von Zweifeln in der besten aller Welten. Entwurfstätigkeit wird kaum mehr infrage gestellt. Auf der Tagesordnung stehen Begriffe wie *branding*, Kompetitivität, Globalisierung, komparative Vorteile, *lifestyle design*, Differenzierung, strategisches Design, emotionales Design, *fun design*, Erlebnisdesign *(experience design)*, intelligentes Design *(smart design)* – um nur einige der Fachausdrücke zu nennen, die in den Fachzeitschriften und den Büchern über Design auftauchen. Bisweilen gewinnt man den Eindruck, dass ein Designer, der auf zwei Minuten Ruhm spekuliert, sich verpflichtet fühlt, eine neue Etikette zu erfinden, die als *brand* dient, um sich vom Rest der Designangebote abzusetzen. In diesem Panorama erfreut sich das Thema ‹Demokratie und Gestaltung› keiner Beliebtheit, von wenigen, lobenswerten Ausnahmen abgesehen. Der *mainstream* des Design erwärmt sich nicht für Fragen, die in diesem Zusammenhang thematisiert werden.

Wenn man die Sozialgeschichte der Bedeutung des Begriffs ‹Design› betrachtet, stellt man auf der einen Seite eine Popularisierung, also eine horizontale Ausweitung, und gleichzeitig eine Verengung, also eine vertikale Reduktion, fest. Der Architekturkritiker Witold Rybczynski kommentierte jüngst dieses Phänomen: «Es ist noch nicht lange her, dass der Ausdruck ‹Designer› jemanden wie Eliot Noyes meinte, der für das Design der Kugelkopfschreibmaschine Selectric von IBM der 1960er Jahre verantwortlich zeichnete,

[Gekürzte Fassung eines Vortrags, der im Juni 2005 an der Universidad Tecnológica Metropolitana, Santiago de Chile gehalten wurde.]

oder Henry Dreyfuss, unter dessen Kunden sich die Lockheed Aircraft und die Bell Telephone Company befanden … oder Dieter Rams, der eine Reihe von Produkten mit strengen, aber sehr praktischen Formen für die deutsche Firma Braun entwarf. Heute ruft der Ausdruck ‹Designer› wohl eher Assoziationen mit Namen wie Ralph Lauren oder Giorgio Armani hervor, das heißt Modedesignern. Insofern Stilisten allgemein als Couturiers beginnen, werden sie – oder zumindest ihre Namen – mit einem Arsenal von Konsumgütern in Verbindung gebracht, einschließlich Kosmetika, Parfüms, Reisekoffern, Möbeln, Haushaltsgegenständen bis hin zu Anstreichfarben für Häuser. Als Ergebnis wird das Wort ‹Design› in der öffentlichen Meinung mit Umhüllungen gleichgesetzt: ein Gehäuse für einen Monitor, ein Füllhalterschaft, ein Brillenrahmen.»(1)

Mehr und mehr hat sich das Wort ‹Design› von der Vorstellung einer ‹intelligenten Problemlösung› entfernt und sich zunehmend dem Ephemeren genähert, der Mode, dem rasch Veralteten – das Wesen der Mode ist hektische Obsoleszenz –, der ästhetischen Spielerei, der Boutiquisierung der Gegenstandswelt. Somit wird Design heute weitgehend gleichgesetzt mit teuren, exquisiten, wenig praktischen, lustigen, formal hochgekitzelten und farblich aufgeputzten Objekten.(2) Die Hypertrophie der Modeaspekte wird ihrerseits flankiert und geradezu gefördert durch die auf konstanter Suche nach Neuem sich befindenden Medien. Design hat sich in ein Medienereignis verwandelt, in Schauwerk – begleitet von einer erklecklichen Zahl von Zeitschriften, die als Resonanzkästen für diesen Prozess dienen. Selbst Designzentren sehen sich dieser Komplizität mit den Medien ausgesetzt, wobei sie Gefahr laufen, ihr ursprüngliches Ziel zu verfehlen, nämlich zwischen Design als intelligenter Problemlösung und Design als Stilputzerei zu unterscheiden. Es handelt sich im Grunde um eine Renaissance der alten Tradition der Guten Form, doch mit grundverschiedener Zielsetzung. Die Verfechter der Guten Form verfolgten soziopädagogische Ziele, die *lifestyle centers* hingegen verfolgen ausschließlich kommerzielle und Marketingabsichten: Konsumorientierung eines neuen – und nicht ganz so neuen – gesellschaftlichen Segments globalen Zuschnitts, das man mit dem Etikett «Wir haben's geschafft» bezeichnen kann.

Die alltäglichen Gebrauchsgegenstände, die materiellen und semiotischen Artefakte sind im allgemeinen Diskurs, einschließlich des akademischen, mit seltenen Ausnahmen auf ein Klima souveräner Indifferenz gestoßen, wie es die italienische Designhistorikerin Raimonda Riccini formulierte. Die Gleichgültigkeit gegenüber, wenn nicht Verachtung der materiellen und semiotischen Artefakte hat ihre Wurzeln in der klassi-

(1) Rybczynski, Witold, «How Things Work», in: *New York Review of Books*, LII, Nr. 10, 2005.
(2) Diese als ‹kreativ› und ‹designed› angebotenen Produkte dürften besonders die Mitglieder der Mittelschicht und oberen Mittelschicht ansprechen, die über eine relativ gesicherte ökonomische Existenz verfügen und bei denen das Kreativitätsethos hoch im Kurs steht. Diese Vermutung kann nur durch empirische soziologische Untersuchungen bestätigt oder widerlegt werden, wie sie für eine andere Epoche von der Soziologin Eva Illouz gemacht worden sind (*Der Konsum der Romantik*, Suhrkamp, Frankfurt 2007). Plausibel erscheint die Annahme, dass Konsumpraktiken sich in Übereinstimmung mit Klassengrenzen entwickeln, aber auch in unserem Zusammenhang.

schen Kultur bis hin ins Mittelalter, als die ersten Universitäten im Okzident gegründet wurden. Diese akademische Tradition nahm von der Domäne des Entwurfs in keiner ihrer Disziplinen Notiz. Freilich, mit der Ausweitung der Wissenschaften und vor allem im Zuge der Industrialisierung konnte man nicht länger den Blick gegenüber der Technik und den technischen Artefakten verschließen, deren Präsenz zunehmend das Alltagsleben prägte. Doch als Leitinstanz diente – und dient – in den universitären Disziplinen das Erkenntnisideal in Form der Schaffung neuer Erkenntnisse. Niemals schaffte es der Entwurf, sich als Parallelleitbild auch nur ansatzweise zu etablieren. Diese Tatsache erklärt die Schwierigkeit, die Ausbildung von Entwurfskompetenzen in die Hochschulstrukturen mit den ihnen eigenen Traditionen und Wertungskriterien zu integrieren. Denn die Wissenschaften gehen die Welt aus der Perspektive der Erkennbarkeit an, wogegen die Entwurfsdisziplinen die Welt aus der Perspektive der Entwerfbarkeit angehen. Das sind unterschiedliche Perspektiven, die sich in Zukunft hoffentlich in komplementäre Perspektiven wandeln, sodass es zu einer fruchtbringenden Interaktion zwischen der Welt der Wissenschaften und der Welt des Entwurfs kommen kann, die heutzutage nur sporadisch gelingt. Als spekulative Möglichkeit kann man sich vorstellen, dass in Zukunft der Entwurf eine Grunddisziplin für alle wissenschaftlichen Disziplinen bilden wird. Doch wird es wohl Generationen dauern, bis diese kopernikanische Wende im Hochschulsystem eintritt, es sei denn, es würden radikal neue Universitäten geschaffen. Da aber der Handlungsspielraum der Kultusministerien sehr begrenzt ist dank des Gewichts akademischer Traditionen und dank der Bürokratisierung mit dem unumgänglichen Nachdruck auf formalakademischer Approbation, werden diese neuen Strukturen wohl außerhalb des etablierten Systems wachsen.

Das Entwerfen zu den Wissenschaften in Bezug zu setzen sollte nicht als Postulat eines wissenschaftlichen Design interpretiert werden oder als Versuch, aus dem Design eine Wissenschaft machen zu wollen. Es wäre grotesk, einen Aschenbecher mit wissenschaftlichen Kenntnissen entwerfen zu wollen. Vielmehr kommt es darauf an, Problemkomplexität und Methodenaufwand auszutarieren. Ebenso ist es nicht gerechtfertigt, den Begriff des Entwerfens auf Entwurfsdisziplinen wie Architektur, Industrial Design oder Kommunikationsdesign zu beschränken und technische Bereiche wie Maschinenbau und Konstruktion zu übergehen. Denn in wissenschaftlichen Disziplinen wird gleichfalls entworfen. Wenn eine Gruppe von Agrarwissenschaftlern eine neue Süßigkeit auf Grundlage von Johannesbrot entwickelt, die wichtige Vitamine für Schulkinder enthält, haben wir ein klares Beispiel für einen Entwurfsakt.[3] Es lässt sich also eine Berührungszone zwischen Wissenschaften und Gestaltung feststellen, wenngleich bislang keine allgemeine Entwurfstheorie zur Verfügung steht, die alle Erscheinungsformen des Entwerfens, vor allem auch der Gentechnik, umfasst, die zu Recht zu den wissenschaftlichen Entwurfsdisziplinen gezählt werden darf.

(3) «Crean un nuevo alimento para escolares en base a algarroba», 2005, in: *Clarín*, http://www.clarin.com/diario/2005/05/09/sociedad/s-03101.htm. (Letzter Zugriff 9.5.2005.)

Nach dieser kurzen Abschweifung über die Stellung des Entwerfens in der Hochschulausbildung und die Beziehung zwischen Entwurf und Wissenschaften steht nun das Zentralthema dieser Reflexionen an: Demokratie und Gestaltung. Freilich ist der Begriff ‹Demokratie› in den vergangenen Jahren einem Verschleißprozess ausgesetzt worden, sodass es angeraten ist, ihn mit Vorsicht zu verwenden. Wenn man einen Blick auf die internationale Szene wirft, so kann man nicht umhin festzustellen, dass seitens sich als demokratisch präsentierender Systeme im Namen der Demokratie kolonialistische Invasionen, Bombardements, Genozide, ethnische Säuberungen, Folterungen und Rechtsbrüche internationalen Zusammenlebens durchgeführt werden. Zukünftige Generationen werden wohl mit den ‹Folgekosten› konfrontiert werden. Mit Demokratie und deren vermeintlicher Verteidigung haben diese Operationen wenig zu tun, da sie deren substanzielle Inhaltsbestimmung aushöhlen.

Nach neoliberalem Verständnis ist Demokratie gleichbedeutend mit der Vorherrschaft des Marktes als gleichsam sakrosankter und ausschließlicher Instanz zur Regelung aller Beziehungen in und zwischen Gesellschaften. Somit stellen sich Fragen: Wie kann ein nicht von der Ökonomie beherrschter Begriff der Demokratie zurückgewonnen werden? Wie kann ihm wieder Glaubwürdigkeit vermittelt werden? Wie kann man das Risiko vermeiden, sich der arroganten und herablassenden Haltung der Machtzentren auszusetzen, die in der Demokratie allenfalls ein Beruhigungsmittel für die öffentliche Meinung sehen, um ungestört mit dem *business as usual* fortzufahren?

In diesem Zusammenhang wird eine einfache Interpretation der Demokratie im Sinne der Teilnahme verfolgt, damit Beherrschte sich in Subjekte verwandeln und einen Raum für Selbstbestimmung öffnen, und das heißt einen Raum für ein eigenes Projekt. Anders formuliert: Demokratie reicht weit über das formale Wahlrecht hinaus, wie auch der Begriff der Freiheit viel mehr bedeutet, als nur die Möglichkeit zu haben, zwischen hundert Varianten von Handys wählen zu können, oder zwischen einer Flugreise nach Orlando, um Disneyland zu besuchen, und einer nach Paris, um sich Gemälde im Louvre anzusehen.

Ein substanzieller Demokratiebegriff meint den Abbau von Heteronomie. Es ist kein Geheimnis, dass sich diese Interpretation in die Tradition der Aufklärung und der auf sie zurückgehenden ‹Großen Erzählungen› einfügt, deren Ende wiederholt verkündet worden ist – ob nun mit abgeklärt-resignativer Genugtuung oder nicht.(4) Diese Sichtweise steht quer zum hier explizierten Demokratieverständnis. Denn ohne utopisches Element ist eine andere Welt nicht möglich und bliebe nur Ausdruck eines frommen, ätherischen Wunsches ohne konkrete Folgen, widerspräche also der Entwurfstätigkeit.

Um die Notwendigkeit des Abbaus von Heteronomie zu veranschaulichen, kann der Beitrag eines Philologen, und zwar der von Edward Said, dienen. Er kennzeichnet auf exemplarische Weise, was Humanismus und was eine humanistische Haltung ist. Als Philologe beschränkt er die humanistische Haltung auf das Gebiet der Sprache

(4) Lyotard, Jean-François, *The Postmodern Condition: A Report on Knowledge*, The University of Minnesota Press, Minneapolis 1984, S. xxiii (französische Originalausgabe 1979). Im Vorwort schreibt Fredric Jameson: «Die Großen Meistererzählungen sind hier jene, die glauben machen, dass eine Alternative, etwas radikal Anderes jenseits des Kapitalismus möglich ist.» *Op.cit.*, Vorwort, S. xix.

und Geschichte: «Humanismus meint das Ausüben unserer sprachlichen Fähigkeiten, um die Produkte der Sprache in der Geschichte, in anderen Sprachen und in anderen Geschichtstraditionen zu verstehen, zu deuten und sich mit ihnen auseinanderzusetzen.»**(5)** Doch kann man diese Deutung auf andere Bereiche ausdehnen. Man wird die Absichten des Autors nicht verfälschen, wenn man seine Kennzeichnung des Humanismus – mit entsprechenden Änderungen – auf das Gebiet der Gestaltung überträgt. Entwurfshumanismus wäre das Ausüben von Entwurfsfähigkeiten, um die Bedürfnisse von gesellschaftlichen Gruppen zu deuten und umsetzbare emanzipatorische Vorschläge in Form von gegenständlichen und semiotischen Artefakten auszuarbeiten. Warum emanzipatorisch? Weil Humanismus eben die Minderung von Herrschaft impliziert, und im Bereich des Design eben auch das Augenmerk richtet auf die Ausgeschlossenen, die Diskriminierten, auf die – wie es euphemistisch heißt – ‹wirtschaftlich weniger Begünstigten›, also die Mehrheit der Bevölkerung dieses Planeten. Diese Behauptung sollte nicht als Ausdruck eines blauäugigen Idealismus außerhalb der vermeintlichen Wirklichkeit genommen werden. Vielmehr sollte sich jeder Beruf dieser unbequemen Frage stellen, nicht nur der Beruf der Entwerfer. Falsch wäre es auch, diese Behauptung als Ausdruck einer normativen Forderung zu nehmen, wie ein Gestalter heute – den Antinomien zwischen Wirklichkeit und dem, was Wirklichkeit sein könnte, ausgesetzt – handeln sollte. Die Absicht ist bescheidener, und zwar, ein kritisches Bewusstsein angesichts des enormen Ungleichgewichts zwischen den Machtzentren und den diesen Machtzentren Unterworfenen zu fördern und wachzuhalten und von daher Räume für Alternativen auszuloten, wenn man sich nicht mit der Versteinerung der Verhältnisse abfinden will. Denn dieses Ungleichgewicht ist zuinnerst undemokratisch, insofern es eine Teilhabe an einem autonomen Entscheidungsraum verweigert. Es behandelt die Menschen als bloße Instanzen im Prozess der Verdinglichung.

Hier ist ein Verweis auf die Rolle des Marktes und die Rolle des Design im Markt angebracht. In dem Buch *The Economics of Innocent Fraud* stellt der Wirtschaftswissenschaftler Kenneth Galbraith eine kritische Lektüre des Diskurses der Wirtschaftswissenschaften vor. Unter anderem durchleuchtet er den Gebrauch des Begriffs ‹Markt›, der seiner Meinung nach nichts weiter als eine Dunstwolke ist, um nicht offen von Kapitalismus zu sprechen. Galbraith stellt das Design in den Zusammenhang der Techniken der Großunternehmen, um Macht zu gewinnen und zu festigen: «Produktinnovation und Redesign erfüllen eine wichtige wirtschaftliche Funktion; kein bedeutender Hersteller führt ein neues Produkt ein, ohne die Nachfrage der Verbraucher zu hegen und zu pflegen. Desgleichen spart er nicht an Anstrengungen, die Nachfrage nach einem bestehenden Produkt zu beeinflussen und zu erhalten. Hier beginnt die Welt der Werbung und Verkaufstechniken, des Fernsehens, der Manipulation der Verbraucher und somit eine Verletzung der Verbraucher- und Marktsouveränität. In der realen Welt gehen die Herstellerfirmen und Industrien weit, um Preise festzusetzen und Nachfrage

---

(5) Said, Edward W., *Humanism and Democratic Criticism*,
Columbia University Press, New York 2003, S. 28.

zu schüren, und setzen zu diesem Zweck Monopole, Oligopole, Produktdesign und Produktdifferenzierung, Werbung und andere Mittel der Verkaufsförderung ein.»**(6)**

Galbraith kritisiert den Gebrauch des Begriffs ‹Markt› als einer anonymen, gesichtslosen Instanz und beharrt darauf, stattdessen von der Rolle der Großunternehmen zu sprechen. Gegen die erwähnte Nutzung des Design – letztendlich als Instrument der Herrschaft – wendet sich eine Praxis, die nicht bereit ist, sich allein auf Aspekte der Macht und des anonymen Marktes zu fixieren. Entwurfspraxis entfaltet sich in diesem Widerspruch, den man zwar leugnen kann, an dem man aber nicht vorbeikommt.

Das Thema der Manipulation hat im Entwurfsdiskurs eine lange Tradition, vor allem im Bereich der Werbung. Es sei an ein populärwissenschaftliches Buch erinnert, das seinerzeit erhebliche Resonanz genoss, und zwar *Die geheimen Verführer* von Vance Packard (1957). Doch sollte man sich vor einer maximalistischen Kritik rein denunzierenden und deklarierenden Charakters hüten. Es ist notwendig, stärker zu differenzieren und es nicht bei einem Totalverdacht zu belassen. Manipulation und Design berühren sich an einem Punkt, und zwar am Begriff der Erscheinung. Wenn entworfen wird, dann werden – unter anderem und sicher nicht ausschließlich – auch Erscheinungen entworfen. Design ist nun einmal zu einem gutem Teil sichtbar, sinnlich erfahrbar. Aus diesem Grunde ist an anderer Stelle (im Kapitel «Audiovisualistische *patterns*») der Designer als Stratege von Erscheinungen charakterisiert worden, und zwar von Phänomenen, die über die Sinnesorgane wahrgenommen werden, vor allem in der visuellen Dimension, aber auch in der auditiven und taktilen Dimension. Erscheinungen leiten ihrerseits zum Thema der Ästhetik über – ein durchaus ambivalenter Begriff, wenn er im Zusammenhang mit dem Design gebraucht wird. Denn einerseits stellt die Ästhetik das Reich der Freiheit dar, des Spiels – einige Autoren behaupten, dass wir nur frei sind, wenn wir spielen –, andererseits öffnet sie den Zugang zur Manipulation, also der Zunahme von Fremdbestimmtheit. Wenn Erscheinungen der Produkte und semiotischen Artefakte gestaltet werden, spielt gewollt oder ungewollt die Absicht zu verführen mit hinein, also eine positive – oder je nach Kontext negative – Prädisposition gegenüber einem Produkt oder einer Zeichenkombination hervorzurufen. Je nach Intention, tendiert der Entwurf mehr zum einen oder anderen Pol, mehr zu Autonomie oder mehr zu Heteronomie.

An diesem Punkt der Überlegungen ist kurz das Thema der Technik zu streifen. Unter Technik wird in der Regel das Arsenal von Artefakten und Verfahren verstanden, um gegenständliche oder semiotische Waren herzustellen, mit denen Unternehmen das Alltagsszenarium der Produkte und Kommunikation füllen. Technik ist zusammengesetzt aus Hardware und Software – und der Softwareaspekt schließt das Design als eine unverzichtbare Facette der Technik ein. Hier drängt sich stellvertretend das Thema der Technologie- und Industrialisierungspolitik in Lateinamerika auf. Die Untersuchungen über dieses Thema enthüllen aufschlussreiche Daten über Fortschritte und

(6) Galbraith, John Kenneth, *The Economics of Innocent Fraud*, Houghton Mifflin Company, Boston 2004, S. 7.

Rückschritte. Doch scheinen sie einer reduktionistischen Interpretation der Technik Vorschub zu leisten. Nur in Ausnahmefällen erwähnen die Texte, was man mit der Technik denn anstellt. Die Frage nach dem Entwurf der Produkte bleibt ausgeblendet. Das ist ein Schwachpunkt, ohne mit dieser kritischen Anmerkung die Anstrengungen der Historiker unterschätzen zu wollen. Doch kann man sie nicht von dem Vorwurf entlasten, gegenüber der Dimension des Entwurfs blind zu sein oder zumindest dieser Dimension mit Indifferenz zu begegnen. Zu den Gründen für die Industrialisierung zählt der Wunsch, den Export zu differenzieren und innerhalb der Wirtschaften Produkte mit Mehrwert – anstelle bloßer *commodities* – zu erzeugen. Doch unter diesem vordergründigen Argument steckt noch ein weiterer nicht immer explizit formulierter Ansatz, und zwar die Vorstellung, dass – abgesehen von der Mehrung des Bruttosozialprodukts – die Industrialisierung die einzige Möglichkeit einer Demokratisierung des Konsums bietet und damit einem breiten Sektor der Bevölkerung Zugang zum Universum technischer Produkte in den verschiedenen Bereichen des Alltags verschafft: Gesundheit, Wohnung, Ausbildung, Sport, Verkehr, Arbeit – um nur einige zu nennen.

Freilich, die Rolle des Staates zu erwähnen, um die Industrialisierung zu fördern, konnte bis vor Eintritt der globalen Finanzkrise im Jahre 2008 als Sakrileg erscheinen. Die Rolle des Staates war dämonisiert worden, allerdings mit einer Ausnahme, dann nämlich, wenn es darum geht, die Schulden eines privatisierten Dienstleistungsunternehmens zu zahlen, also im Grunde der Masse der Steuerzahler anzulasten.[7] Doch wenn einmal die Geschichte der Technik und Industrialisierung Lateinamerikas (oder Indoamerikas) geschrieben werden wird, dann wird man klar sehen können, dass die Rolle des Staates entscheidend für die Industrialisierung war – und ist –, mögen die Verleumder des öffentlichen Sektors mit ihrem bramarbasierenden Gehabe ihn auch noch so lächerlich machen, abwerten und seine Beiträge schmälern. Wenn man für einen Augenblick auf die jüngste Geschichte Argentiniens schaut – ein Land, das bis vor Kurzem unterwürfig die Auflagen und Empfehlungen des Internationalen Währungsfonds befolgte und in einem Moment des Deliriums von den ‹Intimbeziehungen› mit der größten Wirtschafts- und Militärmacht schwärmte –, dann kommt man nicht umhin festzustellen, dass es diesem Land mit der rückhaltlosen Privatisierung nicht sonderlich gut ergangen ist. Diese stürzte einerseits einen großen Teil der Bevölkerung in eine bis dahin nicht gekannte Armut und führte andererseits zu einer Einkommenskonzentration mit dem Ergebnis einer Bipolarisierung der Gesellschaft in Form der Ausgeschlossenen und der Einbezogenen. Privatisierung ist in diesem Falle gleichbedeutend mit Entdemokratisierung, denn die Opfer dieses Prozesses wurden niemals befragt, ob sie denn die Kredite befürworteten, die das Land in den Bankrott führten. Mit der Privatisierung und Schwächung der Rolle des Staates, mit der uneingeschränkten Öffnung der Wirtschaft für Importe wurde das Land deindustrialisiert, womit der Staat die Grundlage für die Schaffung von Arbeitsmöglichkeiten verlor, einschließlich

---

(7) Dieser Satz wurde drei Jahre vor der globalen Finanzkrise des Jahres 2008 geschrieben. Die Annahme einer Phasenverschiebung, gemäß der die Peripherie negative Erfahrungen vorwegnimmt, die zeitlich versetzt später im Zentrum gemacht werden, scheint plausibel.

der Interventionsmöglichkeiten für das Industrial Design. Dieser Prozess stellt einen Rückschritt dar, der weite Teile der Wirtschaft in Mitleidenschaft zieht.

Einen Augenblick beim Thema der Industrialisierungspolitik verweilend, ist festzuhalten, dass in allen bekannten Programmen in Lateinamerika keines den Sektor der Kommunikation und Information umfasste. Sie waren auf Hardware ausgerichtet, nicht auf Software. Heute hat sich die Konstellation radikal verändert. Eine aktualisierte Industrialisierungspolitik müsste die Informationsindustrie einbeziehen, für die das Graphikdesign und das Informationsdesign wesentliche Beiträge leisten können. Hier tauchen neue Problematiken auf, die an die Entwerfer im Bereich der Kommunikation kognitive Anforderungen stellen, die in den herkömmlichen Ausbildungsprogrammen nicht gebührend berücksichtigt wurden.

Mit der Verbreitung der Digitaltechniken entstand eine Richtung im Entwurfsdiskurs, derzufolge heutzutage die wesentlichen Fragen, mit denen sich ein Entwerfer auseinandersetzen muss, symbolischer Art sind, denn die Fragen der funktionellen Eigenschaften der Produkte haben an Relevanz eingebüßt. Als zweites Argument wird die Miniaturisierung erwähnt, ermöglicht durch gedruckte Schaltkreise, die es nicht erlauben, das Funktionieren der Komponenten sowie deren funktionelle Eigenschaften sichtbar nachzuvollziehen. Das Design hätte also diese Funktionen zu veranschaulichen und für den Gebrauch auf sinnfällige Weise zugänglich zu machen. Wenngleich es von Blindheit zeugte, die kommunikativen und symbolischen Aspekte der Produkte zu leugnen, so wären sie doch zu relativieren; es wäre ihnen nicht ein derart hoher Stellenwert zuzuschreiben, wie es einige Autoren tun. Zwischen den Alternativen, einen Nagel mit einem Hammer oder dem symbolischen Wert eines Hammers in die Wand zu schlagen, dürfte die Wahl eindeutig sein. Das materielle Substrat mit seiner visuellen, taktilen und auditiven Ausprägung bildet die feste Grundlage für die Arbeit des Entwerfers. Mit Besorgnis ist das Wachsen einer neuen Generation von Designern zu beobachten, die sich obsessiv auf die symbolischen Aspekte und deren Äquivalent im Markt – das *branding* (und *self-branding*) – einpeilt und nicht mehr weiß, wie Verbindungselemente klassifiziert werden. Die Suche nach einem Ausgleich zwischen instrumentell-operativen Aspekten der technischen Gegenstände und den semantischen Aspekten bildet den Kern der Arbeit des Designer, ohne die eine oder andere Dimension zu betonen. «Die Polarität zwischen der instrumentellen und der symbolischen Seite, zwischen Binnenstruktur und Außenstruktur ist ein typisches Kennzeichen der Artefakte, insofern sie Instrumente und gleichzeitig Träger von Werten und Bedeutungen sind. Designer haben die Aufgabe, diese Polaritäten zu vermitteln, indem sie die Form von Produkten gestalten als Ergebnis der Interaktion mit dem soziotechnischen Prozess.»[8] Es ist aufschlussreich, dass die Autorin nicht von der Form der Produkte und ihrem Zusammenspiel mit Funktionen spricht, also den von einem Produkt gebotenen Serviceleistungen, sondern dass sie auf die soziotechnische Entwicklung anspielt.

[8] Riccini, Raimonda, «Design e teorie degli oggetti», in: *i verri*, Nr. 27, 2005, S. 48–57.

[9] Benjamin, Walter, «Über den Begriff der Geschichte», in: *Walter Benjamin – Gesammelte Schriften*, herausgegeben von Rolf Tiedemann und Hermann Schweppenhäuser, Suhrkamp, Frankfurt 1991, S. 696.

Auf diese Weise vermeidet sie die alte Polemik zwischen Form und Funktion, die so viele Auseinandersetzungen in der Geschichte des Entwurfsdiskurses hervorgerufen hat. Die einst fest gefügten Grundlagen zur Orientierung, um zur Form der Produkte zu gelangen, haben sich heute verflüchtigt – wenn sie denn je bestanden. Naiv wäre es heute, die Existenz eines Kanons deterministischer Regeln vorauszusetzen. Wer einen solchen Kanon verteidigt, macht sich des Irrtums des Essentialismus platonischer Idealformen schuldig. Gleichzeitig aber wäre es ebenso naiv, eine uneingeschränkte Velleität der Formen zu postulieren, die den demiurgischen Akten einer Handvoll von kreativ erleuchteten Designern entspringen. Hier stößt man auf ein Paradox. Entwerfen bedeutet, sich den Paradoxien und Widersprüchen auszusetzen, sie niemals unter einer harmonisierenden Schicht zu verdecken, und es bedeutet darüber hinaus, diese Widersprüche explizit zu entfalten. In einer von Widersprüchen heimgesuchten Gesellschaft ist auch das Entwerfen und Gestalten von Widersprüchen geprägt. Es sei an das harte Diktum von Walter Benjamin erinnert, dass es kein Dokument der Zivilisation gäbe, das nicht gleichzeitig ein Dokument der Barbarei ist.**(9)**

Bibliographie

Benjamin, Walter, «Über den Begriff der Geschichte», in: *Walter Benjamin – Gesammelte Schriften,* herausgegeben von Rolf Tiedemann und Hermann Schweppenhäuser, Suhrkamp, Frankfurt 1991.

Galbraith, John Kenneth, *The Economics of Innocent Fraud*, Houghton Mifflin Company, Boston 2004.

Illouz, Eva, *Der Konsum der Romantik*, Suhrkamp, Frankfurt 2007.

Riccini, Raimonda, «Design e teorie degli oggetti», in: *i verri*, Nr. 27, 2005, S. 48–57.

Rybczynski, Witold, «How Things Work», in: *New York Review of Books*, LII, Nr. 10, 2005.

Said, Edward W., *Humanism and Democratic Criticism*, Columbia University Press, New York 2004.

Über einige Tugenden des Design

- ITALO CALVINOS *SIX MEMOS FOR THE NEXT MILLENNIUM*
- BELANGE VERSUS BELANGLOSIGKEIT
- INTELLEKTUALITÄT
- DER ÖFFENTLICHE SEKTOR
- ANDERSHEIT
- VISUALITÄT
- DESIGNTHEORIE

Ein unmodischer Ausdruck

Angesichts der negativen Assoziationen, die in der Regel mit dem Ausdruck ‹Tugenden› – zumindest bei seiner Kopplung mit dem Begriff ‹Design› – heraufbeschworen werden, kann man fragen, warum dieser unmodische Ausdruck überhaupt noch verwendet wird. Der Grund für diesen Rückgriff auf ein altertümliches Wort liegt in dem kleinen Buch von Italo Calvino, *Six Memos for the Next Millennium*.(1) In dieser posthumen Veröffentlichung spricht er über die Werte, die er – auf die Literatur bezogen – gern beibehalten und ins 21. Jahrhundert überliefert sähe. Diese Werte nennt er ‹Tugenden›.

Die sechs 1985 an der Harvard-Universität gegebenen Vorlesungen beziehen sich auf: *leggerezza, rapidità, esattezza, visibilità, molteplicità, coerenza (lightness, quickness, exactitude, visibility, multiplicity* und *consistency)*. Ohne Gefahr zu laufen, den Fehler einer schematischen, unbedachten Übertragung zu begehen, können diese Werte jedoch mit gebührlichen Anpassungen zum Bereich der Gestaltung in Beziehung gesetzt werden. Eine wörtliche Übertragung wäre naiv und unangemessen. Doch gibt es Parallelen, Affinitäten und Äquivalenzen. Wenn Calvino zum Beispiel ‹Leichtigkeit› als den Versuch definiert, den Erzählungen und der Sprache ihre Schwere zu nehmen, dann dürfte es sicherlich Analogien im Bereich der Gestaltung geben, obwohl Calvino den Begriff metaphorisch verwendet und hinsichtlich der Sprache nur metaphorisch verwenden

[Erweiterte, aus dem Englischen übersetzte Version eines Beitrages für das Symposium *Design beyond Design*, das die Jan van Eyck Academy in Maastricht im November 1997 zu Ehren von Jan van Toorn veranstaltet hat.]

|04|

kann. Leichtigkeit im Design kann eine Tugend sein, die beizubehalten wäre, besonders
dann, wenn man die Material- und Energieflüsse und deren Einfluss auf die Umwelt
in Rechnung stellt und wenn man die Verstopfung mit digitalem Müll in den Netzen
registriert. Wenn Calvino dann später auf «den flinken, plötzlichen Sprung des Dichter-
Philosophen» verweist, «der sich über die Schwere der Welt erhebt, und zeigt …, dass
das, was viele als Anzeichen der Vitalität unserer Zeit nehmen – laut, aggressiv, hochtou-
rig und dröhnend –, dem Reich des Todes angehört, wie ein Autofriedhof mit verroste-
ten alten Wagen», dann gewinnt Leichtigkeit eine kritische Komponente und zerstreut
falsche Assoziationen mit Oberflächlichkeit und Flüchtigkeit.[2] Unbedenklich dürften
zum Begriff ‹Leichtigkeit› – abgesehen von den auf der Hand liegenden physikalischen
Eigenschaften – auch Humor, Witz und Eleganz gezählt werden, wie man sie insbesondere im italienischen Design exemplarisch findet (beispielsweise bei der Hängelampe
parentesi von Achille Castiglioni und Piero Manzù, 1970) oder im Graphikdesign der
Geldscheine (vor Einführung des Euro) aus den Niederlanden. Diese Entwürfe veranschaulichen, was die Tugend der Leichtigkeit im Design meint.

Es wäre sicherlich reizvoll, Italo Calvino als Wegführer zu nehmen und für das
Design das zu leisten, was er für die Literatur getan hat, wenngleich das Design bei
Weitem nicht auf eine so tief verankerte Tradition wie die Literatur zurückblicken
kann. Weiterhin fehlt dem Design kulturelle Wertigkeit. Es ist bislang nur ansatzweise

(1) Calvino, Italo, *Six Memos for the Next Millennium*, Harvard University Press, Cambridge Mass. 1988.

(2) *Op. cit.*, S. 12.

in den Kreis der akkreditierten Themen der *cultural studies* vorgedrungen. Design führt somit ein Schattendasein, wahrscheinlich aufgrund seiner Komplexität und kapillaren Verbindungen mit Technik, Gesellschaft, Wirtschaft und Kultur. Trotz dieser Einschränkungen und Unterschiede wäre es nicht vermessen zu behaupten, dass auch das Design seine Tugenden hat, wenngleich sie nicht immer explizit formuliert sein mögen. Ich meine selbstredend nicht Tugenden als eine Privatsache, sondern Tugenden als eine aufs Öffentliche bezogene Angelegenheit – ein Bezug, der sich unvermeidlich in jeder Entwurfspraxis manifestiert. Diese für das Design relevanten Tugenden werden nachfolgend skizzenhaft umrissen.

Belange (*concerns*) versus Belanglosigkeit

Eng sind diese Tugenden mit der Entwurfspraxis verwoben, in sie eingebettet, weil sich nämlich die Entwurfstätigkeit auf menschliche Belange – man kann sogar so weit gehen zu behaupten: Grundbelange – ausrichtet. Welche Belange auf welche Weise und mit welcher Gewichtung angesprochen werden, das ist eine Frage der Anschauung oder auch eine Frage der Tugend, die sich bei jedem Entwurfsakt stellt, unabhängig davon, ob sich der Entwerfer dessen bewusst ist oder nicht. Es mag gusseiserne Praxis in Verlegenheit bringen, wenn an diesen scheinbar abgehobenen, weltfernen Sachverhalt erinnert wird.

Die Popularisierung des Design während der 1980er Jahre hat das Wort ‹Design› zu einem Allerweltswort werden lassen. Das zu beklagen wäre ein hypokritisches Unternehmen. Doch führt diese Popularisierung zu einer sehr verengten Sicht. Häufig wird der Begriff ‹Design› als Aushängeschild für eine Sonderklasse von Produkten genutzt, zum Beispiel Designerjeans, Designerdrogen, Designermöbel … Diese Beispiele tendieren dahin, die Tatsache zu verdecken, dass alle gegenständlichen und zeichenhaften Artefakte das Ergebnis von Entwurfstätigkeiten sind und nicht nur die Restmenge der Produkte für persönliche und häusliche Ausstattung, die mit dem Label ‹Design› ausgezeichnet werden.

Intellektualität

Auf dem Aspen Kongress 1989, der dem italienischen Design gewidmet war, erstaunte Ettore Sottsass das Publikum damit, dass er sich – aus durchaus verständlichen Gründen – als Intellektuellen und *cultural operator* vorstellte.(3) Es dürfte nur wenige Länder geben, in denen diese Selbstcharakterisierung mit solcher Unbekümmertheit und Selbstverständlichkeit vorgetragen werden kann wie in Italien, ohne dass die Augenbrauen angehoben werden. Auch wird die Mehrheit der Designpraktiker wohl allenfalls mit Vorbehalten der Selbstinterpretation als Intellektueller zustimmen. Eher werden sie darauf bestehen, dass sie Praktiker seien und sich nicht in der Nachbarschaft des Intellektuellen oder, in der Terminologie von Antonio Gramsci, in der

---

(3) Seit den 1950er Jahren werden in Aspen internationale Designkonferenzen veranstaltet, die zum anerkannten Ruf des Aspen Institute beigetragen haben.

Nachbarschaft des ‹organischen Intellektuellen› befinden, der seine technische Kompetenz in gesellschaftlichen Institutionen wie Privatunternehmen oder öffentlichen Institutionen einsetzt.

Intellektuelle werden zu Recht als Wortschmiede gekennzeichnet, weil sie eine Rolle bei der Ausprägung von Diskursen beispielsweise in den Bereichen Politik, Wissenschaft und Technik spielen. Im Bereich des Design kann die intellektuelle Ausbildung nicht auf eine nachhaltig wirkende Geschichte zurückblicken, da die Designausbildung aus handwerklicher Tradition stammt und mit einem Misstrauen gegen alles ‹Theoretische› durchsetzt ist. Neuerdings gibt es Anzeichen für einen Wandel, eine Abkehr von der gleichgültigen, wenn nicht argwöhnischen Einstellung gegenüber Theorie und theoretischen Fragestellungen. Designer beginnen zu schreiben, vor allem Graphikdesigner, womit die Epoche kollektiven Schweigens überwunden wird.(4) Entwerfen und das Schreiben über Design werden nicht mehr als sich gegenseitig ausschließende Tätigkeiten betrachtet. Somit wird ein Historiker, der im Jahre 2050 auf die Designszene zurückblickt, überrascht sein von der falschen Alternative zwischen Handeln und Reflektieren. In der nächsten Generation dürfte dieses ausschließende Gegeneinander als überholt betrachtet werden, so wie heutzutage die Debatte über Standardisierung und Normen zwischen Muthesius und van de Velde zu Zeiten der Gründung des Werkbunds nicht mehr von Bedeutung ist.

Zu den Anliegen der Intellektuellen gehört bekanntlich, über ihre Rolle in der Gesellschaft nachzudenken und eben diese Gesellschaft zu problematisieren. Hervorstechendes Merkmal ihrer Selbstcharakterisierung scheint das Standvermögen zu sein, Widersprüche aufzudecken und auszutragen, an den Grundfesten der Selbstzufriedenheit zu rütteln, das Gegebene mit dem Möglichen zu vergleichen und vor allem nach der Legitimation der Macht zu fragen. Es liegt mir fern, die Rolle des Intellektuellen zu heroisieren, noch weniger liegt mir daran, die Möglichkeiten seines Einflusses zu überschätzen. Gleichfalls möchte ich nicht das Stereotyp seiner Rolle als permanent grollenden Protestler stilisieren, der prinzipiell «gegen alles ist». Aber dieses Ingredienz der kritischen Einstellung in der Designkultur wäre nicht zu missen. Ein Antidoton zur stillschweigenden Hinnahme scheint nicht nur wünschenswert, sondern unerlässlich, wenn man vermeiden will, in die Falle der Indifferenz und Anpassung zu stapfen.

Als zweite Tugend für das Design des 21. Jahrhunderts würde ich folgende Haltung beizubehalten wünschen: die Bereitschaft und den Mut, Orthodoxien, Konventionen, Traditionen, überkommene Designkanons – und nicht nur Designkanons – kritisch zu überprüfen. Diese Bemerkung beschränkt sich nicht auf die rein reflektierende Domäne, also sprach- oder textvermittelte Tätigkeit, sondern auch auf das Wirken und Umsetzen sprachlicher Kompetenz und kritischer Einstellung. Der professionell tätige Entwerfer, der im Koordinatennetz seines Berufes mit den ihm zur Verfügung stehenden Werkzeugen arbeitet, sieht sich der Herausforderung gegenüber, seine kritische Einstellung gegen

(4) Bierut, Michael, William Drenttel und Steven Heller (Hrsg.), *Looking Closer 5 – Critical Writings on Graphic Design*, Allworth Communications, Inc., New York 2006.

Bennett, Audrey (Hrsg.), *Design Studies – Theory and Research in Graphic Design*, Princeton Architectural Press, New York 2006.
Bierut, Michael, *Seventy-nine Short Essays on Design*, Princeton Architectural Press, New York 2007.

den Status quo in einen Entwurfsvorschlag umzusetzen. Anders formuliert, die Entwerferin oder der Entwerfer treffen auf die Schwierigkeit, es nicht einfach bei einer kritischen Einstellung gegenüber der Wirklichkeit belassen zu können und in dieser Position zu verharren, sondern in diese Wirklichkeit mit ihren Entwurfshandlungen einzugreifen. Denn Entwerfen meint schließlich die Bereitschaft, die Wirklichkeit zu ändern, indem man sich einmischt, und nicht, indem man sich von ihr distanziert oder sie einfach variiert.

Der öffentliche Sektor

Die Niederlande können auf eine lange Tradition öffentlicher Tugenden zurückblicken, die sich auch in der Sorge, im Sich-Kümmern um den öffentlichen Bereich manifestiert. Einem Besucher wird das Detailbewusstsein auffallen, mit dem zum Beispiel ein Paketaufkleber oder ein Fahrplan der Bahn gestaltet sind. Weiterhin wird er erstaunt sein über die Selbstverständlichkeit, mit der die Verantwortung um den öffentlichen Raum als eine Verpflichtung der öffentlichen Verwaltung und der Politik betrachtet wird. Diese Aufmerksamkeit auf Details und Qualität der öffentlichen Domäne resultiert aus einer politischen Tradition, die sich im Verlauf der Geschichte dieses Landes gebildet hat, wenngleich die Welle des Neoliberalismus sicher nicht spurlos an den Niederlanden vorübergeht und auch dort wie anderswo Rückschritte mit sich bringen wird. Bei dieser Tradition handelt es sich nicht um kurzfristig ergriffene Maßnahmen, sondern um das Ergebnis von Standardpraktiken, die in der politischen Struktur Hollands und der politischen Geschichte verankert sind.[5] Politik bezeichnet die Domäne, in der die Mitglieder einer Gesellschaft darüber befinden, in welcher Gesellschaft sie leben wollen. Somit reicht Politik erheblich weiter als die Programme oder Ausrichtungen politischer Parteien. Die Sorge um den öffentlichen Bereich, wenngleich eine politische Verpflichtung, zielt über die jeweiligen Interessen einer gerade herrschenden Regierung hinaus – oder zumindest sollte sie darauf ausgerichtet sein.

Als dritte Tugend nenne ich also die Sorge um die öffentliche Domäne, und das umso mehr, als seit Jahrzehnten in zunehmendem Maße geradezu fanatische Attacken gegen all das gerichtet werden, was für öffentliche Interessen einsteht. Es mag angebracht sein, daran zu erinnern, dass die gesellschaftlich korrosiven Folgen entfesselter, nur sich selbst dienender Privatinteressen durch öffentliche Interessen in Schach gehalten werden müssen, und das in jeder Gesellschaft, die sich demokratisch nennt und diese Auszeichnung verdient.

Die Tendenz, dass Phänomene der Dritten Welt mit dem polarisierenden Programm einer Minderheit von Besitzenden und einer Mehrheit von Besitzlosen nun selbst auf reichere Wirtschaften übergreifen, lässt einen Schatten auf die Zukunft fallen und Zweifel aufkommen an der Vernunft jener, die eine derart zerklüftete Gesellschaftsstruktur für wünschenswert erachten. Der Versuch, das Design auf breiterer Ebene zu gesellschaftlichen Problemen in Bezug zu setzen, kann gemischte Reaktionen hervorrufen,

(5) Diese Besonderheit des niederländischen Design ist ausführlich von Paul Hefting erläutert worden, siehe Hefting, Paul, «El compromiso social del diseño público», in: *Historia del diseño en América Latina y el Caribe*, herausgegeben von Silvia Fernández und Gui Bonsiepe, Editora Edgar Blücher, São Paulo 2008, S. 274–298.

die von Indifferenz bis Irritation reichen. Vom Standpunkt eines Entwerfers aus, der darauf hinweist, dass Design zunächst einmal Geschäft ist, lässt sich diese Gleichgültigkeit oder Irritation verstehen. Sicherlich ist das Design ein Geschäft, doch nicht nur das. Wer Design aufs Geschäft herunterstutzt, verkennt, dass erfolgreiches Management darin besteht, ein Unternehmen als viables System in einem Kontext permanenter Perturbationen am Leben zu halten, und das bedeutet mehr, als auf eine in dreimonatigen Intervallen überprüfte jährliche Gewinnmarge von 20 Prozent zu schielen.

Andersheit

Nach Erörterung der Tugenden der Leichtigkeit, der Intellektualität und der Pflege der Domäne der Öffentlichkeit komme ich zur vierten Tugend, und zwar der der Andersheit, oder besser der Verantwortung für Andersheit. Das mag zunächst Befremden hervorrufen. Denn was mögen Andersheit und Design miteinander zu tun haben? Darüber hinaus können die bislang aufgelisteten Tugenden den Eindruck erwecken, dass sie allenfalls zu einem heterogenen Bündel von Eigenschaften gehören. Zuzugeben ist, dass zunächst offen bleibt, wie diese Auflistung in ein kohärentes Ganzes zu integrieren ist und damit die Gefahr vermieden wird, es nicht weiter zu bringen als bis zu einer Ad-hoc-Sammlung unzusammenhängender Attribute. Verfrüht aber wäre es, von vornherein einen solchen integrierenden Ansatz der für das Design relevanten Tugenden als nutzloses Unternehmen abtun zu wollen.

Bekanntlich ist die Thematik der Andersheit verknüpft mit der Debatte über das Selbst und die Identität, über Darstellung und Selbstdarstellung. Sie nimmt einen wichtigen Platz ein im Diskurs des Feminismus, der Geschlechterrollen, der Ethnien und der ethnischen Diversität. Deshalb hat die Thematik virulente politische Implikationen, weil sie an Fragen der Autonomie rührt, also der Fähigkeit, an der Bestimmung der eigenen Zukunftsperspektiven mitzuwirken. Diese Fragen leiten dazu über, das Augenmerk auf die – wie es Edward Said formulierte – unbekümmerte Gleichgültigkeit gegenüber drei Vierteln der Menschheit zu richten. Das Design und der Designdiskurs spiegeln heute die Belange der dominierenden Wirtschaften wider, die unter dem Banner der Globalisierung damit beschäftigt sind, die Welt nach ihren hegemonialen Interessen zu formen. Globalisierung als ein neuer Wirtschaftsfundamentalismus ist der Name für das gegenwärtig allumfassende Projekt – ein Prozess, der mit anscheinend unaufhaltsamer Rücksichtslosigkeit über die Köpfe von Personen, Regierungen und Gesellschaften hinwegrollt.(6) Wenn man auf das Begriffsreservoir der Anthropologie zurückgreift, kann man Globalisierung als den Versuch deuten, Andersheit zu vereinnahmen und zu unterwerfen. Das mag nicht nach jedermanns Geschmack sein. Deshalb darf es nicht verwundern, dass sich die Opfer dieses Prozesses, die mit zynischem Euphemismus als ‹soziale Kosten› etikettiert werden, diesem Versuch der Vereinnahmung widersetzen und es vorziehen, sich dieser Auseinandersetzung besser vorbereitet

(6) Mit dieser Feststellung wird nicht einer Naturalisierung gesellschaftlicher Prozesse das Wort geredet.

zu stellen. Wenn die Maxime von Kampf und Wettbewerb die Tagesordnung bestimmt, der sich zu widersetzen den Vorwurf der Weltfremdheit provozieren kann, dann sollten zumindest die Eingangsbedingungen in die Arena weniger verzerrt sein, als sie es derzeit sind. Somit ist die vierte Tugend die Achtung vor der Andersheit, wobei die rassistische Unterscheidung zwischen entwickelten und unterentwickelten Ländern endgültig in das Reservoir der ausgestorbenen Begriffe befördert werden sollte. Die erwähnte Tugend setzt die Bereitschaft voraus, andere Gestaltungskulturen mit ihren inhärenten Werten zu achten und sie nicht mit ausbeuterischem Blick als Lieferant für die nächste kurzfristige Modewelle zu taxieren. Die Tugend setzt eine Bereitschaft voraus, sich jeglichen ethnozentrischen messianischen Visionen zu widersetzen. Sie kann auch dazu beitragen, dem Hang entgegenzusteuern, sich ausschließlich auf das Viertel der Menschheit zu konzentrieren, das die industrialisierten Länder darstellen.

Visualität / Bildhaftigkeit / Anschaulichkeit

Als Äquivalent für Italo Calvinos Tugend der *visibilità* wähle ich für den Bereich des Design den Ausdruck Visualität. Calvino versteht unter ‹visibilità› die Fähigkeit «in Bildern zu denken» (*thinking in terms of images*). Diese Kennzeichnung ist aufschlussreich. Man kann in ihr einen Versuch der Rehabilitierung der visuellen Dimension sehen, allerdings nur, sofern sie im Sprachlichen verankert und somit der Sprache untergeordnet bleibt, solange sie eben in Bildern denkt, dies ist ein kognitiver Prozess, der Bildlichkeit durch Sprache vermittelt. In der okzidentalen Tradition wird Denken mit sprachlicher Kompetenz, mit dem Umgang mit Texten gleichgesetzt. Für den Schriftsteller ist der Primat der Sprache eine naheliegende und legitime Einstellung. Ihm geht es um Bilder in der Sprache, nicht um Bilder in der Domäne der Visualität.

In den Wissenschaften wird der visuellen Domäne, dem Umgang mit Bildern allenfalls ein niedrigerer epistemischer Status zugestanden – und das trotz der ikonischen Wende und der neuerdings feststellbaren Kritik an der Bildvergessenheit der Wissenschaften, beispielsweise der Soziologie, sowie der Aufwertung der visuellen Dimension im Zuge der Entwicklung der bildgebenden digitalen Verfahren in der Medizin.[7] Angesichts dieser nun seit einigen Jahren zu beobachtenden Akzentverlagerung und Umschichtung wäre es allerdings abwegig, den ‹Imperialismus des Wortes› nun mit einem ‹Imperialismus des Bildes› kontern zu wollen. Hingegen tun sich enorme Möglichkeiten gerade für die ans Sichtbare gekoppelte Gestaltung auf, um zur Erschließung des Potenzials der Visualität beizutragen. Dabei geht es nicht um eine untergeordnete Rolle in Form von Illustrationen zu höheren Ehren des Textes, sondern um Visualität als eigenständigen Bereich. Die sich entwickelnde Bildwissenschaft, die sich schrittweise von der aus der Kunstgeschichte stammenden Dominanz des Tafelbildes freimacht, schenkt der Visualität nun eine längst überfällige Beachtung. Design hätte da einen möglichen Ansatzpunkt, um das Potenzial der Visualität auszuschöpfen und die

(7) Burri, Regula Valérie, *Doing Images – Zur Praxis medizinischer Bilder*, transcript, Bielefeld 2008.

(8) Stafford, Barbara, *Good Looking – Essays on the Virtues of Images*, MIT Press, Cambridge, London 1996, S. 23.

epistemische Qualität der Visualität zu festigen. Sie nimmt damit unvermeidlich eine gegensätzliche Position ein zur einflussreichen, unter dem Namen ‹Poststrukturalismus› bekannten Tradition, die textfixiert vorgeht, indem sie die Wirklichkeit als Text begreift, der zu lesen ist. Durch die neuen digitalen Visualisierungstechniken wird dieser tief in der okzidentalen Tradition verwurzelte Anspruch der Textdominanz unterlaufen. Für den primär von den Digitalisierungstechniken getragenen Tätigkeitsbereich hat sich der Ausdruck ‹Informationsdesign› herausgeschält, der den Vorteil hat, den Binarismus von Wort und Bild zu vermeiden. ‹Informationsdesign› ist ein domänenneutraler Begriff. Das konstitutiv an Visualität gekoppelte Informationsdesign stellt kognitive Anforderungen, die einen problemorientierten Ansatz bei der Entwurfsarbeit statt einen selbstreferenziellen Ansatz nutzen, wie er in den 1980er Jahren aufgekommen ist, und ihn somit Erfolg versprechender erscheinen lassen.

Für die fünfte Tugend des Design – die Visualität, die es verdient, in das 21. Jahrhundert übernommen zu werden – mag das Zitat einer Bildwissenschaftlerin sprechen: «Die Geschichte der allgemeinen Tendenz zur Visualisierung hat somit weit reichende intellektuelle und praktische Folgen für die Theorie der Humanwissenschaften, der Naturwissenschaften und der Biologie sowie der Sozialwissenschaften – in der Tat für alle Formen der Ausbildung, von oben nach unten.»(8)

Theorie

Am Ende dieses Panoramas der ‹Designtugenden› möchte ich die derzeit intensiv diskutierte Rolle der Designtheorie kommentieren. Schwerlich dürfte der Designberuf eine Zukunft haben, sofern nicht in den kommenden Jahren die Ausbildungsprogramme überholt werden und die Designtheorie institutionell abgesichert wird. Für diese Einschätzung sprechen zwei Argumente. Erstens: Jede berufliche Praxis spielt sich vor einem theoretischen Hintergrund ab; das gilt auch für Praxisformen, die sich darauf versteifen, jeglichen theoretischen Bezug zu leugnen. Zweitens: Berufe, die nicht neue Kenntnisse erzeugen, geraten in technologisch dynamischen Gesellschaften ins Hintertreffen. Derzeit fristet Designtheorie noch ein Marginaldasein. Sie wird als Zeitvertreib einiger akademischer Exzentriker betrachtet, die gegen das rauhe Klima der Berufspraxis abgeschirmt sind. Theorie ist zwar keine Tugend, wohl aber ist es die Pflege theoretischer Interessen. Somit würde ich die Designtheorie im 21. Jahrhundert gerne nicht nur fortgesetzt, sondern zur vollen Entfaltung gebracht sehen.

Bibliographie

Bennett, Audrey (Hrsg.), *Design Studies – Theory and Research in Graphic Design*, Princeton Architectural Press, New York 2006.

Bierut, Michael, William Drenttel und Steven Heller (Hrsg.), *Looking Closer 5 – Critical Writings on Graphic Design*, Allworth Communications, Inc., New York 2006.

Bierut, Michael, *Seventy-nine Short Essays on Design*, Princeton Architectural Press, New York 2007.

Burri, Regula Valérie, *Doing Images – Zur Praxis medizinischer Bilder*, transcript, Bielefeld 2008.

Calvino, Italo, *Six Memos for the Next Millenium*, Harvard University Press, Cambridge Mass. 1988.

Hefting, Paul, «El compromiso social del diseño público», in: *Historia del diseño en América Latina y el Caribe*, herausgegeben von Silvia Fernández und Gui Bonsiepe, Editora Edgar Blücher, São Paulo 2008.

Stafford, Barbara, *Good Looking – Essays on the Virtues of Images*, MIT Press, Cambridge, London 1996.

Der *Opsroom* – zum Eigensinn der Peripherie

- INTERFACE
- KYBERNETISCHES MANAGEMENT
- MISSDEUTUNGEN
- THEOREM DER *REQUISITE VARIETY*
- INFORMATIONEN IN REALZEIT
- TECHNISCHE DETAILS DES *CYBERSYN*
- MEDIALISIERUNG
- ENTWURF OHNE *BRIEFING*
- DATENKOMPRESSION DURCH DIAGRAMMATISCHE VISUALISIERUNG
- VISUELLE GRAMMATIK – VISUELLE ALGORITHMEN
- KOMPONENTEN DES GEGENSTÄNDLICHEN UND SEMIOTISCHEN INTERFACE
- TECHNIKGESCHICHTE LATEINAMERIKAS

Beispiele für das Zusammentreffen von gesamtgesellschaftlicher Verantwortung, entwickelter Technologie und Design dürften nicht häufig zu finden sein. Selten kommt es zu einer zumindest annähernden Ausgewogenheit dieser drei Bereiche. Somit zählt der hier erläuterte Entwurf des *Opsroom* zu den Ausnahmen, zumal er in einem Land der Peripherie entwickelt wurde – eine Tatsache, die für eine aufs Zentrum fixierte Sichtweise zunächst unglaubhaft erscheinen kann, da sie überkommenen Vorstellungen über das Gefälle zwischen Zentrum und Peripherie zuwiderläuft. Es sei betont, dass es hier nicht um eine nostalgische Rekonstruktion von Designmemorabilia geht, sondern um ein aufschlussreiches Beispiel für die Möglichkeiten – und Grenzen – von Alternativen, mögen sie auch derzeit, in dieser Form zumindest, in unbestimmte Ferne gerückt sein und so gesehen als quijoteskes, anachronistisches und allzu ambitioniertes Unternehmen beurteilt werden. Es handelt sich eindeutig um ein politisches Projekt, wobei unter ‹Politik› nicht das zu verstehen ist, was das Geschäft der Politiker ist, der Berufspolitiker allemal. Der hier angesprochene Sinn von ‹politisch› nimmt eine andere Interpretation auf: «Seit den zwanziger Jahren erweitert das Wort [‹politisch›, GB] sein Bedeutungsfeld derart, dass es auf unbestimmte Weise jeden radikalen Bruch, jede Aufkündigung des Konsens bezeichnet. ... ‹Politisch› benennt den Wunsch nach Beginn, den Wunsch, ein Fragment des Realen möge endlich – einzig als Effekt der menschlichen Erfahrung, der künstlerischen z.B., oder der erotischen, der wissenschaftlichen – ohne Angst und ohne Gesetz vorgezeigt werden. Die Verbindung Kunst/Politik bleibt unverständlich, gibt man dem Begriff ‹politisch› nicht diesen erweiterten und subjektiven Sinn.»[1] Auch wenn diese Interpretation im zitierten Werk in dem Kapitel mit dem Titel «Avantgarden» auf die Kunst und deren subjektive Momente zugeschnitten ist, kann man sie hier auch auf das Design übertragen – ohne Design damit zur Kunst stilisieren zu wollen.

Freilich bleibt es beim Design nicht beim – symbolischen – Vorzeigen, vielmehr handelt es sich um einen konkreten Eingriff in die Wirklichkeit, was seinen Kontingenz-
charakter und den damit verbundenen eingeschränkten Freiheitsgrad bedingt.

Interface

Das Interface – seinerzeit umfasste dieser Begriff nicht den Tätigkeitsbereich des
Industrial Design und des Graphikdesign – eines Managementzentrums für die Ge-
samtwirtschaft wurde während zwölf Monaten in den Jahren 1972/73 am Technologischen Forschungsinstitut (INTEC) in Santiago konzipiert, ausgearbeitet und umgesetzt.
Mitglieder des Industrial-Design-Teams waren außer dem Verfasser: Guillermo Capde-
vila, Gustavo Cintolesi, Pedro Domancic, Alfonso Gómez, Rodrigo Walker, Fernando
Shultz, Michael Weiss, Werner Zemp. Mitglieder des Teams für Informationsdesign
waren: Eddy Carmona, Jessie Cintolesi, Pepa Foncea, Lucía Wormald.**(2)** Das politisch,
sozial und technisch anspruchsvolle Projekt endete jäh am 11. September 1973 durch
den Putsch gegen die demokratisch gewählte Regierung unter Präsident Salvador
Allende Gossens.**(3)** In der Fachliteratur ist der Entwurf in Anlehnung an den Sprach-
gebrauch in der strategischen Planung als *Opsroom* oder *Operations Room* bekannt.**(4)** Das
Projekt – die Entwicklung des kybernetischen Managements der Industriebetriebe einer
Volkswirtschaft – wurde von dem Kybernetiker Stafford Beer und dem Direktor der
Corporación de Fomento **(5)** Fernando Flores konzipiert. Nach Jahrzehnten des Vergessens
ist der Arbeit in jüngster Zeit wieder Aufmerksamkeit geschenkt worden. Sie darf in
ihrem theoretischen und praktischen Ansatz als ein kühner Vorgriff beurteilt werden,
der die seinerzeit zur Verfügung stehenden technischen Ressourcen für die konkrete
Umsetzung, zumal in einem peripheren Land wie Chile, erheblich überschritt. Trotz

(1) Badiou, Alain, *Das Jahrhundert*, diaphanes Verlag, Zürich,
Berlin 2006, S. 183–184.
(2) Da die Entwicklungsgruppe parallel an verschiedenen
Projekten arbeitete, wirkten nicht alle Mitglieder in gleichem
Umfang an dem Projekt mit, was aber kein Grund dafür ist, es
nicht als Teamprojekt anzusehen.
(3) Dieser Putsch wurde vom damaligen Präsidenten der
USA, Richard Nixon, und seinem Außenminister Henry
Kissinger unter der fälschlichen Annahme unterstützt, dass
die Einmischung diesmal unbemerkt bleiben würde. «Nixon
later said to Kissinger ‹our hand doesn't show on this one›.»

Haslam, Jonathan, *The Nixon Administration and the Death of
Allende's Chile – A Case of Assisted Suicide*, Verso, London,
New York 2005, S. 221.
(4) Beer, Stafford, «Fanfare for Effective Freedom – Cybernetic
Praxis in Government», in: *Platform for Change*, John Wiley &
Sons, London, New York, Sydney, Toronto 1975, S. 421–451.
(5) Die 1939 geschaffene Regierungsinstitution hatte zur
Aufgabe, die Industrialisierung Chiles staatlich zu fördern.
Ihre Funktion kann mit einem Industrieministerium verglichen
werden. Fernando Flores schlug vor, Stafford Beer als Berater
nach Chile zu holen.

technischer Einschränkungen wurde das Projekt ansatzweise umgesetzt. Heute bildet es ein fündiges Forschungsthema vor allem für Wirtschaftswissenschaftler(6), Systemtheoretiker, Betriebswissenschaftler(7), Kybernetiker, Informatiker(8), Historiker der Technik(9), Medienwissenschaftler(10) und Designhistoriker(11).

Kybernetisches Management

Stafford Beer und seine Mitarbeiter zielten darauf ab, ein Instrumentarium für ein flexibles, dezentralisiertes, dynamisches und vor allem vernetztes Wirtschaftsmanagement zu entwickeln, das sich von den bislang bekannten zentralistischen sozialistischen Planungskonzepten abhob und den Widerspruch zwischen Autonomie und Kontrolle (‹Leitung› im englischen Wortsinn von ‹control›) lösen sollte. Stafford Beer griff dabei auf eine These von Norbert Wiener und Claude E. Shannon zurück, derzufolge komplexe Phänomene als Systeme begriffen werden können, deren Verhalten mittels Zeitreihenanalysen zum Zweck von Voraussagen erfasst werden kann, unabhängig davon, ob es sich nun um Wettervoraussagen, Börsenkurse oder Produktionsstatistiken handelt. Der Ansatz Beers fügt sich in einen systemtheoretischen Rahmen ein, in dem Begriffe wie ‹Datenfluss›, ‹Information›, ‹Rückkopplung›, ‹Modellierung›, ‹Simulation› und ‹Kommunikation› eine wichtige Rolle spielen. Extrem vereinfacht waren zwei Fragen zu beantworten, erstens, welche Informationen ein Planungs- oder Managementteam benötigt, um zweckmäßige wirtschaftspolitische Entscheidungen zu treffen, und zweitens, wie diese Informationen visualisiert werden können. Dazu war – wie bei anderen komplexen Mensch-Maschine-Systemen, zum Beispiel in der Raumfahrt – ein Interface nötig.

In einer Technikgeschichte der zeitlich vor der Entwicklung der Kybernetik bestehenden Kontrollsysteme heißt es: «Ermutigt durch Norbert Wiener griffen nach dem Weltkrieg nicht nur Ingenieure, sondern auch Wirtschaftler, Anthropologen und Sozialwissenschaftler die Lehren vom Feedback, der Stabilität und miteinander gekoppelter Systeme auf und wendeten sie auf alle möglichen Bereiche an, von der globalen Ökologie bis zum Stadtverkehr. Es verband sie weniger eine spezielle Methodologie oder Theorie als die Vorstellung, dass verschiedene Aspekte der Welt als Systeme verstanden und als Fließ-

(6) Vehlken, Sebastian, «Environment for Decision – Die Medialität einer kybernetischen Staatsregierung. Eine medienwissenschaftliche Untersuchung des Projekts Cybersyn in Chile 1971–73», Masterarbeit, Ruhr Universität Bochum, 2004.
(7) Das von Fredmund Malik geleitete management zentrum st. gallen beschäftigt sich – selbstredend unter anderen sozioökonomischen und soziopolitischen Voraussetzungen – mit einer Weiterentwicklung des *Opsroom* und präsentiert eine virtuelle Cockpit-Version im Netz: «Operations Room – Total Control at your Fingertips» http://www.malik-mzsg.ch/mcb/htm/1083/de/mcb.htm. (Letzter Zugriff 26.7.2008.)
(8) Medina, Eden, «Democratic Socialism, Cybernetic Socialism – Making the Chilean Economy Public», in: *Making Things Public. Atmospheres of Democracy*, herausgegeben von Bruno Latour und Peter Weibel, ZKM Center for Art and Media Karlsruhe, MIT Press, Karlsruhe, Cambridge Mass., London 2005, S. 708–719.
(9) Medina, Eden, «Designing Freedom, Regulating a Nation: Socialist Cybernetics in Allende's Chile», in: *J. Lat. Amer. Stud.*, Nr. 38, 2006, S. 571–606.

Pickering, Andrew, «Kybernetik und die Mangel: Ashby, Beer und Pask», in: Pickering, Andrew, *Kybernetik und neue Ontologien*, Merve Verlag, Berlin 2007, S. 87–125.
(10) Pias, Claus, «Unruhe und Steuerung. Zum utopischen Potential der Kybernetik», in: *Die Unruhe der Kultur. Potentiale des Utopischen*, herausgegeben von Jörn Rüsen und Michael Fehr, Velbrück Wissenschaft, Weilerswist 2004, S. 301–326. Ders., «Der Auftrag. Kybernetik und Revolution in Chile», in: *Politiken der Medien*, herausgegeben von Daniel Gethmann und Markus Stauff, diaphanes, Zürich, Berlin 2004, S. 131–145. Im Netz abrufbar unter http://www.uni-essen.de/~bj0063/texte.html. (Letzter Zugriff am 25. Juli 2008.)
(11) Palmarola Sagredo, Hugo, «Productos y socialismo: diseño industrial estatal en Chile», in: *1973 – La vida cotidiana de un año crucial*, Planeta, Santiago 2003, S. 225–295. Pavitt, Jane und David Crowley, «The High-Tech Cold War», in: *Cold War Modern – Design 1945–1970*, herausgegeben von David Crowley und Jane Pavitt, Victoria and Albert Museum, London 2008, S. 162–192.

prozesse, Feedbacks und Mensch-Maschine-Interaktionen modelliert werden konnten. Die Sprache des Feedback, der Kontrolle (Leitung), Kommunikation und Information erwies sich als äußerst flexibel und anpassungsfähig.»(12) Das technologische Ferment für die Entwicklung von *Cybersyn* war vorhanden; zusammen mit dem soziopolitischen Ferment des Programms der Unidad Popular(13) ermöglichte es die Konzeption des *Opsroom*.

Die detaillierte Beschreibung vorwegnehmend sei hier erwähnt, dass die in den Betrieben Tätigen durch Feedbackschleifen des Systems in den Managementprozess einbezogen werden sollten – eine Zielvorstellung, die aber seinerzeit auf Grund unzureichender technischer Mittel nicht umgesetzt werden konnte, die aber dennoch als radikaler Vorgriff auf andere, demokratische Formen des Management von Unternehmen betrachtet werden darf. Da dieser Vorgriff sich nicht am realisierten Entwurf sehen lässt – hier macht der Anspruch «Design ist unsichtbar» durchaus Sinn –, sei nachdrücklich auf diesen Aspekt hingewiesen. Heute ist ein demokratisches Management zwar technisch möglich, aber dafür fehlen bekanntlich die soziopolitischen Voraussetzungen; hier öffnet sich die Schere zwischen technischen und gesellschaftlichen Möglichkeiten. Das Konzept begnügte sich nicht allein mit der Einrichtung eines Entscheidungszentrums, sondern sah vor, auf den verschiedenen Stufen industrieller Organisation über Industriebranchen bis hin zur einzelnen Betriebsebene Anwendung zu finden. Trotz der damaligen technischen Begrenzungen dürfte die Vorstellung einer enthierarchisierten Leitung von Unternehmen unter nicht nur symbolischem Einbezug der von den Entscheidungen Betroffenen den Kern einer Vorstellung konkreter Wirtschaftsdemokratie bilden, die sich von gängigen Vorstellungen des Marktes als unantastbare und alle Gesellschaftsbeziehungen beherrschende Institution abhebt. Es braucht kaum betont zu werden, dass dieses Projekt sich konzeptuell am Gegenpol der Idealisierung des Marktes als eines effizienten Zuweisers von Ressourcen befindet. Außerdem kann *Cybersyn* als Erinnerung daran dienen, dass Wirtschaft und Management mehr bedeuten können als kurzsichtige Fixierung auf die Erfüllung eines finanziellen Planziels in Form einer Profitrate von 20 Prozent oder mehr im Vierteljahresrhythmus. Je nach politischer Voreinstellung wird dieses Projekt entweder als utopisch oder überholt abgetan, utopisch im Sinne des Nichtrealisierbaren, überholt im Sinne von als ‹überwunden› angesehener Phasen zur Verwirklichung soziopolitischer und sozioökonomischer Alternativen, so als ob die Geschichte ein für allemal auf die gegenwärtige Phase entelechetisch festgeschrieben sei – eine Annahme, die sich schwerlich dem Vorwurf bornierter Weltbildnerei entziehen dürfte.(14) Wie dem auch sei, die Sorge um eine weniger polarisierte

(12) Mindell, David A., *Between Human and Machine – Feedback, Control, and Computing before Cybernetics*, The John Hopkins University Press, Baltimore, London 2002, S. 316.
(13) Unidad Popular war ein Bündnis verschiedener linksgerichteter Parteien in Chile, deren Kandidat Salvador Allende Gossens bei den Präsidentschaftswahlen im September 1970 die Mehrheit gewann und darauf im Nationalkongress mit den Stimmen der Christdemokraten zum Präsidenten gewählt wurde.

(14) Die Verlagerung des utopischen Impetus in den Bereich der Science Fiction und die Dialektik zwischen Vorstellbarkeit und Realisierbarkeit hat Fredric Jameson in seinem letzten Buch kommentiert. Jameson, Fredric, *Archeologies of the Future – The Desire Called Utopia and Other Science Fictions*, Verso, London, New York 2007 (1. Ausgabe 2005). «Je mehr eine gegebene Utopie ihren radikalen Unterschied zu dem betont, was gerade ist, desto unrealisierbarer wird sie, und schlimmer noch, desto unvorstellbarer wird sie.» (S. xv).

Gesellschaftsstruktur und weniger polarisierende Wirtschaftspolitik dürfte nichts an Aktualität eingebüßt haben.

Missdeutungen

Angesichts der Diskriminierung bis hin zu Dämonisierung jeglicher Alternativen zum Status quo darf es nicht verwundern, dass dieses Projekt – zumal in den affirmativen Medien – gleichgesetzt wurde mit autoritärer Bedrohung, wenn nicht gar mit Abschaffung menschlicher Freiheit überhaupt, wobei die angstschürende Vorstellung mobilisiert wurde, dass die Umsetzung des Projekts darauf hinauslaufe, die Gesellschaft der Herrschaft von Computern unterzuordnen. In technik-aversiven, sich kritisch verstehenden, der alternativen Technologie nahe stehenden Publikationen wurde das Projekt als Auswuchs technokratischer Ambitionen verdächtigt, da es vermeintlich nichts an den realen Entfremdungsformen der Arbeit ändern würde. All diese Einschätzungen verkannten – gewollt oder ungewollt –, dass diesem Projekt nichts ferner lag, als herkömmliche Herrschaftsformen fortzusetzen. Auch ging es um weit mehr als darum, der von Privatinteressen dominierten Priorität – oder Irrationalität – des Marktes die Priorität – oder Rationalität – allgemeingesellschaftlicher Interessen entgegenzusetzen. Ebenso wenig stand hinter diesem Projekt die Absicht einer intransigenten Verstaatlichung, denn um die Wirtschaft im Sinne des Sozialprogramms der Allende-Regierung zu lenken, reichte es, in Chile achtzig bis hundert Unternehmen – vor allem Großunternehmen – unter gesellschaftliche Kontrolle zu bringen. Die von konservativen Medien heraufbeschworenen Angstbilder, dass jeder Zeitungsverkäufer seinen Kiosk und jeder Bäcker seinen Brotladen verlieren würde, dienten einzig dem Zweck, die Interessen von Minoritäten zu kaschieren und eine klassenübergreifende Interessenidentität vorzutäuschen, die niemals bestanden hat.

Theorem der erforderlichen Varietät (*requisite variety*)

Zunächst einmal beinhaltete dieses Projekt eine Kritik an den gängigen Management-Informationssystemen (MIS), in deren Rahmen die Manager in der Regel von einer kontraproduktiven Datenwelle überrollt werden. Es ging Stafford Beer vielmehr darum, seine Vorstellung von kybernetischer Managementpraxis – wie er sie in zahlreichen Publikationen ausgearbeitet hatte[15] – in großem Maßstab zu demokratischen Zwecken einzusetzen, wozu er einerseits auf das Theorem der *requisite variety* von W. Ross Ashby und andererseits auf seine Theorie des viablen Systems (VSM *viable system model*) zurückgriff.[16] Dem auf den ersten Blick treffenden Einwand, dass im Konzept von Beer das Gehirn des Unternehmens in Form der Geschäftsleitung eine zentrale Rolle spielt, wird entgegengehalten, dass Beer «das ‹Gehirn des Unternehmens› als ein Steuerungssystem betrachtete, das mit anderen Steuerungssystemen vernetzt war (sowohl mit menschlichen als auch mit nicht menschlichen weiter unten an der ‹Wirbelsäule›), während

(15) Beer, Stafford, *Brain of the Firm – The Managerial Cybernetics of Organization*, The Penguin Press, London 1972. Ders., *Decision and Control – The Meaning of Operational Research and Management Cybernetics*, John Wiley & Sons, London, New York, Sydney 1966.

(16) Leonard, Allenna, «The Viable System Model and its Application to Complex Organizations – The First Stafford Beer Memorial Lecture, July 8, 2007», in: *World Multiconference on Systemics, Cybernetics and Informatics*, Orlando 2007.

|03| Klassifikation von Systemen. «Diese Klassifikation bricht mit dem Gedanken, man könne eine brauchbare Systemklassifikation aus der heute herrschenden wissenschaftlichen Organisation ableiten.» Beer, Stafford, *Kybernetik und Management*, S. Fischer Verlag, Frankfurt 1962, S. 33.

|03|

Systeme	Einfach	Komplex	Äußerst komplex
Determiniert	Fenstergriff	Computer	Unbesetzt
	Billard	Planetensystem	
	Anordnung einer Maschinenhalle	Automation	
Probabilistisch	Münzenwerfen	Lagerhaltung	Volkswirtschaft
	Quallenbewegung	Bedingte Reflexe	Gehirn
	Statistische Qualitätskontrolle	Industrielle Rentabilität	Unternehmen

all diese Steuerungssysteme homöostatisch in ihrer jeweiligen Umgebung engagiert waren.»(17) Das Theorem der *requisite variety* besagt, dass ein System, das den destabilisierenden Einflüssen der Umwelt ausgesetzt ist – und das geschieht unter anderem in jedem Unternehmen, von Kleinbetrieben über mittlere Firmen bis zu Großunternehmen –, zu seinem Fortbestand in der Lage sein muss, eine höhere Varietät zu erzeugen als die von der Umwelt erzeugte Varietät. Nur Varietät kann Varietät in Schach halten, wie es Ashby prägnant formulierte. Das lässt sich an einem Fußballspiel erläutern. Die elf Mitglieder einer Mannschaft erzeugen durch ihre Spielkombinationen einen hohen Grad von Varietät, der durch die gegnerische Mannschaft nicht nur in Schach gehalten werden, sondern überboten werden muss, um das Spiel zu gewinnen. Das wird schwierig, wenn eine Mannschaft einen oder zwei Spieler durch einen Platzverweis oder Verletzung verliert. Denn neun Spieler können – bei vorausgesetzten vergleichbaren Fähigkeiten – nicht so viel Varietät erzeugen wie elf Spieler. Aus diesem Grunde wächst die Wahrscheinlichkeit, dass die Mannschaft mit weniger Spielern verlieren wird. Ein weiteres Beispiel für die Varietätskontrolle sind doppelte bis dreifache Sicherheitsvorkehrungen in Form mehrfacher Computersysteme in Flugzeugen – wenn ein Computersystem versagt, also nicht in der Lage ist, die erforderliche Varietät zu erzeugen, um einen Absturz zu verhindern, wird ein zweites Computersystem aktiviert, und wenn dieses versagt, ein drittes Computersystem. Die Wahrscheinlichkeit, dass alle drei oder

(17) Pickering, Andrew, «Kybernetik und die Mangel: Ashby, Beer und Pask», in: Pickering, Andrew, *Kybernetik und neue Ontologien*, Merve Verlag, Berlin 2007, S. 112–113 (Fußnote).

|04| 5-Stufen-Modell des kybernetischen Management von Stafford Beer, angewendet auf die chilenischen Industriebetriebe. Nachgezeichnet nach der Originalfassung. Das Grundschema ist veröffentlicht in Boor, Stafford, «Corporate Structure and its Quantification», in: Beer, Stafford, *Brain of the Firm – The managerial cybernetics of organization*, The Penguin Press, London 1972, S. 198–212.

|05| Display ‹Staffy›.
|06| Gliederung der Industrie in Branchen, Unternehmen, Firmen.

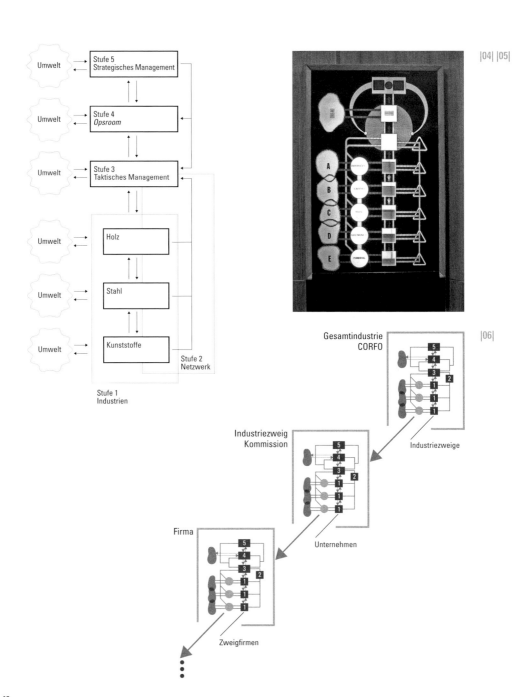

|04| |05|

|06|

noch mehr Computersysteme ausfallen, ist bekanntlich sehr gering. So gesehen, verfügt ein Flugzeug über hinreichende Reserven zur Variabilitätskontrolle beispielsweise bei Turbulenzen. Ein weiteres einfaches Beispiel liefert die Routine des Backups von digital gespeicherten Daten; da es vorkommen kann, dass eine Festplatte einen Crash erleidet, tut man bekanntlich gut daran, ein Backup anzulegen, um auf diesen Fall von – unvermeidbarer – Varietät vorbereitet zu sein.

Informationen in Realzeit

Zurückkommend auf das Management eines hochkomplexen Systems, wie es eine Volkswirtschaft ist, setzt die Forderung der *requisite variety* aktualisierte Informationen über die Aktivitäten der Unternehmen voraus. Denn ohne diese Daten können keine zweckdienlichen Entscheidungen getroffen werden. Die Aufgabe, relevante Wirtschaftsdaten, die früher mit monatelanger Verspätung eingetroffen waren, sodass sie wegen des Verlusts an Aktualität ihren praktischen Wert eingebüßt hatten, zügig durch den Aufbau eines Netzwerks zu vermitteln, fiel den Ingenieuren zu. Diese Daten dann für die Nutzer visuell umzusetzen und den verantwortlichen Managern auf verschiedenen Stufen gemäß dem 5-Stufen-Modell**(18)** des kybernetischen Managements von Stafford Beer zugänglich zu machen war die Aufgabe des Entwerferteams.

Technische Details des *Cybersyn*

Die technischen Einzelheiten des insgesamt aus vier Teilsystemen bestehenden Systems (*Cybernet*, *Cyberstride*, *Checo* und *Opsroom*), das im Englischen mit dem Namen ‹*Cybersyn*›**(19)** und im Spanischen mit dem Namen ‹*Synco*› bezeichnet wurde, sind in der einschlägigen Fachliteratur beschrieben.**(20)** *Cybernet* beinhaltete die seinerzeit mittels etwa 500 Telexgeräten hergestellte Vernetzung der in Gesellschaftseigentum überführten Unternehmen; *Cyberstride* bestand aus einer Reihe von Softwareprogrammen zur Verarbeitung der Produktionsindices; *Checo* war ein Simulator, um die Folgen von Wirtschaftsentscheidungen virtuell durchzuspielen; der *Opsroom* schließlich bildete das *front end* des gesamten Systems. Für eingehendere Informationen sei in diesem Zusammenhang auf die Schriften von Stafford Beer und themenbezogene Publikationen verwiesen, in denen die technischen Merkmale des Projekts mit seinen mathematischen und systemtheoretischen Grundlagen erläutert werden. In Ergänzung der bislang von Wirtschaftswissenschaftlern und Informatikern ausgearbeiteten Veröffentlichungen und dem Projektbericht**(21)** wird hier die Entwicklung des gegenständlichen und semiotischen

(18) Beer, Stafford, «Corporate Structure and its Quantification», in: Beer, Stafford, *Brain of the Firm – The managerial cybernetics of organization*, The Penguin Press, London 1972, S. 198–212.
(19) Das Akronym ist aus den Worten ‹cybernetics› und ‹synergy› gebildet. Im Spanischen wird das Ziel des Projekts angedeutet: ‹*sistema de información y control*› (Informations- und Kontrollsystem).

(20) Medina, Eden, *op.cit.*
(21) Espejo Ballivian, Raúl, *Proyecto SYNCO – Conceptos y práctica del control; una experiencia concreta; la dirección industrial en Chile*, herausgegeben von Corporación de Fomento de la Producción, Santiago 1973.

|07| Skizze des Vorprojekts:
1. Informationstafel
2. Wandtafel und Projektionsschirm
3. Tisch für Manager
4. Aktenschränke
5. Diaprojektor.
|08| Beispiel eines Indikators für drei Tage. Die Leuchtstärke der drei Bereiche nimmt nach links hin ab (Vergangenheit).

|09| |10| Skizze einer extrem vereinfachten Variante für die Anzeige der Indikatoren:
1. Datum für den Wechsel einer der fünf Stufen
2. Fünfeck mit Farben zum Anzeigen der fünf Stufen
3. Fünfeck mit drei Pfeilen (horizontal, aufsteigend, absteigend)
4. Datum für den Wechsel des Symbols
5. Trägerprofil.
Abmessungen etwa 10 cm hoch, 25 cm breit.

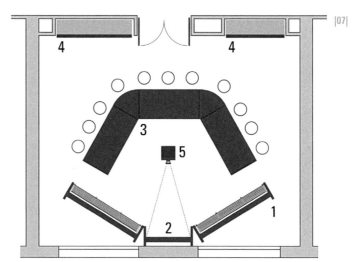

|07|

Vorgestern: abnehmend   Gestern: Änderung   Heute: gleichbleibend |08|

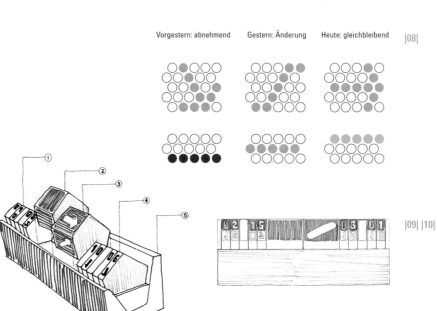

|09| |10|

44

Interface geschildert. Hinsichtlich des *Opsroom* schreibt eine Informatikerin: «Obwohl der *Opsroom* niemals volle Funktionsfähigkeit erreichte, fesselte er schnell das Vorstellungsvermögen aller, die den Saal sahen, einschließlich der Vertreter des Militärs, und wurde zum symbolischen Kernstück des Projekts.»(22) Der *Opsroom* lieferte gleichsam die Bühne für die Szenographie des schwer oder auf Anhieb gar nicht fassbaren Systems, das in ihm gebündelt sinnlich und kognitiv überhaupt erfahrbar wurde. Ohne dieses *front end* wäre das System wohl kaum nutzbar gewesen.

Medialisierung

Am Rande seien die seit einiger Zeit zu beobachtenden künstlerischen Installationen und virtuellen Nachbauten des Managementzentrums erwähnt – es ist ein Ausnahmefall, dass ein Industrial-Design-Objekt als Anregung für künstlerische Auseinandersetzungen dient, und solange nicht eine Verkunstung des Design intendiert wird, wäre nichts dagegen einzuwenden, den *Opsroom* als Ausgangspunkt für mediale Inszenierungen oder Installationen zu nutzen.(23) Vorbehalte allerdings dürften gerechtfertigt sein angesichts der Gefahr, an der vermeintlich futuristischen Oberfläche des *Opsroom* zu verweilen und sie vom gesellschaftlich-politischen Konzept abzukoppeln oder dieses gar auszublenden. Wer will, kann zwischen dem *Opsroom* aus dem Jahre 1972 und der Bilderwelt der Science-Fiction-Filme, mit den Kommandozentralen der Raumschiffe, insbesondere des Films *2001: A Space Odyssey* (Stanley Kubrick, 1968), eine Ähnlichkeit in den Anmutungsqualitäten konstatieren. Derlei lag sicher nicht in den Absichten des Entwerferteams. Falsch wäre es, aus der Ähnlichkeit der Phänomene auf die Ähnlichkeit der Ursachen zu schließen oder da irgendwelche, und seien es unterschwellige, Einflüsse rekonstruieren zu wollen. Wer auf verkrustete, idiosynkratische, aus abstrakter Erfahrung gewonnene Vorstellungen über Sozialismus rekurriert, wird es möglicherweise erstaunlich finden, dass im *Opsroom* keine Standardembleme sozialistischer Bildwelten zu finden sind. Die Wirklichkeit war an Erfahrungen reich genug, sodass es emotional aufpeppelnder Unternehmungen im Sinne eines *experience design* nun wahrlich nicht bedurfte.

Entwurf ohne *briefing*

Für die Entwicklung des Managementzentrums gab es kein ausgefeiltes *briefing* in Form einer Liste der Solleigenschaften und Auflagen. In dieser Hinsicht verstieß der Projektablauf gegen die herkömmlichen Regeln der Systemwissenschaften. Das Entwurfsteam, das anfangs keine detaillierten Informationen über das komplexe Vorhaben besaß, wurde zunächst mit der vagen Aufgabe betraut, einen Raum für zehn Personen einzurichten, in dem Wirtschaftsdaten präsentiert werden sollten, um wirtschaftspolitische Entscheidungen zu treffen. Die Arbeit umfasste einerseits den Entwurf des Raumes mit der dazugehörigen Ausrüstung, andererseits die Regeln (Designalgorithmen) für die Visualisierung der Informationen, die im Managementzentrum präsentiert werden. Mit

(22) Medina, Eden, *op.cit.*, S. 590.
(23) Voß, Jeronimo, «Iconic Return», Städelschule, Frankfurt
2005. Unveröffentlichtes Dokument.

|11| Skizze des polygonalen Grundrisses mit außerhalb
des Sitzungsraumes installierten Projektoren.
|12| Skizze der Schnittansicht mit Lichtkanal und
Lüftung in der Deckenzone.

|11|

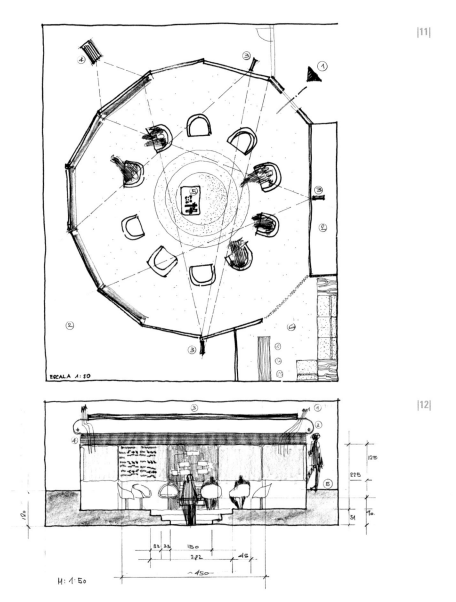

ESCALA 1:50

|12|

H: 1:50

|13| Grundkonzept des Vorprojekts. Sessel kreisförmig angeordnet (ohne Präferenzposition). Zentrales Bedienungspult zum Abrufen der Informationen, die auf die Bildschirme an den Wänden projiziert werden.

|14| Drehsessel mit eingebauter Tastatur, Aschenbecher und Abstellmulde für ein Getränkeglas.

|13|

|14|
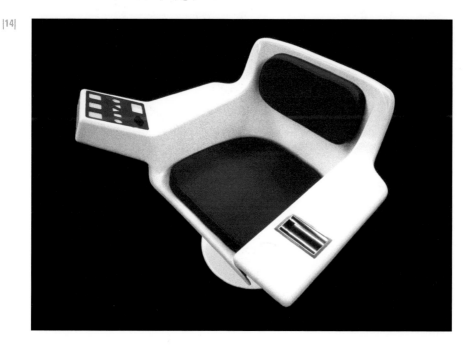

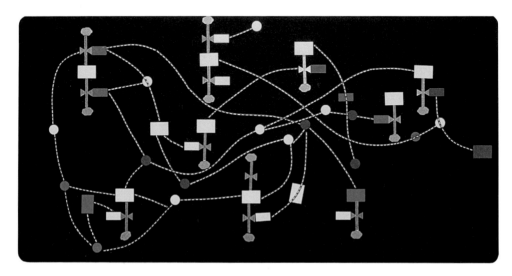

diesen allgemein gehaltenen Vorgaben wurde ein erster Entwurf skizziert, der vor allem dazu diente, von Stafford Beer verworfen zu werden. Die Skizze zeigt einen rechteckigen Raum mit einem abgewinkelten, auf den zentralen Bildschirm und die Gestelle für die Displaytafeln ausgerichteten Tisch. Als Alternative zu den handwerklich hergestellten Schautafeln wurde eine technisch sehr einfache Lösung skizziert: Auf die Seiten von fünfeckigen Scheiben gedruckte Ziffern und Icons sollten in verschiedenen Kombinationen in ein Holzprofil eingeführt werden. Durch einfaches Umdrehen dieser Scheiben war es möglich, die zehn Ziffern von Null bis Neun auf den fünf Flächen unterzubringen. Diese Skizze einer – wenn man will – angepassten Technologie (*appropriate technology*), wie sie in den 60er und 70er Jahren des letzten Jahrhunderts propagiert wurde, trug der damaligen wirtschaftlichen Notlage in Chile Rechnung. Die Entwerfer wollten bei der Realisierung des *Opsroom* auf Notfälle und Engpässe bei der Versorgung mit importierten Materialien vorbereitet sein. Ein zweiter Entwurf basierte auf einem mit kleinen Glühlampen bestückten Raster, mittels dem das Verhalten der verschiedenen Indices visualisiert wurde: gleichbleibend, aufsteigend, absteigend, konstant, sprunghaft.

Gelassene Atmosphäre

Anhand der ersten Skizzen wurden die verbal geäußerten Vorstellungen vor allem Stafford Beers präzisiert. So zeigen die Zeichnungen der zweiten Phase einen Raum mit kreisförmiger Anordnung der Stühle oder Sessel, bei der es keine Präferenzposition gibt. In Übereinstimmung mit seinem unkonventionellen, antibürokratischen Arbeitsstil wünschte Beer eine gelassene Atmosphäre. Auf die Wände des Raums mit kreisförmigem Grundriss sollten von der außen liegenden Servicezone aus die Wirtschaftsinformationen mittels Diaprojektoren projiziert werden. Die Daten sollten über ein zentral positioniertes Pult von den Sitzungsteilnehmern abgerufen werden können. Dieses Konzept entsprach den Wünschen von Stafford Beer, sodass es als Ausgangspunkt für eine detaillierte Ausarbeitung genommen wurde.

Im umgesetzten Entwurf wurde das zentrale Eingabepult zum Abrufen der Informationen durch eine in die Sessellehne eingebaute Tastatur ersetzt. Dafür waren zwei Gründe maßgebend: Einerseits ist es bequemer, vom Sessel aus die Tastatur in Reichweite zu haben, als aufzustehen und an ein Kontrollpult zu gehen und von da aus die Informationen abzurufen; andererseits verläuft die Diskussion zwischen den Teilnehmern dank der dezentralisierten Tastaturen flüssiger, da sie nicht durch das Aufstehen und Hingehen zum Kontrollpult unterbrochen wird.

Nach der Managementkonzeption von Stafford Beer müsste an der Eingangstür zum *Opsroom* ein Schild angebracht sein: «Schreiben verboten. Dies ist ein Raum zum Nachdenken und Fällen von Entscheidungen.» Folglich sollten sich im Saal keine Tische oder Aktenschränke befinden, die dazu verleiten könnten, zu schreiben oder schwergewichtige Unterlagen abzulegen. Doch wurde es als nützlich erachtet, ein prätechnologisches Relikt, das heißt eine Wandtafel, zu installieren, die heruntergeklappt werden konnte und bei Nichtgebrauch bündig mit der Wand auflag. In seiner Aversion gegen Berichte und Papierunterlagen in einem Entscheidungszentrum stimmte Beer mit den Auffassungen Che Guevaras überein, der in den Anfängen der kubanischen Revolution das Industrieministerium in Kuba leitete. Guevara war sich durchaus des lähmenden Einflusses der Bürokratie bewusst: «Bürokratismus in der Unternehmensleitung meint nicht nur die Masse von Papier, die zur Erledigung eines Vorgangs bewegt werden muss, sondern die Blendung durch Papier. Das heißt, Papier als Handlungsersatz, Papier, um in einer Schublade zu enden, Papier, das an die Stelle agilen und rechtzeitigen Handelns tritt».(24)

Datenkompression durch diagrammatische Visualisierung

Nachfolgend werden Auszüge aus der Projektdokumentation wiedergegeben, die trotz widriger Umstände gerettet und vor der Vernichtung bewahrt werden konnten. Die technischen Angaben zum Informationsdesign dürften allenfalls historisch-anekdotisches Interesse besitzen. Heute würden sie selbstverständlich durch effizientere und schnellere Digitaltechniken ersetzt. Seinerzeit standen diese Techniken bekanntlich nicht zur Verfügung, sodass das Bildmaterial mit handwerklichen Verfahren hergestellt werden musste. Die Diagramme wurden von Hand angelegt, wobei farbige Kartons und Schablonen beziehungsweise Schreibmaschinen für die Textangaben benutzt wurden. Diese

(24) Oltuski, Enrique, «El Ministerio de Industrias», in: *Casa de las Américas*, Nr. 251, April–Juni 2008, S. 99–105.

Diagramme wurden dann mit einer Kleinbildkamera auf Diapositivfilm aufgenommen und standen für die nächste Sitzung einen Tag nach der Herstellung zur Verfügung. Das war damals das Maximum an erreichbarer *real time*. Wenngleich in dieser Hinsicht das Informationsdesign produktionstechnisch überholt ist, hat sich nichts an der Problematik geändert, wie man komplexe Wirtschaftsdaten visualisiert. Was von Landkarten oder allgemein kartographischen Darstellungen (*maps*) gesagt wurde, dass sie nämlich das beste Verfahren zur Komprimierung von Daten bilden (Krzysztof Lenk), kann man auch auf diagrammatische Darstellungen ausdehnen. Auch sie fungieren als Datenkompressoren.

Komponenten des gegenständlichen und semiotischen Interface

Der Saal enthält folgende Displays:

1. Das *datafeed*-Modul mit einem großen Kontrollbildschirm (80 x 120 cm) und drei kleinen Bildschirmen (40 x 60 cm).
2. Das ‹*Staffy*›-Modul oder VSM (*viable system model*) – ein Animationsdisplay für das 5-Stufen-Modell des kybernetischen Management.**(25)**
3. Die Module der zwei Retroprojektoren (100 x 100 cm), auf die Zusatzinformationen für den Staffy projiziert wurden.
4. Das algedonische Modul, geteilt in zwei Bildschirme mit verschiedenen Fenstern.
5. Das Zukunftsmodul (*future panel*) (Metalltafel 100 x 200 cm mit magnetischen Symbolen zur Simulation der Auswirkungen von Entscheidungen).

Der Saal wurde mit insgesamt sieben Sesseln mit eingebauter Tastatur zur Bedienung des *datafeed* ausgestattet. Für die Grundform des Saales wurde ein sechseckiger Grundriss gewählt (in diesem Fall wegen der architektonischen Gegebenheiten ein unregelmäßiges Sechseck). Auf die sechs Seitenwände des Saales konnten die fünf Displays für die visuelle Darstellung der Informationen montiert werden, wogegen die sechste Seite für die Eingangstür vorgesehen wurde.

Drehsessel

Im Zentrum des Saales befanden sich sieben kreisförmig angeordnete, um 270 Grad drehbare Sessel. In der rechten Armlehne war eine Tastatur mit zehn Tasten angebracht, die dazu dienten, die Dias des *datafeed* abzurufen. Die Tasten waren in drei Reihen angeordnet:

- Die drei quadratischen Tasten der oberen Reihe dienten dazu, eines der drei Displays auszuwählen.
- Die fünf Tasten in der mittleren Reihe mit verschiedenen Umrissen entsprachen einem Code zur Kennzeichnung und Auswahl der Diapositive.
- In der unteren Reihe befanden sich die Reset- und Enter-Tasten. Wenn diese Taste gedrückt wurde, leuchtete sie auf dem entsprechenden Sessel und den restlichen sechs Sesseln auf, um den Zustand ‹belegt› anzuzeigen.

(25) malik – management zentrum st. gallen. «Die lebensfähige Organisation – Das Viable System Model von Stafford Beer als Modell für die Diagnose und das Design komplexer, lebensfähiger Organisationen». Im Netz abrufbar unter

http://www.malik-mzsg.ch/mcb/htm/1087/de/mcb.htm. (Letzter Zugriff am 26. Juli 2008.)

|16| Bildschirme zur Präsentation algedonischer Daten.
|17| Beispiel einer Liste mit Tastenkombinationen aus
fünf Elementen zum Abrufen der gewünschten Daten
auf die Bildschirme des *datafeed*.

|18| *Datafeed* für die Präsentation aktueller
Wirtschaftsdaten.

|16| |17|

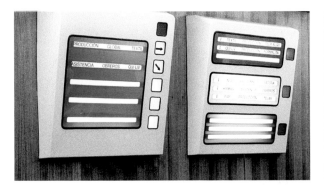

Textilbranche   A-00001-PC-TE
Bildschirm A   noviembre 72

○□▽△⬠	Flussdiagramm	1
○□▽△⬠	Gesamtproduktion	2
○□▽△⬠	Anwesenheit der Arbeiter	3
○□▽△⬠	Herstellung von Wollstoffen	4
○□▽△⬠	Herstellung von Wollfäden	5
○□▽△⬠	Herstellung von Baumwollstoffen	6
○□▽△⬠	Herstellung von Baumwollfäden	7
○■▽△⬠	Herstellung von Kunststofffasern	8
○■▽△⬠	Projekte des Sektors Wolle	9
●□▽△○	Projekte des Sektors Baumwolle	10
●□▽△⬠	Projekte des Sektors Fasern	11

|18|

In der linken Armlehne waren ein Aschenbecher und eine Vertiefung für ein Glas oder eine Tasse angebracht.

Algedonische Bildschirme

Den auch in der Fachliteratur der Kybernetik nicht geläufigen Ausdruck ‹algedonisch› erklärt Stafford Beer folgendermaßen: «Algedonisch (…): bezieht sich auf Regulierung in nicht analytischer Weise. Zum Beispiel können wir jemandem beibringen, wie eine Aufgabe zu erledigen ist, indem wir analytisch das ‹Wie› und ‹Warum› erklären; im Unterschied dazu können wir algedonisch vorgehen, indem wir auf ein System von Belohnungen und Strafen zurückgreifen, das keine solche Erklärungen bietet.

Algedonische Schleife: Ein Kreislauf für algedonische Regulierung, der dazu eingesetzt werden kann, einen analytischen Kontrollkreislauf außer Kraft zu setzen. Zum Beispiel kann uns ein stechender Schmerz daran hindern, eine Aufgabe zu erledigen, die wir voll und ganz verstehen und beenden möchten. Fehlersichere Vorrichtungen können benutzt werden, um eine ganze Anlage stillzulegen, wenn ein kritischer Schwellenwert überschritten wird, ohne dass wir die Ursache für diesen Vorfall kennen.»[26] Um die verschiedenen Informationstypen besser zu unterscheiden, wurden sie auf verschiedenfarbigen Hintergründen präsentiert:

- Hellblau für Ausnahmezustände;
- Grün, Gelb, Rot für Kontingenzprobleme entsprechend dem jeweiligen Rekursivitätsgrad.

Um den Gefahrengrad anzuzeigen, das heißt die Zeit, die vergangen ist, ohne dass der Industriebetrieb sein Problem hat lösen können, waren seitlich der verschiedenen Fenster Blinklichter angebracht (langsam, mittelschnell, schnell), um die Dringlichkeit der Lösung eines Problems anzuzeigen.

Die typographischen Informationen waren auf Streifen aus weißem Acrylglas gedruckt (Namen der Unternehmen, Indikatoren und Pfeile, die das Verhalten des Indikators anzeigten: fallend, aufsteigend, gleichbleibend).

Das kleine quadratische Fenster des linken Displays zeigte ein rotes Licht, das aufleuchtete, wenn Staffy einen algedonischen Zustand mitteilte.

‹Staffy›

Es handelte sich um ein aus Großbritannien importiertes Animationsdisplay (215 cm hoch, 132 cm breit, 50 cm tief), mit dem die Fließprozesse (einschließlich des Intensitätsgrades: niedrig, normal, hoch) zwischen den fünf verschiedenen Stufen des kybernetischen Managementmodells veranschaulicht werden können. Die Textinformationen wurden auf auswechselbare Streifen aus Acrylglas gedruckt. Dieses Display wurde offensichtlich von Stafford Beer als eins der Kernstücke der eingesetzten Visualisierungstech-

(26) Beer, Stafford, *Brain of the Firm*, The Penguin Press, London 1972, S. 305.

niken angesehen, wenngleich wohl nicht durchgängig alle mit dem System vertrauten Spezialisten seinen praktischen Wert auf Anhieb nachvollziehen konnten.

Zukunftstafel (*future panel*)

Diese Tafel zur Simulation der Folgen von Entscheidungen bestand aus einer Metallplatte, die mit braunem Stoff bezogen war, um störende Spiegelungen zu vermeiden. Auf die 100 x 200 cm große Oberfläche konnten dünne magnetische Plättchen – mit verschiedenen Farben und Umrissen – geheftet werden (Icons aus dem Bereich systemtheoretischer Zeichensysteme). Die Flusslinien bestanden aus Segmenten eines biegsamen magnetisierten Kunststoffprofils mit beschichteter Oberfläche, sodass mittels polarisierten Lichts der Effekt eines dynamischen Flussdiagramms erzeugt wurde.

Materialien, Finish, Farben

Die Gehäuse der Displays und die Sessel bestanden aus weiß eingefärbtem glasfaserverstärktem Polyester. Die Wände des Raumes waren mit Eukalyptus furniert; die Decke war weiß gemalt, der Boden mit einem braunen Spannteppich ausgekleidet Für den Saal waren zwei regulierbare Beleuchtungen vorgesehen: ein Kanal für indirektes Licht und sechs Spots nahe den Ecken des Sechsecks.

Wartung

In der umliegenden Randzone des Saals befanden sich die Wartungsräume. Das Gerüst des *datafeed* trug die sechzehn Diapositivprojektoren. Die Retroprojektoren und die beiden algedonischen Displays wurden ebenfalls von der Wartungszone aus bedient (über eine Sprechanlage zwischen Innenraum und Wartungsraum).

Informationsdesign – Designalgorithmen

Was die Visualisierung der Wirtschaftsdaten angeht, wurde angestrebt, so weit wie möglich analoge visuelle Codes (Farben, Icons) anstatt alphanumerische Codes (Zahlen) zu nutzen. Dafür spricht folgendes Argument, das Otto Neurath bereits in den 1920er Jahren in Wien vorbrachte: Komplexe Informationen oder Makroinformationen, die mittels eines qualitativen (nicht diskursiven) Codes präsentiert werden, sind besser lesbar und aufzunehmen als Zahlentabellen mit statistischen Angaben, deren Genauigkeitsgrad oftmals zu hoch ist, um seitens der Nutzer des Systems effizient verwendet werden zu können.(27) Die mathematischen Grundlagen für die Erstellung der Flussdiagramme wurden in einem technischen Dokument der Informatikabteilung der CORFO präzisiert.(28)

Für die Herstellung der Originalvorlagen wurde ein kleines Handbuch entwickelt, in dem die Regeln in Form von Designalgorithmen festgelegt sind hinsichtlich:

•Verteilung der graphischen Komponenten auf der Bildfläche
•Größe, Typ und Position der typographischen Elemente

(27) «Die Bildstatistik ist Teil des inzwischen mindestens zweihundertjährigen Versuchs, Zahlenstatistiken durch ihre Verbildlichung neuartige Kenntnisse abzuringen und diese durch eingängige und anschauliche Gestaltung möglichst vielen Menschen zugänglich zu machen.» Nikolow, Sybilla, «Kurven, Diagramme, Zahlen- und Mengenbilder. Die Wiener Methode der Bildstatistik als statistische Bildform», in: *Bildwelten des Wissens – Kunsthistorisches Jahrbuch für Bildkritik* 3,1, 2005, S. 20–33.
(28) Gabella, Humberto P., *Técnica de la flujogramación cuantificada para efectos del control en tiempo real (primera versión)*, Corporación de Fomento de la Producción, Santiago 1972.

- Farbcodes
- Linienstärken der Diagramme
- Form und Größe der Pfeile
- Typ der Photographien.

Die Anwendung dieser Regeln garantierte eine Kohärenz der zahlreichen Schaubilder, die ausgehend von Skizzen der verschiedenen Teams des Industrie-Informationssystems angefertigt wurden. Die visuelle Grammatik zur Kodifizierung der Informationen reduzierte die Varietät des visuellen Materials und vermied die Gefahr des Ausuferns von Ad-hoc-Lösungen. Aufgrund des Bedeutungsreichtums des Systems war es nicht möglich, eine systematische Farbgrammatik auszuarbeiten. Die Farbregeln bezogen sich nur auf eine Gruppe von Diagrammen und variierten zwischen den einzelnen Informationstypen.

Typen der graphischen Darstellungen

Die graphischen Darstellungen waren in sechs Gruppen gegliedert:
- Flussdiagramme
- Taxonomische Diagramme
- Texterläuterungen (Schrifttafeln)
- Liste der Diapositive (für den Kontrollbildschirm des *datafeed*)
- Photographien
- Sonderfälle.

Flussdiagramme

Um eine formale Kohärenz der diagrammatischen Darstellungen zu gewährleisten, wurden für jeden Darstellungstyp Vorlagen mit genauen Maßangaben erstellt.

Linienstärken und Pfeile

Zur Veranschaulichung der unterschiedlichen Quantitäten wurden fünf verschiedene Linienstärken in zwei Varianten (je nach dem zur Verfügung stehendem Raum) verwendet:

Serie A
3 mm: Sehr kleine Flussmenge
6 mm: Kleine Flussmenge
10 mm: Mittlere Flussmenge
15 mm: Große Flussmenge
20 mm: Sehr große Flussmenge.

Serie B
2 mm: Sehr kleine Flussmenge
5 mm: Kleine Flussmenge.
7 mm: Mittlere Flussmenge
11 mm: Große Flussmenge
15 mm: Sehr große Flussmenge.

Um den Umfang der Flussmengen zu gliedern, wurde der in fünf gleiche Intervalle geteilte Maximalwert als Richtwert genommen. Beispiel: Der Maximalwert in einem Flussdiagramm sei 500.000 Einheiten (Tonnen, Währungseinheiten usw.). Somit entsprechen folgende Linienstärken den verschiedenen Flussmengen:

|19| Diagramm der Input/Output-Beziehungen zwischen Industriezweigen im Privatsektor (PS) und im Sektor gesellschaftlichen Eigentums (GS).

|20| Die Rolle der Industrie in der Wirtschaft mit Input/Output-Beziehungen von importierten Rohstoffen und Eigenproduktion, gegliedert nach Privatsektor (PS) und Sektor des gesellschaftlichen Eigentums (GS).

|19|

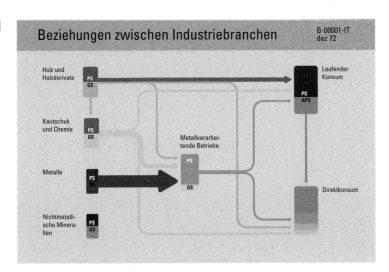

|20|

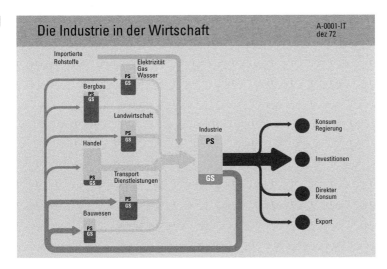

|21| Input/Output-Beziehungen im Bereich der Elektronik.

|22| Gesamtproduktion. Vergleich des Ist-Zustands, der optimalen Kapazität und des zukünftigen Potenzials.

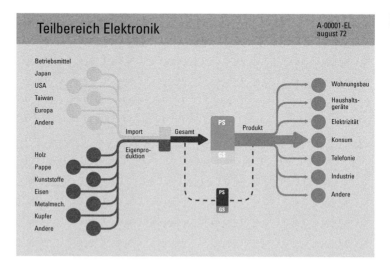

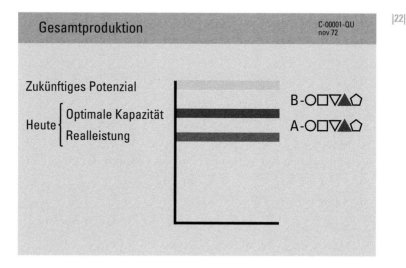

|23| Vergleich des Ist-Zustands, der optimalen Kapazität und des zukünftigen Potenzials. Die Fabrik ist gut ausgelastet.

|24| Zusammenfassung der Schwachpunkte in einigen Fertigungsbetrieben.

|23|

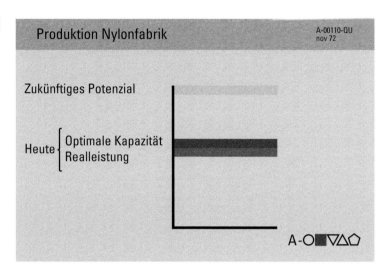

Produktion Nylonfabrik

A-00110-QU
nov 72

Zukünftiges Potenzial

Heute {
Optimale Kapazität
Realleistung

A-O◼▽△⬠

|24|

Hauptprobleme der Betriebe

B-00001-MA
nov 72

- Veralteter Maschinenpark

- Fehlen von regelmäßigen Wartungsprogrammen

- Unzweckmäßige Verteilung der Maschinen und Vorrichtungen in einigen Abteilungen der Fertigungsbetriebe

Linie 1 umfasst Werte zwischen 1 und 100.000
Linie 2 umfasst Werte zwischen 100.001 und 200.000
Linie 3 umfasst Werte zwischen 200.001 und 300.000
Linie 4 umfasst Werte zwischen 300.001 und 400.000
Linie 5 umfasst Werte zwischen 400.001 und 500.000

Symbole und Farbcodes

Bestimmte Bedeutungen wurden mithilfe von Standardformen für diagrammatische Darstellungen veranschaulicht.

Kreis mit 25 mm Durchmesser = Input, Output.

Vertikales Rechteck = Kapitalmenge, Betrieb.

Die vertikalen Rechtecke wurden in fünf Größen unterteilt entsprechend dem relativen Wichtigkeitsgrad:

20 x 40 mm: sehr klein
25 x 50 mm: klein
30 x 60 mm: mittelgroß
35 x 70 mm: groß
40 x 80 mm: sehr groß

Taxonomische Diagramme

Mit diesen Diagrammen wurden die Indikatoren ‹Potenzialität› (Möglichkeit), ‹Optimale Kapazität› und ‹Realstand› veranschaulicht. Diese Unterscheidungen kennzeichnet Stafford Beer wie folgt:

«*actuality*: This is simply what we are managing to do now, with existing resources, under existing restraints.

capability: This is what we could be doing (still right now) with existing resources, under existing constraints, if we really worked at it.

potentiality: This is what we ought to be doing by developing our resources and removing restraints, although still operating within the bonds of what is already known to be feasable.»[29]

Texttafeln und Typographie

Die Originale wurden mit Schreibmaschine getippt und photographisch negativ (weiß auf schwarz) reproduziert. Das Negativ diente als Diapositiv. Worte konnten mittels Farbe (Einfärbung mit Filzstift) hervorgehoben werden.

Technikgeschichte

Wenige Tage vor dem Putsch sollte der Saal auf Wunsch des Präsidenten Allende im Regierungsgebäude *La Moneda* installiert werden. Als ausgebildeter Mediziner hatte Allende die Tragweite des Projekts und die theoretischen, unter anderem neurophysiologischen Grundlagen des Projekts sehr wohl begriffen. Nach dem Putsch wurde der

[29] Beer, Stafford (1972), *op.cit.*, S. 207.

|25| Taxonomisches Diagramm.
Format:
400 mm breit / 265 mm hoch.
Farben:
Hintergrund: schwarz
Titelbalken: grau
Balken Realstand: rot
Balken Optimale Kapazität: orange
Balken Mögliche Kapazität: gelb
Koordinaten: weiß (2 mm starke Linien).

|26| Liste der Diapositive.
Diese Diapositive dienten für den großen Kontrollbild-schirm.
Maximale Anzahl der Titel der Diapositive: 20 (2 Linien pro Slide).
1111111 = Titel der Liste
2222222 = Identifikationscode
3333333 = Nummer der Tafel
XXXXXX= Text.
|27| Farbcodierung für Slides.

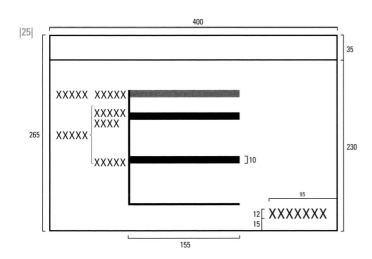

|25|

400

35

265

230

XXXXX XXXXX

XXXXX
XXXX

XXXXX

]10

95

XXXXXXX

12
15

155

|26| |27|

1111111111111111111111111111   2222222222
33333333333333   22222222

XXXXXXXXXXXXXXXXXXXXXXXXXXXX   1
XXXXXXXXXXXXXXXXXXXXXXXXXXXX
XXXXXXXXXXXXXXXXXXXXXXXXXXXX   2
XXXXXXXXXXXXXXXXXXXXXXXXXXXX
XXXXXXXXXXXXXXXXXXXXXXXXXXXX   3
XXXXXXXXXXXXXXXXXXXXXXXXXXXX
XXXXXXXXXXXXXXXXXXXXXXXXXXXX   4
XXXXXXXXXXXXXXXXXXXXXXXXXXXX
XXXXXXXXXXXXXXXXXXXXXXXXXXXX   5
XXXXXXXXXXXXXXXXXXXXXXXXXXXX
XXXXXXXXXXXXXXXXXXXXXXXXXXXX   6
XXXXXXXXXXXXXXXXXXXXXXXXXXXX
XXXXXXXXXXXXXXXXXXXXXXXXXXXX   7
XXXXXXXXXXXXXXXXXXXXXXXXXXXX
XXXXXXXXXXXXXXXXXXXXXXXXXXXX   8
XXXXXXXXXXXXXXXXXXXXXXXXXXXX
XXXXXXXXXXXXXXXXXXXXXXXXXXXX   9
XXXXXXXXXXXXXXXXXXXXXXXXXXXX
XXXXXXXXXXXXXXXXXXXXXXXXXXXX   10
XXXXXXXXXXXXXXXXXXXXXXXXXXXX
XXXXXXXXXXXXXXXXXXXXXXXXXXXX   11
XXXXXXXXXXXXXXXXXXXXXXXXXXXX
XXXXXXXXXXXXXXXXXXXXXXXXXXXX   12
XXXXXXXXXXXXXXXXXXXXXXXXXXXX
XXXXXXXXXXXXXXXXXXXXXXXXXXXX   13
XXXXXXXXXXXXXXXXXXXXXXXXXXXX
XXXXXXXXXXXXXXXXXXXXXXXXXXXX   14
XXXXXXXXXXXXXXXXXXXXXXXXXXXX
XXXXXXXXXXXXXXXXXXXXXXXXXXXX   15
XXXXXXXXXXXXXXXXXXXXXXXXXXXX
XXXXXXXXXXXXXXXXXXXXXXXXXXXX   16
XXXXXXXXXXXXXXXXXXXXXXXXXXXX
XXXXXXXXXXXXXXXXXXXXXXXXXXXX   17
XXXXXXXXXXXXXXXXXXXXXXXXXXXX
XXXXXXXXXXXXXXXXXXXXXXXXXXXX   18
XXXXXXXXXXXXXXXXXXXXXXXXXXXX
XXXXXXXXXXXXXXXXXXXXXXXXXXXX   19
XXXXXXXXXXXXXXXXXXXXXXXXXXXX
XXXXXXXXXXXXXXXXXXXXXXXXXXXX   20
XXXXXXXXXXXXXXXXXXXXXXXXXXXX

21 mm   Code für Tasteneingabe

1111111111 =
Titel der Liste

22222222 =
Identifikationscode

33333333 =
Nummer der Tafel

XXXXXXXX =
Text

Format
190 mm hoch
121 mm breit

Allgemeine Farben

Hintergrund schwarz

Titelbalken grau

Farbcode für Slides

Eigener Input (nationale Rohstoffe)

Importierte Rohstoffe

Gesamter Input / Ungenütztes Kapital

Stammkapital

Gesamtproduktion

|28| Der am 11. September 1973 bombardierte
Regierungspalast *La Moneda* in Santiago, in dem der
Opsroom installiert werden sollte. Stattdessen zogen
die *Chicago Boys* ein.
Quelle: Screenshot aus dem Dokumentarfilm
La Batalla de Chile von Patricio Guzmán.
www.vfilmes.com.br, Brasilien, 1975.

|28|

Opsroom zerstört und die Erinnerung an das wegweisende Projekt *Cybersyn* getilgt. Heute bildet *Cybersyn* ein Kapitel einer noch zu schreibenden Technikgeschichte Lateinamerikas oder im weiteren Zusammenhang ein Beispiel auf dem mit Ruinen und Gräbern übersäten Experimentierfeld demokratischer, autonomieorientierter Wirtschafts- und Gesellschaftsverhältnisse, also der unabgeschlossenen Geschichte.**(30)**

(30) Wenige Tage vor dem 11. September war ein Treffen in der *Moneda* anberaumt, zu dem der Präsident aber nicht erschien. Die Entwurfsgruppe sollte sich vor Ort einerseits mit den Vorstellungen Salvador Allende Gossens über den *Opsroom*, andererseits mit den architektonischen Gegebenheiten vertraut machen, mit dem Ziel, so wenig wie möglich mit den technischen Installationen in die bestehende aus dem Ende des 18. Jahrhunderts stammende Architektur einzugreifen. Wenige Tage später wurde klar, warum der Präsident an dem Treffen nicht teilnahm.

Bibliographie

Badiou, Alain, *Das Jahrhundert*, diaphanes Verlag, Zürich, Berlin 2006.

Beckett, Andy, «Santiago Dreaming», in: *Guardian* (2003), http://www.guardian.co.uk/technology/2003/sep/08/sciencenews.
chile. (Letzter Zugriff 19.4.2008.)

Beer, Stafford, *Kybernetik und Management*, S. Fischer Verlag, Frankfurt 1962 (Originalausgabe 1959).

Beer, Stafford, *Decision and Control – The Meaning of Operational Research and Management Cybernetics*, John Wiley & Sons,
London, New York, Sydney 1966.

Beer, Stafford, «Corporate Structure and its Quantification», in: Beer, Stafford, *Brain of the Firm – The Managerial Cybernetics of
Organization*, The Penguin Press, London 1972, S. 198–212.

Beer, Stafford, *Brain of the Firm – The Managerial Cybernetics of Organization*, The Penguin Press, London 1972.

Beer, Stafford, «Fanfare for Effective Freedom – Cybernetic Praxis in Government», in: *Platforms for Change – A Message from
Stafford Beer*, John Wiley & Sons, London 1975, S. 421–457.

Behnke, Cristoph, Diethelm Stoller, Anna Schlosser und Ulf Wuggenig (Hrsg.), *ATLAS – spaces in subjunctive*, Kunstraum der
Universität Lüneburg, Verlag für Wissenschaft und zeitgenössische Kunst, Lüneburg 2004.

Brückner, Hartmut (Hrsg.), *Informationen gestalten – Designing Information*, H.M. Hauschild, Bremen 2004.

Calvino, Italo, «Kybernetik und Gespenster», in: Ders., *Kybernetik und Gespenster – Überlegungen zu Literatur und Gesellschaft*,
Hanser Verlag, München 1984.

Cosgrove, Dennis (Hrsg.), *Mappings*, Reaction Books, London 1999.

Crowley, David und Jane Pavitt (Hrsg.), *Cold War Modern – Design 1945–1970*, Victoria and Albert Museum, London 2008.

Espejo Ballivian, Raúl, *Proyecto SYNCO – Conceptos y práctica del control; una experiencia concreta; la dirección industrial en
Chile*, herausgegeben von Corporación de Fomento de la Producción, Santiago 1973.

Förster, Heinz von, «Perception of the Future and the Future of Perception», in: *Observing Systems*, Intersystems Publications,
Seaside, Ca., 1981, S. 192–204.

Gabella, Humberto P., *Técnica de la flujogramación cuantificada para efectos del control en tiempo real (primera versión)»*,
herausgegeben von Corporación de Fomento de la Producción, Santiago 1972.

Grupo de Proyecto de Diseño Industrial, «Diseño de una sala de operaciones – Informe Final», INTEC Comité de Investigaciones
Tecnológicas – CORFO, Santiago 1973.

Guzmán, Patricio, «La batalla de Chile», www.vfilmes.com.br, Brasilien 1975, Dokumentarfilm.

Hakken, David, *Cyborgs@Cyberspace: An Ethnographer Looks to the Future*, Routledge, London 1999.

Haslam, Jonathan, *The Nixon Administration and the Death of Allende's Chile – A Case of Assisted Suicide*, Verso, London, New
York 2005.

Hellige, Hans-Dieter (Hrsg.), *Mensch-Computer-Interface – Zur Geschichte und Zukunft der Computerbedienung*, transcript,
Bielefeld 2008.

Huber, Felix Stephan, «ops room 2005 – computergame», http://www.fshuber.net/projects/ops-room/ops-room_01.html. (Letzter
Zugriff 19.4.2008.)

Jameson, Fredric, *Archeologies of the Future – The Desire Called Utopia and Other Science Fictions*, Verso, London, New York
2007 (1. Ausgabe 2005).

Kittler, Friedrich, Peter Berz, David Hauptmann und Axel Roch (Hrsg.), *Claude E. Shannon: Ein | Aus – Ausgewählte Schriften zur
Kommunikations- und Nachrichtentheorie*, Brinkmann + Bose, Berlin 2000.

Leonard, Allenna, «The Viable System Model and its Application to Complex Organizations – The First Stafford Beer Memorial
Lecture, July 8, 2007», in: *World Multiconference on Systemics, Cybernetics and Informatics*, Orlando 2007 (http://www.
cybsoc.org/VSMKEY.doc).

malik – management zentrum st. gallen, «Die lebensfähige Organisation – Das Viable System Model von Stafford Beer als Modell für die Diagnose und das Design komplexer, lebensfähiger Organisationen», http://www.malik-mzsg.ch/mcb/htm/1087/
de/mcb.htm. (Letzter Zugriff 26.7.2008.)

Medina, Eden, «Democratic Socialism, Cybernetic Socialism – Making the Chilean Economy Public», in: *Making Things Public –
Atmospheres of Democracy*, herausgegeben von Bruno Latour und Peter Weibel, ZKM und MIT Press, Karlsruhe, Cambridge,
Mass., London 2005, S. 708–719.

Medina, Eden, «Designing Freedom, Regulating a Nation: Socialist Cybernetics in Allende's Chile», in: *J. Lat. Amer. Stud.*, Nr. 38,
2006, S. 571–606.

Mindell, David A., *Between Human and Machine – Feedback, Control, and Computing before Cybernetics*, The John Hopkins
University Press, Baltimore, London 2002.

Mindell, David A., *Digital Apollo – Human and Machine in Spaceflight*, MIT Press, Cambridge, Mass., London 2008.

Moles, Abraham, «Théorie informationelle du schéma», in: *Schéma et Schématisation*, Nr. 1, 1968, S. 22–29.

Neurath, Otto, *Gesammelte bildpädagogische Schriften*, herausgegeben von Rudolf Haller und Robin Kinross, Verlag Hölder-
Pichler-Tempsky, Wien 1991.

Nikolow, Sybilla, «Kurven, Diagramme, Zahlen- und Mengenbilder. Die Wiener Methode der Bildstatistik als statistische Bildform», in: *Bildwelten des Wissens – Kunsthistorisches Jahrbuch für Bildkritik* 3.1, 2005, S. 20–33.

Oltuski, Enrique, «El Ministerio de Industrias», in: *Casa de las Américas* 251, April–Juni 2008, S. 99–105.

Palmarola Sagredo, Hugo, «Productos y socialismo: diseño industrial estatal en Chile», in: *1973 – La vida cotidiana de un año
crucial*, herausgegeben von Claudio Rolle, Planeta, Santiago 2003, S. 225–295.

Pavitt, Jane and David Crowley, «The High-Tech Cold War», in: *Cold War Modern – Design 1945–1970*, herausgegeben von
David Crowley und Jane Pavitt, Victoria and Albert Museum, London 2008, S. 162–192.

Pias, Claus, «Der Auftrag. Kybernetik und Revolution in Chile», in: *Politiken der Medien*, herausgegeben von Daniel Gethmann
und Markus Stauff, diaphanes, Zürich, Berlin 2004, S. 131–154. Abrufbar unter: http://www.uni-essen.de/~bj0063/texte.
html, 2004.

Pias, Claus, «Unruhe und Steuerung. Zum utopischen Potential der Kybernetik», in: *Die Unruhe der Kultur. Potentiale des Utopischen*, herausgegeben von Jörn Rüsen und Michael Fehr, Velbrück Wissenschaft, Weilerswist 2004, S. 301–326.

Pickering, Andrew, «Kybernetik und die Mangel: Ashby, Beer und Pask», in: Pickering, Andrew, *Kybernetik und neue Ontologien*,
Merve Verlag, Berlin 2007, S. 87–125.

Vehlken, Sebastian, «Environment for Decision – Die Medialität einer kybernetischen Staatsregierung. Eine medienwissenschaftliche Untersuchung des Projekts Cybersyn in Chile 1971–73», Masterarbeit, Ruhr Universität Bochum, 2004.

Voß, Jeronimo, «Iconic Return», Städelschule, Frankfurt 2005. Unveröffentlichtes Dokument.

Vossoughian, Nader, *Otto Neurath – The Language of the Global Polis*, NAi Publishers, Amsterdam 2008.

Wiener, Norbert, *Kybernetik – Regelung und Nachrichtenübertragung in Lebewesen und Maschine*, Rowohlt Verlag, Hamburg
1968 (1. deutsche Ausgabe 1963).

Identität – Gegenidentität im Design

- • KARTOGRAPHIE DER IDENTITÄT
- • WURZELGRÄBEREI
- • KRITIK AM SUBSTANZIALISMUS
- • GRENZEN DES STILBEGRIFFS UND KUNSTGESCHICHTLICHEN ANSATZES
- • WIDERSTAND GEGEN DIE ENTWICKLUNG DER UNTERENTWICKLUNG
- • DER VEREINNAHMENDE BLICK AUF *BUSINESS OPPORTUNITIES*
- • IDENTITÄT ALS ERGEBNIS DES *BRANDING*
- • STADTMARKETING
- • ‹THEOLOGISCHE MUCKEN› DER WARE
- • *NEUE DESIGNSTÄDTE*
- • ANONYME ENTWÜRFE AUS DER PERIPHERIE

Angesichts der zunehmenden Fülle an Identitätsstudien schreibt Zygmunt Bauman: «‹Eine wahre diskursive Explosion hat jüngst der Identitätsbegriff entfacht›, stellte Stuart Hall 1996 in der Einführung zu einer Veröffentlichung einer Sammlung von Beiträgen fest. Seitdem sind einige Jahre verstrichen, während derer diese Explosion eine Lawine ausgelöst hat. Kein anderer Aspekt des zeitgenössischen Lebens scheint den gleichen Grad von Aufmerksamkeit seitens Philosophen, Sozialwissenschaftlern und Psychologen zu genießen. Das meint nicht nur, dass ‹Identitätsstudien› kurzerhand zu einer blühenden eigenständigen Industrie avanciert sind; es passiert mehr – man kann sagen, dass ‹Identität› heute zu einem Prisma geworden ist, durch das andere aktuelle Aspekte des zeitgenössischen Lebens entdeckt, erfasst und untersucht werden.»**(1)** Im Bereich des Design lässt sich ein ähnlich verlaufender Prozess beobachten: Identität und Globalisierung besetzen eine zentrale Position im gegenwärtigen Designdiskurs.

Politik und Identität

Hinter dem auf den ersten Blick unverfänglichen Begriff der kulturellen Identität im Allgemeinen und der kulturellen Identität in den Entwurfsdisziplinen (vor allem Industrial Design, Visuelle Kommunikation und Mode) im Besonderen verbergen sich Fragen, die das Klima liebenswürdiger Gelassenheit bei einer Erörterung stören können,

[Erweiterte Fassung eines Vortrags, der im Rahmen eines Kolloquiums an der Zürcher Hochschule der Künste ZHdK am 22. März 2007 gehalten wurde.]

weil nämlich auch kontroverse politische Faktoren mitspielen, was nicht so ohne weiteres zu vermuten ist. Es sind Fragen von

- Herrschaft und Unterwerfung,
- Antinomien und Asymmetrien,
- Autonomie und Heteronomie,
- Kolonialismus und Postkolonialismus,
- Globalisierung und Gegenglobalisierung,
- universalen Standards und lokalen Eigenheiten,
- Verschiedenheiten und (trotz allem) Gemeinsamkeiten,
- Konflikten zwischen Metropole und Peripherie,
- Exklusion und Inklusion.

Wer den im Rahmen der Identitätsthematik auftauchenden Fragen nachgeht und sich in einschlägigen Schriften umtut, dem dürfte vorerst Orientierungslosigkeit nicht erspart bleiben. Wer hofft, mit festgeschnürten Begriffen umzugehen, wird diese Annahme aufgeben müssen, wenn er in einem Artikel über den Begriff ‹Multikulturalismus› auf die Bemerkung stößt, dass es sich um ein ‹mit Missverständnissen getränktes Wort› handelt.(2) Die Fragen werden also zunehmen, die Antworten dagegen weitgehend offen bleiben.

Gliederung

Zuerst werde ich den Begriff der ‹Identität› von verschiedenen Perspektiven aus durchleuchten, und zwar aus der Sicht der Literatur, der Anthropologie und der Sprachwissenschaft. Dann werde ich kurz das internationale *branding* von Ländern kommentieren und danach ausführlich die Rolle der *artesanía* (Handwerk, aber nicht in dem Sinne, wie dieser Begriff in hoch-industrialisierten Gesellschaften gebraucht wird, und noch weniger im Sinne von ‹Kunsthandwerk› wie weiter unten erläutert) in Beziehung zum Design und zur kulturellen Identitätsbildung in der Peripherie erörtern. Ich nutze den Begriff ‹Peripherie› nicht im geographischen Sinn, sondern im politischen Sinn für jene Gruppe von Ländern, die einst mit dem abwertenden Begriff ‹Entwicklungsländer› und

(1) Bauman, Zygmunt, «Identity in the globalizing world», in: *The Individualized Society*, Polity Press, Cambridge 2004, S. 140.

(2) Rigotti, Francesca, «Las bases filosóficas del multiculturalismo», in: *Multiculturalismo – ideologías y desafíos*, herausgegeben von Carlo Galli, Ediciones Nueva Visión, Buenos Aires 2006, S. 31–82.

schlimmer noch ‹unterentwickelte Länder› bezeichnet wurden. Er meint den Verlust an Autonomie in – an erster Stelle – politischer, dann wirtschaftlicher, technischer und kultureller Hinsicht. Der einst gebrauchte Begriff ‹Dritte Welt› hat mit dem Ende des Kalten Kriegs seine Relevanz eingebüßt, wenngleich das Motiv für seine Prägung, nämlich einen eigenen Entscheidungsraum zu reklamieren und das Herrschaftsgefälle zwischen Zentrum und Peripherie zu mindern, nach wie vor Gültigkeit besitzt. Die Behauptung, dass der Gegensatz zwischen Zentrum und Peripherie im Zeitalter der Globalisierung seine Gültigkeit verloren hat, da heute das Zentrum vermeintlich überall sei, ist entweder zynisch oder naiv. In der Nacht mögen alle Katzen grau sein, aber einige sind grauer als andere. Am Ende des Kapitels wird eine Reihe von Beispielen für anonymes und professionelles Design aus Lateinamerika präsentiert.

Design vor dem Hintergrund der Literatur

Mehrmals werde ich Beispiele aus dem Bereich der Literatur anführen, also die Entwurfsdisziplinen unter anderem vor den Hintergrund der Literatur stellen. Die in der Literatur angesprochenen Identitätsfragen werden somit auf die Entwurfsdisziplinen zurückgespiegelt und können Fragestellungen veranlassen, die man sich nicht unvermittelt stellen würde, wenn man im Rahmen des Entwurfsdiskurses verbleibt und unbehelligt von Zweifeln von der Voraussetzung ausgeht, dass es eine Designidentität gibt und es somit Sinn macht, von ‹Designidentität› zu sprechen. Die Vielschichtigkeit des Identitätsbegriffs und der Identitätsthematik in der Literatur kann dazu dienen, ihrerseits die Vielschichtigkeit dieses Begriffs im Bereich der Entwurfsdisziplinen zu erhellen. Dies trotz der Unterschiede zwischen literarischem Schaffen, also zwischen der Produktion diskursiver Artefakte in Form von Texten, und den Entwurfsdisziplinen, deren Ergebnisse sich bekanntlich in nicht diskursiven Artefakten wie Gebrauchsgegenständen, Verpackungen, Textilien, Filmvorspannen, Wetterkarten im Fernsehen, visuellen Kodierungen wissenschaftlicher Informationen und Websites manifestieren. Wenn also mit gebotener Behutsamkeit Rückschlüsse von der Literatur auf die Entwurfsdisziplinen gezogen werden, dann soll damit keinesfalls suggeriert werden, dass zum Beispiel die Architektur ein Text sei, was ein grundlegendes, wenn auch weit verbreitetes Missverständnis zumal in der Diskussion über Theoreme der Architektur ist.

Auf Designkongressen in peripheren Ländern taucht mit erstaunlicher Hartnäckigkeit folgende Frage auf: Gibt es ein typisch argentinisches, brasilianisches, mexikanisches Design, und worin unterscheidet es sich von japanischem, italienischem oder schwedischem Design? Mit anderen Worten: Was ist seine Identität? Diese Frage ist nicht auf die Peripherie beschränkt, sondern auch in zentralen Ländern zu finden und spiegelt möglicherweise den Wunsch nach Marktrelevanz des eigenen Tuns und die Sehnsucht nach einem Eigenreservat wider. Doch bevor ich näher auf diese Frage eingehe, die sich – das ist nicht ausgeschlossen – als eine Scheinfrage entpuppen kann, möchte ich mich dem Begriff ‹Identität› zuwenden.

Kognitive Landkarte der Identität

Zu Orientierungszwecken kann eine semantische Kartierung des Begriffs ‹Identität› dienen, die ihrerseits in Bedeutungszonen, *cluster* oder Bündel gemäß dem Kriterium semantischer Nähe gegliedert ist. Wie auch im Falle geographischer Landkarten werden in einer semantischen Kartierung bestimmte Merkmale hervorgehoben und andere ausgeblendet. Trotz der Verschiedenheit geographischer Landkarten und kognitiver Kartierungen haben sie in einem Merkmal übereinzustimmen, darin nämlich, dass zwischen der Karte und dem abgebildeten Bereich bestimmte, wenn auch abgeschwächte und vermittelte Ähnlichkeitsbeziehungen bestehen, woraus nicht der Fehlschluss zu ziehen wäre, dass es sich bei Kartierungen um Abbildungen einer wie auch immer verstandenen Wirklichkeit handelt. Gäbe es aber nicht Entsprechungen zwischen Karte und kartiertem Gegenstandsbereich, dann wären Landkarten völlig arbiträr. Es ließe sich zwischen der Zweckmäßigkeit oder Unzweckmäßigkeit einer Karte gar nicht unterscheiden. Als sinnvolles Kriterium zur Bestimmung der Adäquatheit kognitiver Kartierungen dürfte die Zweckmäßigkeit für die Orientierung in einem Themenbereich gelten.

Zu Zwecken der Kartierung wurden insgesamt sieben Begriffsbündel oder Umfelder für das semantische Netz des Begriffs ‹Identität› angelegt. Vielleicht ist es angemessener, statt auf das Wort ‹Netz› auf den Begriff ‹Rhizom› zurückzugreifen, womit angezeigt ist, dass diese Liste weiter wachsen kann und weder ein Zentrum noch eine Hierarchie hat.

1. **Begriffsbündel: Definitionsmerkmale**
   Stereotyp
   Substanz/Wesen
   Fremdes/Vertrautes
   Sicherheit
   Konstanz
   Dauer
   Authentizität
   Tradition/Glauben (Religion)
   Kanon (Leitwerte, ‹Klassiker›)
   ‹Nation› (als territoriale und politische Einheit).

2. **Begriffsbündel: Gestaltung**
   Formenreservoir/*stilemi*
   Farbkombinationen
   Muster/*patterns*
   ‹Stil›
   Unverwechselbarkeit
   Materialien und ihre Verarbeitung
   ‹Exotik›
   artesanía (in peripheren Ländern).

3. **Begriffsbündel: Alltagspraxis**
   Faszination des Fremden
   Abwehr des Fremden
   Widerstand gegen Überfremdung
   Dialektik zwischen dem Eigenen und dem Anderen.

4. **Begriffsbündel: Wirtschaft/Industrie**
   Firmenidentität/*corporate identity*
   Branding
   Identitätenmarkt

   Warenzeichen
   Symbolisches Kapital
   Globalisierung
   Der «imperiale Blick»
   Kolonialisierung und Postkolonialisierung.

5. **Begriffsbündel: Identitätskonstruktion**
   Fluide Identität
   Identitätswechsel
   Multiple Identirär
   Hybridität/Mischung/Mestizentum
   Umgang mit Eigenheit und Andersheit
   Transkulturation.

6. **Begriffsbündel: Identitätswahrung /-zerstörung**
   Dialektik von:
   Erinnerung/Vergessen
   Schaffen/Auslöschen von Identität
   Identität bewahren / Identität vernichten
   (*memoryzid*)
   Herrschaft/Unterwerfung.

7. **Begriffsbündel: Wissenschaften der Identität**
   Anthropologie
   Politische Wissenschaften
   Sozialwissenschaften
   Psychologie
   Psychiatrie
   Kulturwissenschaften
   Literaturwissenschaft (Reiseberichte)
   Kulturalismus.

Identitätsthematik in der Literatur

In der Literatur wird das Thema der ‹Identität› unter anderem in der Figur des Doppelgängers behandelt, womit die Vorstellung unterlaufen wird, dass es nur *eine* Identität einer Person gäbe. In der Erzählung mit dem bezeichnenden Titel *Der Andere* schildert Jorge Luis Borges einen Dialog zwischen einem zwanzigjährigen und einem siebzigjährigen Mann, die beide jeweils Facetten einer einzigen Person sind. Der Ältere listet die zentralen weltgeschichtlichen Ereignisse der vergangenen fünfzig Jahre (zwischen den beiden Weltkriege) auf – die kurze Erzählung wurde zum ersten Mal 1975 veröffentlicht – und nutzt sie als Folie zum Vergleich mit der Entwicklung in seinem Land: «Mit jedem Tag wird unser Land provinzieller. Provinzieller und eingebildeter, so als ob es die Augen schließt. Es würde mich nicht wundern, wenn der Lateinunterricht durch den Guaraníunterricht ersetzt würde.»**(3)** Hier stoßen wir auf den Topos des Kanons der etablierten Verbindlichkeiten, des sogenannten kulturellen Erbes, hinter dem sich ein Herrschaftsanspruch universalen Charakters verbergen kann: Lateinunterricht zählt, Guaraníunterricht zählt nicht. Borges gibt keine wissenschaftliche Antwort auf die Frage «Was ist Identität?», sondern eine literarische Antwort (die deshalb nicht weniger aufschlussreich und reflektiert sein muss): Identität kann ein Traum sein, den der Andere vom Ich hat.

Verglichen mit der resignierten Äußerung der literarischen Figur in Borges Erzählung äußert sich ein anderer Schriftsteller provokant aggressiv. Als Reaktion auf die Forderung, die Lehrpläne im Bereich der Literatur multikulturell auszurichten und somit bislang marginalisierte literarische Werke aus anderen Kulturen im Lehrplan zu akzeptieren, stellt er die böse Frage: «*Where is the African Proust?*» Offensichtlich handelt es sich um eine nicht beantwortbare Frage. Vielmehr bestimmt sie das Feld, in dem Antworten als Antworten überhaupt akzeptiert werden. Sie misst die literarische Produktion Afrikas am Werk von Marcel Proust, das heißt am Kanon der abendländischen Kultur, der als verbindlich gilt. Ein Kritiker könnte einwenden: Die Frage ist unfair. Darauf könnte ein Verteidiger des Kanon erwidern: Es geht in der Literatur nicht um Fairness, sondern um Qualität. Hinter diesem Konflikt stehen zwei Fragen: einerseits die Frage nach der Möglichkeit universaler Maßstäbe, andererseits nach der Legitimation dieser Maßstäbe. Sind die herrschenden Maßstäbe immer die Maßstäbe der Herrschenden? Es ginge also im Grunde nicht um eine wie auch immer verstandene Qualitätsfrage, sondern schlicht um eine Machtfrage. Dazu schreibt eine italienische Wissenschaftlerin: «Aus dieser Perspektive (der Qualität) hätten auch die Studienpläne die Lektüre der Meisterwerke vorzuschlagen, also die Werke von Plato – und nicht die Werke von Rigoberta Menchú –, die Werke aus dem Kanon der klassischen europäischen Autoren: Shakespeare, Dante, Tolstoi, Dostojewski, Stendhal, John Donne und T.S. Eliot, das heißt der mit unverwelkten Lorbeerkränzen geschmückten ‹*pale patriarchal penis people*›.»**(4)**

(3) Borges, Jorge Luis, «El Otro», in: *El libro de arena* (1. Auflage 1975), in: *Obras Completas*, Emecé Editores, Buenos Aires 2007, S. 13–20.

(4) Rigotti, Francesca, *op. cit.*, die Charakterisierung der Autoren stammt von: Huges, Robert, *The Culture of Complaint*, Oxford University Press, Oxford 1993.

Ein anderes bekanntes Beispiel für eine literarische Behandlung der Frage der Identität ist Franz Kafkas Erzählung *Die Verwandlung*: «Als Gregor Samsa eines Morgens aus unruhigen Träumen erwachte, fand er sich in seinem Bett zu einem ungeheuren Ungeziefer verwandelt. ... ‹Was ist mit mir geschehen?› dachte er. Es war kein Traum.»**(5)**

Einwände gegen den Identitätsbegriff

Gegen die Gefahr der Abschottung einer Kultur wendet sich der spanische Schriftsteller Juan Goytisolo, wenn er schonungslos den Provinzialismus seines Landes kritisiert: «In den fruchtbarsten und reichsten Perioden einer Literatur gibt es keine eindeutigen Einflüsse, weder nationale Wesenheiten noch ausschließliche Traditionen: nur Polygenese, Bastardentum, Mischung, Promiskuität.»**(6)** Er zitiert den syrisch-libanesischen Dichter Adonis (Ali Ahmad Said): «Die Identität kann sich nicht als vollendet oder endgültig betrachten; vielmehr ist sie eine immer offene Möglichkeit.» Und fährt fort: «Die wahre Identität ist ein dauernder Strom, der von einer unendlichen Vielzahl von Bächen oder Rinnsalen genährt wird.» Das ist eine klare Absage an die Verfechter von festgeschriebenen, womöglich national legitimierten, in tiefen Seinsgründen verborgenen Wesenheiten.

Es sei ein Sozialwissenschaftler zitiert, der gleichfalls gegen die Auffassung der Identität als etwas Festes, Dauerhaftes, Abgeschlossenes, Eigenes, Wesenhaftes angeht. Zygmunt Bauman kritisiert den bekannten Slogan «Denke global, handle lokal», ohne dieses Motto explizit zu nennen. Er schreibt: «Es gibt keine lokalen Lösungen für global erzeugte Probleme. ... Die globalen Kräfte, zerstörerisch und unbezähmbar, gedeihen im Aufbrechen der politischen Szene und in der Entscheidung potenziell globaler Politiken ..., die sich um einen größeren Anteil an den Krümeln streiten, die vom Tisch des Festbanketts der Ritter der globalen Räuberei herunterfallen. Jeder, der in den ‹lokalen Identitäten› ein Heilmittel gegen die Missetaten der Globalisierer sieht, macht sich zu ihrem Spielball und spielt ihnen in die Hände.»**(7)**

Auch der Begriff ‹multikulturelle Epoche› kommt bei Bauman nicht unbeschadet davon: «Die Verkündung der ‹multikulturellen Epoche› spiegelt nach meiner Ansicht die Erfahrung der neuen globalen Elite wider, die beim Reisen andere Mitglieder derselben globalen Elite trifft, die dieselbe Sprache sprechen und die sich um dieselben Dinge sorgen ... Indessen ist die Verkündung der multikulturellen Epoche eine Absichtserklärung: der Weigerung, ein Urteil zu sprechen oder eine Haltung einzunehmen; eine Erklärung der Gleichgültigkeit, ein Sich-die-Hände-Waschen angesichts kleinlicher Streitereien über Lebensstile oder Lieblingswerte».**(8)** In die gleiche Richtung wie Goytisolo zielt folgender Satz: «Die Identität enthüllt sich uns nur als etwas, das zu erfinden statt zu entdecken ist.»**(9)** Mit anderen Worten: Identitäten sind keine irgendwo verborgenen Wesenheiten, sondern ein zu Erfindendes (oder in der Terminologie des Entwerfens: ein zu Entwerfendes). Es dürfte klar sein, dass dieser Begriff weit über das *branding* oder *corporate design* hinausgeht.

(5) Kafka, Franz, *Die Verwandlung*, in: Ders., *Die Erzählungen und andere ausgewählte Prosa*, herausgegeben von Roger Hermes, Fischer Verlag, Frankfurt 1999.
(6) Goytisolo, Juan, *Contracorrientes*, Montesinos, Barcelona 1985, S. 168.

(7) Bauman, Zygmunt, *Identidad – Conversaciones con Benedetto Vecchi*, Losada, Madrid 2005, S. 187.
(8) Bauman, Zygmunt, *op.cit.*, S. 203.
(9) Bauman, Zygmunt, *op.cit.*, S. 40.

In einer anderen Publikation mit dem bezeichnenden Titel *The Illusion of Identity*
übt der französische Wissenschaftler Jean-François Bayart Kritik am Substanzialismus,
also an der Annahme permanenter Kerneigenschaften, und zwar wegen des gefährli-
chen politischen Potenzials, das Identität in sich birgt. Er schreibt: «Diese Kriege [im
ehemaligen Jugoslawien, Kaukasus, Algerien, und an den großen Seen in Afrika] und
Aufstände drehten sich um den Begriff der Identität und zogen ihr tödliches Potenzial
aus der Annahme, dass eine sogenannte ‹kulturelle Identität› zwangsläufig einer ‹politischen Identität› entspricht. Doch jede dieser Identitäten ist bestenfalls ein kulturelles
Konstrukt, ein politisches und ideologisches Konstrukt, das heißt letztlich ein ge-
schichtliches Konstrukt.»**(10)**

Dependenztheorie

Diese Zitate stehen konträr zu den immer wieder auf Tagungen in der Peripherie
vernehmbaren, sicherlich wohlmeinenden Absichten, eine Identität des mexikani-
schen, brasilianischen, chilenischen Design zu entwickeln. Im Kontext existenzieller
Abhängigkeit und des Aufbegehrens gegen die Abhängigkeit wird gelegentlich dafür
plädiert, sich auf die eigene native Tradition alltäglicher Gebrauchsgegenstände und
Ornamentik zurückzubesinnen. Die Dependenztheorie**(11)**, die als genuiner Beitrag
der Sozialwissenschaften in Lateinamerika in den 60er Jahren des letzten Jahrhunderts
entwickelt worden ist, ermöglicht es, die – in manchen Kontexten als lästig angesehe-
ne – politische Facette der Identitätsfrage des Design in der Peripherie zu verstehen.
Dieser theoretische Beitrag entstand im Kontext der formalen Beendigung des Kolonialismus, der Revolution in Kuba, des Zweiten Vatikanischen Konzils mit der Option
für die Armen und für die Theologie der Befreiung, des Staatsstreichs 1964 in Brasilien, der Invasion der Dominikanischen Republik 1965 durch die USA und des Staatsstreichs 1966 in Argentinien. Die Dependenztheorie zielte darauf ab, eine Erklärung
für das Scheitern der Entwicklung in Lateinamerika zu liefern trotz seiner ausgedehnten
Landreserven, billigen Arbeitskräfte, Vielfalt an natürlichen Ressourcen, kulturellen
Homogenität und guten Kommunikationswege. Sie beinhaltete eine Kritik am vorherrschenden Erklärungsmodell, das die vermeintlich feudalen Gesellschaftsstrukturen für
das Zurückbleiben oder wirtschaftliche Nicht-Abheben des Subkontinents verantwortlich machte. Die zentrale These lautete: Lateinamerika ist nicht etwa *wegen* des Fehlens
kapitalistischer Gesellschaftsstrukturen unterentwickelt, sondern im Gegenteil, eben
weil diese Strukturen vorherrschen. Unterentwicklung wurde nicht als historisch gege-
bener Zustand begriffen, sondern als Ergebnis kapitalistischer Entwicklung. Die Länder
waren nicht unterentwickelt, vielmehr *wurden* sie – und *werden* sie – unterentwickelt.
Für das Industrial Design in Lateinamerika spielte die Dependenztheorie insofern eine
wichtige praktische Rolle, als die im Rahmen dieser Theorie konzipierte und eingefor-
derte Technologie- und Industrialisierungspolitik auf Importsubstitution angelegt war,

(10) Bayart, Jean-François, *The Illusion of Identity*, The
University of Chicago Press, Chicago 2005 (französische
Originalausgabe 1997), S. ix.

(11) Borón, Atilio, «Teoría(s) de la dependencia», in: *Realidad
Económica* 238, 2008. Siehe auch: http://www.iade.org.ar/
modules/noticias/article.php?storyid=2661. (Letzter Zugriff
12.12.2008.) Die gestraffte Kennzeichnung der Dependenztheorie beruht weitgehend auf diesem Artikel.

womit sich für lokale Entwurfstätigkeit ein Handlungsraum auftat. Diese Identitätspolitik setzte auf Industrialisierung und favorisierte keineswegs eine rückwärts gewandte Suche nach den vermeintlichen Wurzeln lateinamerikanischen Design in den präkolumbischen Kulturen; denn diese Suche dürfte der Suche nach einer Schimäre gleichen und schwerlich als Ausgangspunkt für eine eigenständige zukunftsträchtige Designentwicklung dienen. Statt Entwurfsidentität in einer romantisch verklärten Vergangenheit zu suchen wäre es wohl angemessener, die Blickrichtung zu wechseln.

Das Gegenstück zur Dependenztheorie bildet der ominöse *Konsensus von Washington* aus dem Ende der 1980er Jahre, der während der 1990er Jahre das eiserne Credo der Weltbank, des Internationalen Weltwährungsfonds und der Welthandelsorganisation lieferte – mit großenteils verheerenden sozialen und wirtschaftlichen Folgen für die von dieser Politik heimgesuchten Länder.

Wieso profilierte sich die Frage der Identität in den Entwurfsdisziplinen, vor allem in der visuellen Kommunikation, im Industrial Design, in der *artesanía* (nicht gleichzusetzen mit hochtechnisiertem Handwerk, wie man es in industrialisierten Ländern findet) bis hin zur Architektur? Weil einerseits die Entwurfsdisziplinen Alltagspraktiken prägen, anderseits unterschiedliche kulturelle Alltagspraktiken widerspiegeln.

Stil

Als Äquivalent zum bislang erörterten Identitätsbegriff kann man in der Kunstgeschichte den Stilbegriff betrachten, der allerdings nicht mit *style* als Habitus im alltäglichen Umgang zu verwechseln ist. Auf die Frage, was Stil sei, gibt der Kunsthistoriker Horst Bredekamp folgende Antwort: «Unter diesem Begriff [Stil, GB] verstehe ich die erkennbar gemeinsamen Züge einer überindividuellen Formgebung. Es müssen daher zwei Elemente im Spiel sein: mindestens zwei gestaltende Personen und wenigstens zwei Werke, die, obwohl unabhängig voneinander entstanden, sich dennoch so ähnlich sind, dass Gemeinsamkeiten der Formgebung evident sind. Das ist der kleinste gemeinsame Nenner einer kunsthistorischen Definition von Stil.»[12] Aufschlussreich für diese Kennzeichnung des Stilbegriffs ist der auf überindividuelle Eigenschaften gelegte Nachdruck. Die zentrale Rolle des an morphologischen Eigenschaften festgemachten Stils kennzeichnet diesen kunsthistorischen Ansatz: «Stil erschließt sich in fundamentaler Weise aus dem morphologischen Vergleich.»[13] Darin mag ein Grund dafür liegen, dass sich der kunstgeschichtliche Ansatz so schwer tut, wenn er sich Designobjekten zuwendet. Man kann sogar noch einen Schritt weitergehen und fragen, ob sich der kunstgeschichtliche Apparat, soweit er sich auf morphologische Eigenschaften konzentriert, nicht eher als hinderlich denn als förderlich für die Erörterung von Gestaltungsfragen erweist, zumal wenn er offen oder latent die Ästhetik als Zentralthema der Diskussion inthronisiert. Gerade in der fachinternen Debatte haben sich Gestalter immer wieder vehement gegen die simplifizierende Interpretation gewehrt, sie seien wesentlich Form-

(12) Bredekamp, Horst, «Bildbeschreibungen. Eine Stilgeschichte technischer Bilder?», in: *Das Technische Bild – Kompendium zu einer Stilgeschichte wissenschaftlicher Bilder*, herausgegeben von Horst Bredekamp, Birgit Schneider und Vera Dünkel, Akademie Verlag, Berlin 2008, S. 37–47.
(13) *Ibid.*

oder Schönheitsspezialisten. Deshalb relativierte die 1961 auf dem ICSID-Kongress in Venedig akzeptierte Definition des Industrial Design den Formbegriff und kehrte stattdessen die funktionalen und strukturellen Merkmale von Industrieprodukten hervor. Diese Definition ging auf einen Vorschlag von Tomás Maldonado zurück, die er in Umrissen bereits 1958 festgelegt hatte. «Der ästhetische Faktor ist nur ein Faktor unter vielen, mit denen der Produktgestalter arbeitet. Er ist weder der wichtigste noch der beherrschende. Neben ihm gibt es den produktiven, konstruktiven, ökonomischen und vielleicht auch den symbolischen Faktor.»(14) Genau mit diesen Faktoren kommt ein kunstgeschichtlich geprägter Ansatz der Designgeschichte schwer, wenn überhaupt, zurecht.(15)

Zurückkommend zu den verschiedenen Einstellungen zum Identitätsbegriff, sei eine konservative Kritik an der Identitätspolitik und am Kulturkult seitens eines australischen Anthropologen vorgetragen, mit unverhohlenen Herrschaftsinteressen im Namen einer okzidentalen auf Privateigentum, Unternehmertum und Eigeninitiative beruhenden Zivilisation, der sich andere Kulturen gefälligst bei Strafe des Untergangs anzupassen hätten. Er fragt: «Sollten Indios in Amerika und Maoris in Neuseeland und Aborigenes in Australien gedrängt werden, ihre traditionellen Kulturen um jeden Preis zu wahren? Sollte ihnen gesagt werden, dass Assimilation falsch ist? Ist es klug, sie völlig ihrem Schicksal zu überlassen? Die Umstände sind verschieden, doch das australische Beispiel legt die Antwort nahe: nein, nein und nochmals nein. Die beste Chance für ein gutes Leben für die nativen Einwohner ist dieselbe wie für Sie und mich: volle Beherrschung der englischen Sprache, soviel Mathematik, wie wir verkraften können, und eine Arbeit. Im Jahr 2000 sind künstlich versteinerte Ureinwohner zum Untergang bestimmt.»(16)

Identitätserzeugung mittels Reiseliteratur

Nach diesen aus Literatur und Anthropologie angeführten Beispielen, die Vorsicht im Umgang mit dem Begriff ‹Identität› nahelegen, wende ich mich nun der Frage danach zu, wie und wodurch Identität geprägt wird. Dafür greife ich auf die Arbeit einer kanadischen Literaturwissenschaftlerin zurück, die die Konstruktion der lateinamerikanischen Identität an Hand der Analyse von Reiseberichten untersucht hat.(17) Mary Louise Pratts analysiert das 30-bändige Monumentalwerk von Alexander von Humboldt eingehend. «Er hat Südamerika in erster Linie als Natur neu erfunden. Nicht die zugängliche, sammelbare, erkennbare, kategorisierbare Natur der Vertreter von Linnaeus,

(14) Maldonado, Tomás, «Neue Entwicklungen in der Industrie und die Ausbildung des Produktgestalters», in: *ulm, Zeitschrift der Hochschule für Gestaltung*, Nr. 2, 1958.

(15) Einen ideengeschichtlichen Abriss der Entwicklung des Designverständnisses bietet Maldonado, Tomás, *Disegno industriale: un riesame – Definizione Storia Bibliografia*, Giangiacomo Feltrinelli, Mailand 1976.

(16) Sandall, Roger, *The Culture Cult – Designer Tribalism and Other Essays*, Westview Press, Boulder 2001, S. 3.

(17) Edward Said hat aufgezeigt, auf welche Weise der Orientalismus als akademische Disziplin – oftmals gekoppelt mit Herrschaftsinteressen – die westliche Vorstellungswelt über den ‹Orient› geprägt hat. Said fragt: «... wie kann man andere Kulturen von einer libertären, oder nicht repressiven und nicht manipulativen Perspektive untersuchen?» Said, Edward W., *Orientalism*, Vintage Books, New York 1979, S. 24.

sondern eine dramatische, außergewöhnliche Natur, ein Schauspiel, das menschliches Wissen und Verstehen überwältigt.»**(18)**

Sie vergleicht diesen Ansatz einer Identitätsproduktion mit der Reiseliteratur der von ihr «kapitalistische Avantgarde» genannten Autoren, die eine zu Humboldt konträre Identitätskonstruktion schaffen: «Ideologisch besteht die Aufgabe der Avantgarde darin, Amérika [sic] als zurückgeblieben und vernachlässigt zu kennzeichnen sowie die nicht kapitalistischen Landschaften Lateinamerikas in der Weise zu kodieren, dass sie dringend rationalisierter Ausbeutung europäischen Zuschnitts bedürftig erscheinen. Wissenschaftler des kolonialen Diskurses werden hier die Sprache der zivilisatorischen Mission erkennen, in der die Nordeuropäer andere Leute (für sich selbst) als ‹Eingeborene› (*natives*), als unvollständige Wesen erzeugen, die unter der Unfähigkeit leiden, das geworden zu sein, was die Europäer bereits sind, oder die zu dem zu werden hätten, was die Europäer als wünschenswert ansehen. Auf diese Weise hat sich die kapitalistische Avantgarde als eine Art moralischer und historischer Unausweichlichkeit in die Zukunft jener eingeschrieben, die sie auszubeuten suchten.»**(19)** Der taxierende, auf *business opportunities* fixierte Blick wird beispielhaft an der Äußerung eines gleichsam nach Anlagemöglichkeiten in Südamerika suchenden Kapitäns deutlich: «Charles Cochrane, der [während eines zweijährigen Aufenthalts 1823–1824, GB] in Kolumbien das Potenzial des Bergbaus und der Perlenfischerei ausloten sollte, beschrieb die lateinamerikanische Landschaft als eine schlafende Maschine, die zur Aktivität angekurbelt werden müsse: ‹In diesem Land sind alle Möglichkeiten für Unternehmungen und alle Aussichten auf Erfolg gegeben: Der Mensch wartet nur darauf, die ganze Maschine in Gang zu setzen, die zur Zeit brach liegt, die aber mit Kapital und Industrie produktiv erschlossen werden kann, was gewisse Vorteile und Reichtum bringt.›»**(20)** Es fragt sich nur, wer dieser Mensch ist, der da wartet. Offenbar nicht der Indoamerikaner. Dieses seit 1492 instituierte Paradigma hat bis heute unverändert gehalten. Ihm bleibt eine nicht akkumulative Lebensweise ein Rätsel.

Aus der literarhistorischen Untersuchung geht hervor, dass Identitäten primär sprachlich, aber nicht weniger auch visuell vermittelte Konstrukte sind, die sich in der Regel in automatischen Urteilen (*assessments*, Wertungen, Einschätzungen) manifestieren und somit menschliches Verhalten beeinflussen. Identität ist weniger etwas, was man selbst hat, vielmehr lebt Identität in der Vorstellung des anderen über einen. Identitäten gehören zur *l'imaginaire* (Vorstellungswelt). Sie sind Kommunikationsartefakte.

Identitätsdesign | *branding*

Dass dies so ist, belegen die Versuche, durch Identitätspolitik in Form von *branding* die Vorstellungswelt (*l'imaginaire*) des anderen (des Publikums, der Zielgruppe) positiv, das heißt im Eigeninteresse zu beeinflussen. In der Branche des *branding* wird Identität definiert als «die Summe aller Merkmale, die eine Marke oder ein Unternehmen

(18) Pratt, Mary Louise, *Imperial Eyes – Travel Writing and Transculturation*, Routledge, London, New York 1997, S. 120.

(19) Pratt, Mary Louise, *op.cit.*, S. 152.

(20) Pratt, Mary Louise, *op.cit.*, S. 150.

einzigartig und unverwechselbar machen.»**(21)** Diese Interpretation der Identität als Merkmalsaddition – Summe einzigartiger Eigenschaften – ist statisch orientiert, wogegen eine andere Interpretation die Flexibilität und den Wandel der Identität betont: «Neben dem Aspekt der Gleichheit und Kontinuität steht der Aspekt der immerwährenden Wandlung. Nichts lässt sich halten, wie es ist, alles ist in Veränderung.»**(22)** Am Vergleich dieser Kennzeichnung lässt sich die Spannweite des Identitätsbegriffs ablesen, die sich vom Pol der (statischen) Konstanz bis zum Pol des (dynamischen) Wandels erstreckt. Gegenüber der Präsenz in der Vorstellungswelt der anderen gibt es die Eigenvorstellung, das Selbstbild, das mit dem Bild der anderen nicht übereinstimmen braucht. Divergenzen, Dissonanzen sind unausweichlich. Es ist diese potenzielle Divergenz zwischen Firmenrealität und Firmenerscheinung, die sich ein Entwerfer vorlegt, wenn er der Gefahr eines reinen *face-lifting* vorbeugen will, das darauf abzielt, ein Unternehmen für den Verkauf an der Börse durch eine Kur visueller Aufpäppelung attraktiver zu machen.

Während in der Epoche der großen Entdeckungen, die gleichzeitig Epoche der großen Landnahme war, die Bewegung von Europa in die Peripherie ausging, also zentrifugal verlief, hat sich heute die Bewegungsrichtung umgekehrt. Früher wurde das Fremde, das Exotische gesucht. Es war das Objekt des forschenden Blicks. Heute dringt das Fremde in einer zentripetalen Bewegung in die Metropolen. Durch die Migrationsprozesse aus der Peripherie in die Metropolen wird die Kultur der Metropole mit Fremden (anderer Kultur) im eigenen Land konfrontiert. Das Fremde rückt einem auf den Leib. Im Unterschied zum Tourismus, in dem man den eigenen Kontext verlässt und sich in fremde (exotische) Kontexte begibt, hat man es im Multikulturalismus gleichsam mit einem umgekehrten Tourismus zu tun: Das Andere, das Fremde tritt in den bekannten Kontext, kommt zu einem. Man sucht es nicht. Die eigene kulturelle Identität, der man sich gar nicht bewusst zu sein braucht, wird nun durch den Kontrast mit dem Anderen ins Bewusstsein gehoben und gerät damit in Legitimationszwang, vor allem, wenn es beispielsweise um den Kanon eigener kultureller Traditionen geht, die bisweilen mit einem Universalcharakter ausstaffiert und verklärt werden. Potenziell handelt es sich um eine Konfliktsituation, die aber nicht zu einem kriegerischen *clash of civilizations* führen muss, in dem es Sieger und Besiegte gibt.

National branding als Identitätsdesign

Nach diesen Erörterungen über das Umfeld der Identitätsdebatte wende ich mich nun einigen konkreten Beispielen von Identitätsdesign zu, zuerst dem *national branding* peripherer Länder. Auf der Suche nach neuen Kunden bot sich den global operierenden *Branding-* und Consulting-Firmen das Gebiet der Nationalstaaten oder Länder an, die einem *Re-branding*-Prozess, wie er bei Unternehmen angewendet wird, unterzogen wurden.

(21) Paulmann, Robert, *Double Loop – Basiswissen Corporate Identity*, Verlag Herrmann Schmidt, Mainz 2005, S. 125.

(22) Eberle Gramberg, Gerda, und Jürgen Gramberg, «Stadtidentität – Stadtentwicklung ist Identitätsentwicklung», in: *Stadtidentität – Der richtige Weg zum Stadtmarketing*, herausgegeben von Maria Luise Hilber und Ayda Ergez, Orell Füssli, Zürich 2004, S. 27–35.

Die Motive für diese primär visuelle Neupräsentation bestanden darin, sich auf internationaler Ebene attraktiver darzustellen, den Tourismus zu fördern, internationale Ereignisse ins Land zu bringen und vor allem ein für ausländische Investoren – wie es heißt – anziehendes Klima zu schaffen, also insgesamt eine positive, letztlich sich monetär auszahlende Identität auszustrahlen.(23) Der universale Warencharakter erfasst nun auch Städte, Regionen und Länder. Fraglich ist, ob dabei von den für die *Branding*-Verträge verantwortlichen Dienststellen auch verstanden wird, dass «eine Erneuerung der Identität weit über Flaggen und Logos hinausgeht».(24) Bezeichnend ist, dass gerade relativ kleine Länder Lateinamerikas (Uruguay, Nicaragua, Chile, Ecuador) sich darum bemühen, mit Hilfe derartiger durch Marketingoperationen gewonnener, vermeintlich (oder real) neuer Identitäten sich international zu positionieren. Vielleicht spielte dabei auch die Annahme mit, dass ein visuelles *refashioning* oder visuelles Aufmöbeln eines Logos mit entsprechendem Slogan identitätsfördernd wirkt und dass man sich durch ein *Branding*-Programm in die Gesellschaft führender Länder einreihen kann – also nationales *branding* als Eintrittskarte in den Club des internationalen Identitätenmarktes. Zum Entwerfen attraktiver Identitäten, die dann international vermarktet werden, dienen sogenannte ‹*vision programmes*›, womit das ganze Unternehmen gewollt oder ungewollt geradezu mystisch-religiöse Züge verzückt Erleuchteter annimmt. Im Rahmen des totalisierenden Verwertungsinteresses wird empfohlen, nicht nur Firmen, sondern Städte, Regionen und Länder unter Einsatz der Techniken des *branding* zu profilieren, um Wettbewerbsvorteile zu schaffen, wobei die Prägung der Identität als symbolisches Kapital eine ausschlaggebende Rolle spielt. Beim Rückgriff auf lokale Eigenheiten vor allem für Textil- und Modewaren wird auf *ethnic look* oder *ethnic feel* gesetzt. Der Expansionsdrang des *branding* findet vorerst beim Planeten Erde eine Grenze. Allerdings entspräche es der Logik des *branding*, nächstens auch den Erdtrabanten mit einer Branding-Strategie zu überziehen. Der rastlose Branding-Experte Wally Olins empfiehlt einen Siebenstufenplan für das *branding* eines Landes.(25) Das Länder-Branding wird gleichsam als eine (natur-)geschichtliche Unausweichlichkeit hingestellt – die Naturalisierung gesellschaftlicher Prozesse kaschiert seit je das Interesse an der Erhaltung des Status quo und dient dazu, lästige Fragen von vornherein abzuwehren. Angesichts eines solch unkritischen Lobgesanges auf das *branding* darf es nicht verwundern, dass eine Kritik nicht lange auf sich warten ließ.(26)

Klar zu unterscheiden ist zwischen der auf Langlebigkeit abzielenden visuellen Identität eines Landes und der auf eine Wahlperiode beschränkten Identität einer Regierung, also des politischen Marketing (Beispiel Brasilien). Mexiko betreibt eine systematische Identitätspolitik zur Kennzeichnung von Waren für den Export. Die Nutzung des Logos für Premiumprodukte (bestimmte subtropische Früchte) unterliegt einer Qualitätskontrolle. Nur wenn ein Produkt die Qualitätskriterien erfüllt, darf auf den Transport- und Konsumpackungen das neue Logo verwendet werden. In Brasilien

(23) Anholt, Simon, *Brand New Justice – How branding places and products can help the developing world*, Elsevier, Oxford 2006 (1. Ausgabe 2003).

(24) Leonard, Mark, *Britain ™ – Renewing our Identity*, Demos, London; 1997, S. 10.

(25) Olins, Wally, *Trading Identities – Why countries and companies are taking on each others' role*, The Foreign Policy Centre, London 1999, S. 23–26.

(26) Eagleton, Terry, «A fresh look at Wally Olins's highly regarded branding manual, now in paperback», in: eye, 53, Herbst 2004. Abrufbar unter: http://www.eyemagazine.com/issue.php?id=116.

|04| Nationales *branding* Nicaragua.
|05| Nationales *branding* Ecuador. Entwurf: Tourismus-
ministerium, 2004.
|06| Nationales *branding* Uruguay. Entwurf: Gonzalo
Silva und Nicolás Branca, 2002.
|07| Nationales *branding* Argentinien. Entwurf:
Guillermo Brea in Zusammenarbeit mit Alejandra Luna
und Carolina Mikalef, 2006.
|08| Politisches *branding* Brasilien, 2003.

|09| Nationales *branding* für die Förderung des Touris-
mus in Brasilien. Entwurf: Kiko Farkas. Semantik der
Farbgebung (aus dem Projektbericht): Grün für den
Tropenwald; Gelb für die Sonne und Helligkeit; Rot und
Orange verbunden mit Volksfesten; Blau für Himmel
und Meer, Weiß für die religiöse Seite Brasiliens.
|10| |11| Nationales *branding* Guatemala. Entwurf:
Interbrand, 2004.
|12| |13| Nationales *branding* Mexiko.

 |04| |05|

 |07| |08|

 |10| |11|

 |12| |13|

|14| Nationales Marketing für argentinischen Wein.
|15| Weinetiketten aus Argentinien. Entwurf: Studio Boldring & Ficardi, 2004. Das Argentinische an diesen Etiketten ist die Tatsache, dass sie in Argentinien entworfen worden sind.

|16| Durch Unterschrift verbürgte Idendität einer PET-Mineralwasserflasche aus der Schweiz. Entwurf: Mario Botta.
|17| Wasserfilter für Hausgebrauch. Entwurf: Oswaldo Rocco und Roberto Brazil, 2004. An diesem Entwurf aus Brasilien wird Identität durch die Thematik geprägt.

|14| |15|

|16| |17|

wird einfach die Eintragung in eine Liste erfordert, wenn eine Firma das Logo (gleichsam *Made in Brazil*) nutzen will.

Die symbolische Dimension von Produkten

Da es beim *branding* um Kommunikationsprobleme geht – wesentlich um das Schaffen einer Prädisposition zu positiv besetzten Wertungen –, erscheint es folgerichtig, den symbolischen Aspekten des Design, zumal des Industrial Design eine hohe Wichtigkeit zuzuschreiben. Dass das *branding* mit dem Phänomen zu tun hat, das als die ‹theologischen Mucken der Ware› bezeichnet worden ist, dürfte auf der Hand liegen.[27] Heute werden die beiden in der klassischen Nationalökonomie gebräuchlichen Termini ‹Gebrauchswert› und ‹Tauschwert› durch den Begriff des ‹Symbolwerts› ergänzt: «Der symbolische Wert der Ware, der zunächst der systemische Effekt der Produktionsbeziehungen war und dann bewusst durch Logodesign und Branding in Regie genommen wurde, entfaltet eine eigene Dynamik, die die Illusion in Wirklichkeit verwandelt. Im Zeitalter des zum Markenartikel gemachten und teuren ‹Designer Wassers› wird der symbolische Wert in der Tat zum Tauschwert.»[28] Dieses Zitat belegt die verbreitete und für den Designberuf ruinöse Assoziation mit Teurem, Ausgesuchten, Herausgeputztem, Schicki-Micki, eben Designtem. Es bleibt dahingestellt, ob sich das Design aus dieser Umarmung des *branding* befreien kann. Was die ‹theologischen Mucken› und ‹metaphysischen Spitzfindigkeiten› der Ware samt ihrer ‹sinnlich-übersinnlichen Eigenschaften› angeht, die im *branding* ihre höchste Ausprägung erfahren, so haben heute die Techniken des Zurichtens der symbolischen Aspekte von Produkten und Unternehmen einen Reifegrad erreicht, der vor hundertfünfzig Jahren wohl nicht zu antizipieren war. Angesichts der Verselbstständigung der symbolischen Dimension der Waren und Unternehmen ist es folgerichtig, das Produktdesign und die Designausbildung auf den Dunstkreis der *emotions* einzupolen, deren sich ein Designer anzunehmen hätte, statt sich um solche Biederkeiten wie Gebrauch und technische Details zu kümmern. Erleichtert wird dieser Prozess durch das Angebot von Rendering Software, deren Nutzung bekanntlich nicht mit Entwerfen gleichzusetzen ist. Der symbolische Aspekt ist bei einem anonymen technischen Produkt wie beispielsweise einer Schraube allenfalls noch in Spuren vorhanden, kann dagegen in der Klasse der Konsumprodukte bis zum Extrem aufgebauscht werden, wobei er gelegentlich hypertrophische Dimensionen annimmt und ad absurdum geführt wird, wie es das Beispiel einer aus Feinporzellan gefertigten Teekanne mit einer aus einem Tierschädel abgeleiteten Form zeigt, die mit einem Kannenwärmer aus Biberpelz überzogen ist. In diese Produktkategorie kann man auch eine zur Designikone gewordene Zitronenpresse einordnen, in der primäre Gebrauchsanforderungen explizit einer formalen Konzeption untergeordnet werden. Das mag einer der Gründe dafür sein, dass es diese Presse dahin gebracht hat, als skulpturales Dekorationsobjekt für den Schreibtisch von Managern zu dienen, die mit diesem

(27) Marx, Karl, «Der Fetischcharakter der Ware und sein Geheimnis», in: Ders., *Das Kapital*, Dietz Verlag, Berlin 1947, S. 76ff.

(28) Lütticken, Sven, «Attending to Abstract Things», in: *New Left Review*, Nr. 54, 2008, S. 101–122.

Totem der Postmoderne ihr Designverständnis signalisieren. Der Inthronisierung der symbolischen Dimension entspricht das arrogante Herabblicken auf die Niederungen der praktischen Funktion. In einer schematischen Gut-Böse-Gegenüberstellung der Zehn Gebote des Emotionalen Branding heißt es: «From Product >>> to Experience. *Products fulfill needs. Experiences fulfill desires.*» Und weiter: «From Function >>> to Feel. *The functionality of a product is about practical and superficial qualities only. Sensorial design is about experiences.*»**(29)** Es bleibt offen, wie der Konsument auf das sinnliche Erlebnis des Umgangs mit einem Brotmesser reagiert, wenn er sich in einen Finger schneidet – denn das wäre ja schlichtes Ergebnis einer nebensächlichen, oberflächlichen, praktischen Funktion, auf die es im Grunde nicht ankommt, da der Konsument diesem Gebot zufolge auf sinnliche Erfahrungen aus ist, wozu das Sich-in-den-Finger-Schneiden nicht gehört. An oberster Stelle dieser Produktwelt dürften Objekte rangieren, bei denen jegliche Spur einer praktischen Funktion getilgt ist. Da lebt der Konsument dann im verklärten Himmel der von jeder Materialität abgehobenen sinnlichen Erfahrungen.

Die Vorrangstellung formalästhetischer Faktoren erklärt auch das Interesse der *marchands de tableaux*, die ihre Galerien in Antiquariate der Moderne verwandeln und nun auch Designobjekte ausstellen und verkaufen. Insbesondere formal innovative bis ausgefallene Produkte aus dem Bereich der Möbel und Lampen, bei denen Preisfragen keine ausschlaggebende Rolle spielen, scheinen bei den «Gourmets des Kommerzes»**(30)** Gefallen zu finden. Exemplarisch äußert sich diese Identitätsstiftung im Autorendesign. Die Unterschrift verbürgt die Identität des Einmaligen, die Unverwechselbarkeit, die Echtheit und hievt das Produkt aus der identitätslosen Masse der Alltagsgegenstände in die Sphäre der erlesenen Objekte, womit sie dem Status von Kunstobjekten angenähert werden.

Das Bemühen, eine unverwechselbare Identität auszustrahlen, zeigt sich in der Initiative der *Neuen Designstädte* – vermutlich im Unterschied zu etablierten Designstädten wie Mailand und London –, die zur Erhärtung des Anspruchs die Existenz sogenannter *creative industries* vorweisen, wozu die Branchen Film, Fernsehen, Marketing, Werbung, Trendforschung, Mode, Publikationen, Architektur, Ausstellungs- und Eventdesign, Graphikdesign, Industrial Design und Neue Medien – also die *creative people* – zählen, neben den traditionellen Kulturindustrien in Form von Museen, Theatern, Konzerthallen und Galerien – das alles gemischt mit einer Palette kulinarischer Angebote und Shopping-Möglichkeiten. Zur Ermittlung der Attraktivität dieser Städte dient der sogenannte *Bohème Index*.**(31)**

(29) Gobé, Marc, *Citizen Brand – 10 Commandments for Transforming Brands in a Consumer Democracy*, Allworth Press, New York 2002, S. xxxvii. Bemerkenswert ist die Konstanz, mit der in Texten über Ökonomie auf die Zehn Gebote rekurriert wird, wodurch simples wirtschaftliches Handeln in die Sphäre religiös erhabener, gleichsam von göttlicher Vorsehung befohlener Unternehmungen gerückt wird.
(30) Badiou, Alain, *Dritter Entwurf eines Manifests für den Affirmationismus*, Merve Verlag, Berlin 2007, S. 10.

(31) Lacroix, Marie-Josée (Hrsg), *New Design Cities / Nouvelles Villes de Design*, Ville de Montréal, Ville de Saint-Etienne, Les éditions Infopresse, Montréal 2005. An der ersten Initiative zur Etablierung der Neuen Designstädte nahmen Antwerpen, Glasgow, Lissabon, Saint-Etienne, Stockholm und die Geschäftsvereinigung des Time Square in New York teil. Die Prägung von Stadtidentitäten und deren Propagierung wird von kommerziellen und lokalpolitischen Interessen der Stadtverwaltung getrieben.

«Kulturindustrien» im affirmativen Sinn

Im Gefolge der tiefen Wirtschaftskrise in Argentinien (2000/2001) wurde seitens der Regierung (Kulturministerium) und insbesondere der Stadtverwaltung von Buenos Aires das Design in die Rubrik der sogenannten Kulturindustrien (*industrias culturales*) eingestuft und gefördert. Offenbar war die kritische Dimension dieses aus der Frankfurter Schule stammenden Begriffs den Initiatoren des Programms unbekannt. Flankiert wurde dieser Prozess durch die von der UNESCO verliehene Auszeichnung der Stadt Buenos Aires als «Stadt des Design» – ein Ergebnis des Stadtmarketing. Diese Förderung konzentriert sich auf die symbolischen und formalästhetischen Aspekte von handwerklich hergestellten Konsumprodukten niederer technischer Komplexität, wofür auch der in Europa gängige Ausdruck ‹Objektdesign› benutzt wird: Halsketten, Schmuckstücke, Accessoires, Modeobjekte. Die Einengung auf symbolische Aspekte legt nahe, nach identitätsstiftenden Inspirationsquellen zu suchen, wobei beispielsweise die Symbolwelt der Mapuches in Patagonien herangezogen wird, also einer nativen Bevölkerungsgruppe, die durch die Kolonialisierung aus ihrem Lebensraum verdrängt und pauperisiert worden ist und die nun obendrein noch symbolisch enteignet wird. Derartiges Design liegt auf der gleichen Ebene wie der von Adorno kritisierte photographische Meisterschuss auf die Elendshütte des Landarbeiters.

Sichtweisen auf *artesanía*

Die Nutzung lokaler Ressourcen (graphische Motive, Farbkombinationen, Materialien und arbeitsintensive Herstellungsverfahren) und die Beziehung zum Design und zur Identitätsprägung lässt sich in peripheren Ländern beispielhaft veranschaulichen. Statt den Ausdruck ‹Handwerk› zu nutzen, ziehe ich den Ausdruck ‹*artesanía*› sowie ‹*artesana/artesano*› für ‹Handwerkerin/Handwerker› vor. Denn das in der Regel hoch technifizierte Handwerk in den Zentralländern hat nur wenig mit den handwerklichen Produktionsverfahren der *artesanos* und *artesanas* zu tun (in der Regel sind es Frauen, die diese Produkte herstellen), die überwiegend dem sogenannten informellen Sektor der Wirtschaft angehören und in der Regel einfache, nicht kapitalintensive Produktionsverfahren anwenden. Gegenüber dem Thema *artesanía* und Gestaltung lassen sich folgende Einstellungen ausmachen, die entweder in Reinform oder gemischt auftreten können.(32)

1. Der konservierende Ansatz. Er sucht den *artesano* gegen jeden von außen kommenden Einfluss auf das Design zu schützen. Diese Einstellung findet man gelegentlich unter Anthropologen, die jede Annäherung zwischen Design und *artesano* ablehnen, weil sie den *artesano* im ‹Reinzustand›, unverdorben durch zeitgenössische Einflüsse bewahren möchten. Ohne die guten (oder nicht so guten) Absichten der Anthropologen in Zweifel zu ziehen, entsteht der Eindruck, dass sie ein Forschungsfeld

(32) Neuerdings werden diese Programme und Initiativen mit den Attributen ‹*sustainable*› und ‹*socially responsible*› belegt, womit ein ethischer Anspruch signalisiert wird. Damit ist nichts darüber gesagt, ob diese Initiativen die Autonomie der *artesanas* und *artesanos* auch fördern, womit die Gefahr des Rückfalls in einen Assistenzialismus (staatliche Sozialprogramme) gebannt wird.

verteidigen, indem sie den Anspruch erheben, die einzigen Fachleute zu sein, die über die *artesanos* und ihre Erzeugnisse urteilen können. Es geht also im Grunde um einen Territorialdisput: Wer darf sich wo einmischen?

2. Der ästhetisierende Ansatz. Er betrachtet die *artesanos* als Repräsentanten der Populärkultur und hebt die Arbeiten der *artesanos* auf den Status der Kunst an, und zwar mit dem Ausdruck ‹Volkskunst› im Gegensatz zur ‹Hochkunst›. Bisweilen wird das Formenrepertoire der Populärkunst (Ornamente, Farbkombinationen) als Bezugspunkt oder als Quelle der Inspiration benutzt, wenn von außen kommende Vertreter, die den Gemeinschaften der *artesanos* fremd sind, nun versuchen, diese formalästhetische Sprache für Gestaltungszwecke nachzuahmen. Konkret findet dieser Ansatz seinen Niederschlag in dem sogenannten ‹Ethnodesign›.

3. Der produktivistische Ansatz. Er betrachtet die *artesanos* als qualifizierte Arbeitskraft und nutzt ihre Handfertigkeiten, um Design zu produzieren, das von Designern und Künstlern entwickelt worden ist und entsprechend signiert wird. Es verlangt ein gerütteltes Maß an Naivität – oder Dreistigkeit –, wenn dieser Ansatz, als Hilfe für das Handwerk in der Peripherie verbrämt sich als von humanitären Interessen motiviertes Unternehmen empfiehlt, um entweder die von der lokalen Populärkultur ‹inspirierten› Design oder direkt aus dem Zentrum mitgebrachten Entwürfe von billigen Arbeitskräften vor Ort produzieren zu lassen. Eine so geartete Designpraxis dürfte die Abhängigkeitsverhältnisse eher perpetuieren statt zu ihrer Überwindung beizutragen.

4. Der Wesensansatz oder kulturalistische Ansatz. Er betrachtet die einheimischen Entwürfe der *artesanos* als Basis und Ausgangspunkt für das, was dann als wahres lateinamerikanisches oder besser indoamerikanisches Design bezeichnet wird. Bisweilen wird dieser Ansatz von einer romantischen Einstellung begleitet, in der die vermeintlich ‹bukolische› Vergangenheit verklärt wird.

5. Der paternalistische Ansatz. Er betrachtet die *artesanos* in erster Linie als politische Klientel für Hilfsprogramme und übt eine Vermittlungsfunktion zwischen Produzenten und Kommerzialisierung (Marketing) aus, in der Regel mit hohen Gewinnspannen für den Verkäufer.

6. Der innovationenfördernde Ansatz. Er fördert die Autonomie der *artesanos*, um deren oftmals prekäre Subsistenzbedingungen zu verbessern. In diesem Fall wird die aktive Teilnahme der Produzenten gefordert.

Semantik der Webmuster

Dass die *Artesanía*-Produktion über eine rein formalästhetische Anschauung nur begrenzt zu verstehen ist, kann mithilfe des Rhombusmusters erläutert werden, das für Textilien, Keramik und Kürbis- und Holzbehälter in Mexiko verwendet wird. «Im Q'ero (Webform) ist der viergeteilte Rhombus eines der am häufigsten gebrauchten Elemente, um kosmologische Auffassungen zu veranschaulichen. Die graphischen Elemente dieses Rhombus sind: Strahlenlinien, eine senkrechte (Teilungs-)Linie und Zeiger, die sich auf Raum- und Zeitbegriffe beziehen. ... Die senkrechte Linie (Teilung) gliedert den Rhombus in *hatún inti* (große Sonne), die den Informanten des Q'eros und Kaulis zufolge die Sonne am Mittag und eine dualistische soziale Ordnung bedeutet. ...

Weitere graphische Elemente werden von ihnen als Tageszeit, Jahreszeit und Vierteilung des Erdraumes gelesen.»**(33)**

In einem Projekt der Designforschung, dem dieses Zitat entnommen ist, werden die Schwierigkeiten der Interpretation dieser Muster deutlich. Welchen Fehlinterpretationen ein von außen Kommender, der nicht mit der Lokalkultur vertraut ist, aufsitzen kann, sei an einem Beispiel gezeigt: «Im Gefolge der Kolonialisierung wurden diese semantischen Dimensionen [Weltanschauungen] unterdrückt. Bei einer Untersuchung über die Formensprache der Amuzga im Staat Guerrero in Mexiko wurde herausgefunden, dass die Übersetzung der Amuzga Sprache ins Spanische von Freiwilligen des Sommer-Sprachinstituts der USA gemacht wurde, was zum Verlust der korrekten Deutung des gesamten historisch-begrifflichen Inhalts führt. Die Übersetzungen sind derart irreführend, dass eine geometrische Figur, in der die Sommerkursteilnehmer die Form eines ‹Schuhs› sehen, dieses Zeichen wörtlich als Schuh wiedergeben, auch wenn Schuhe in dieser Gegend nicht benutzt werden.»**(34)**

Manifestationen von Designidentität

Um eine Identität zu erfassen, empfiehlt es sich, deren unterschiedliche Erscheinungsformen aufzuzählen. Designidentität manifestiert sich auf folgende Weise:

1. In Form einer Gruppe von Stil- oder Farbeigenschaften (*stilemi,* Muster).
2. In der Zusammensetzung der Taxonomie der Produkte (Produkttypen, die einer Kultur eigen sind, zum Beispiel der Matebehälter aus einer Kürbisschale, der aus der Guaraní-Kultur stammt).
3. In der Verwendung lokaler Materialien und entsprechender Herstellungsverfahren.
4. In der Verwendung einer besonderen Entwurfsmethode (Einfühlung in eine Tradition und Rückgriff auf deren Eigenschaften), die in einer Region verwurzelt ist.

In Santa Clara in Michoacán arbeitet die Ethnie Purépecha seit präkolumbischen Zeiten mit Kupfer. Zuerst werden in einer Gruppe die Kupferplatinen geschmiedet. Daraufhin bearbeitet jeder *artesano* durch Form-Hämmern das Rohmaterial. Die Werkzeuge werden von den *artesanos* selbst aus Abfallmaterialien von Lastwagen hergestellt, wobei vorzugsweise die Querlenker und Federungen verwendet werden.

Wenn es darum geht, durch Kooperationsprojekte die oftmals äußerst prekären Lebensverhältnisse zu bessern, kann man es nicht allein beim Design belassen, sondern muss Fragen der Vergabe von Kleinkrediten und des Vertriebs miteinbeziehen. Oftmals fristen die *artesanos* eine Leben am Rand der Armutsgrenze, da sie nicht einmal das Rohmaterial für die Herstellung ihrer Produkte kaufen können. Sie sind somit auf Händler angewiesen, die ihnen das Material liefern (und damit eine Verschuldung forcieren) und die in der Regel den Hauptgewinn abschöpfen. Dieser Gefahr der Ausbeutung beugt zum Beispiel das Haus des Handwerks (*Casa de las Artesanías*) in Michoacán (Mexiko) vor. Es liefert den *artesanos* integrale Unterstützung. So werden Untersuchungen über

(33) Shultz, Fernando, «Diseño y artesanía», in: *Historia del diseño en América Latina – Diseño industrial y comunicación para la autonomía*, herausgegeben von Silvia Fernández und Gui Bonsiepe, Editora Edgar Blücher, São Paulo 2008, S. 308–322.
(34) *Ibid.,* Shultz zitiert hier einen Forschungsbericht.

|18| Rhombus-Webform mit kosmologischen Konnotationen aus Mexiko (Quelle siehe Fußnote 33).
|19| Identität lokaler Produktkultur: Yerba Mate und Yerba-Mate-Gefäß (Argentinien).

|20| Identität durch *ethno feel* und *ethno look*. Zeitungsannonce. (Argentinien).

|18|

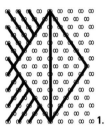 1. 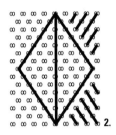 2. 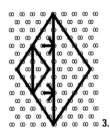 3. 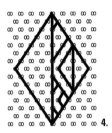 4.

|19| |20|

|21| |22| Identität durch traditionelle Herstellungspro-
zesse und Muster (Michoacán, Mexiko).
Auftragen von dekorativen Mustern auf Keramikbehäl-
ter nach Augenmaß, ohne Vorzeichnung.

|23| |24| |25| Identität mittels eigener Herstellungspro-
zesse: Getriebene Kupferbehälter (Purépecha, Mexiko).
Das Rohmaterial wird aus Motorenwicklungen
gewonnen, die nach dem Schmelzen zu einer Platine
geschmiedet werden.

|26| Recycling von Autoreifen (Campina Grande, Nord-
osten Brasiliens). Arbeitsumgebung der Herstellung
eines Abfalleimers.
|27| Rohmaterial.
|28| Trennen der Schichten des Reifens.

|29| Zerlegen des Materials.
|30| Verbindungsdetail des Bodens.
|31| Fertiger Abfalleimer.
|32| Selbstgefertigtes Werkzeug und Krampen.
|33| Rohform des Eimers.

|27| |28|

|29| |30|

|32| |33|

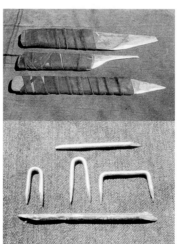

|34| |35| |36| |38| |39| Identität durch lokale Produkt-
kultur: Recycling-Produkte: Lampen aus Bierdosen,
Konservendosen und Glasverpackungen (Campina
Grande, Nordosten Brasiliens).

|37| Hämmer aus Moniereisen und Bolzen für Eisen-
bahnschienen (Campina Grande, Nordosten Brasiliens).

|34|

|35| |36|

|37|

|38| |39|

|40| |41| |42| Städtisches Orientierungssystem (Buenos Aires), – das erste Beispiel eines groß angelegten Zeichensystems, das im öffentlichen Raum in Argentinien installiert wurde und das vielfach als Vorbild für lokale Versionen diente. Entwurf: Guillermo González Ruiz (Projektleitung) und Ronald Shakespear, 1971–1972.

|43| Institutionelle Graphik für Buenos Aires. Entwurf: Eduardo Cánovas.
|44| Signalisierung der Metro in Buenos Aires. Entwurf: Estudio Shakespear, 1996.
|45| Anpassung des Systems an lokalen Kontext (La Plata).

|40| |41|

|42| |43|

|44| |45|

|46| Zentralplatz in der Stadt Cachi (Provinz Salta im Nordwesten Argentiniens), in der ein an den lokalen Kontext angepasstes Orientierungssystem installiert wurde.

|47| Kontext, in dem das Material für das Orientierungssystem gewonnen und genutzt wird (Präkordilleren).
|48| |49| Identität durch Nutzung lokaler Materialien: Orientierungssystem aus Kaktusrinde.

 |46|

 |47|

 |48| |49|

|50| Anonyme Stadtgraphik (Cholula, Mexiko).
|51| Identität durch Farbmuster (Cholula, Mexiko).

|52| Identität durch Farbmuster (Cholula, Mexiko).
|53| Anonyme Stadtgraphik (Cholula, Mexiko).

|50| |51|

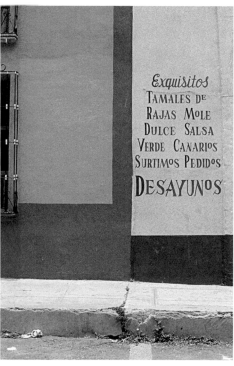

|52| |53|

|54| Anonyme Stadtgraphik (Cholula, Mexiko).
|55| |56| |57| |58| Identität durch Farbmuster (Cholula, Mexiko).

|59| Identität durch Detailbehandlung: Fugen an einem Gebäude.

|54| |55|

|56| |57|

|58| |59|

|60| |61| Identität des Stadtviertels La Boca in Buenos Aires durch Farbgebung der Fassaden.
|62| Anonyme Graphik (sogenannte ‹filetes›) an den Omnibussen in Buenos Aires. Diese das Stadtbild prägende Graphik wurde Mitte der 1970er Jahre verboten mit dem Argument, dass sie zur ‹visuellen Verschmutzung› beitrage. Foto: Inés Ulanovsky, Estudio Zkysky.

|63| Das Erkennungszeichen (weißes Kopftuch) der *Madres de la Plaza de Mayo*, die sich für ihre unter der Militärdiktatur verschwundenen Angehörigen einsetzen.

|60| |61|

|62| |63|

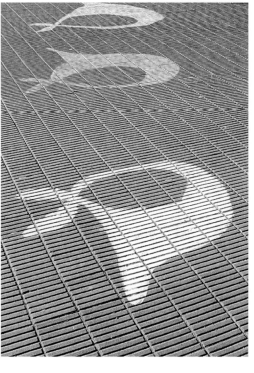

|64| |65| Schutz der Identität. Zeitungsannoncen einer Kampagne gegen den Export geschützter Fossilien in Argentinien.

|66| |67| Graphikdesign aus Argentinien. Titelseiten einer Wochenendbeilage einer Tageszeitung zum Thema ‹11. September› und zum Thema ‹Globale Erwärmung›. Entwurf: Alejandro Ros, 2003 und 2006 Auch in diesem Fall dürfte sich die Frage nach der Designidentität erübrigen.

|64| |65|

 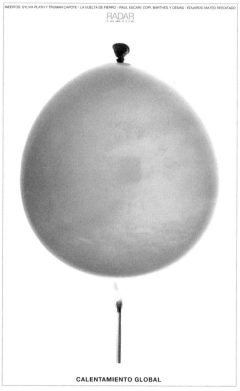

|66| |67|

|68| Anonyme Produktgraphik an einem Fischerboot (Brasilien).
|69| Anonymes Design (*hawaianas*) eines Massenprodukts aus Brasilien.

|70| Deckenventilator mit eingebauter Leuchte in der Antriebseinheit. Ein Beispiel für Design aus Brasilien – und nicht für brasilianisches Design als Identitätsmarke. Entwurf: Guto Índio da Costa, 2002.
|71| Landwirtschaftliche Sprühmaschine – ein Beispiel für Industrial Design aus Argentinien. Entwurf: Martín Olavarria, 2001.

|68| |69|

|70| |71|

|72| |73| Karren für ‹*cartoneros*› (Sammler von wie-
derverwendbaren Abfällen). Entwurf: Studenten der
Designabteilung der Universität La Plata, Dozent
Eduardo Simonetti, 2005. In diesem Fall wird die
Identität durch die Problematik bestimmt, die infolge
der tiefen Wirtschaftskrise Argentiniens im Jahre 2001
entstand.

|74| Vorrichtung am Karren, um Kunststoffpackungen zu
quetschen und damit das Volumen zu verringern.

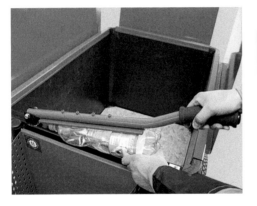

die Wahrung und Aufdeckung lokaler Kulturen angestellt. Die Arbeit der *artesanos* und Gruppen wird durch Wettbewerbe und Ausstellungen bekannt gemacht. Es werden Fortbildungskurse über Organisationsformen und Vertriebsformen angeboten. Weiterhin wird darauf geachtet, die Produkte rechtlich gegen unredlichen internationalen Wettbewerb zu schützen, der die Entwürfe außerhalb des lokalen Kontexts mit anderen (industriellen) Fertigungsmethoden reproduziert.**(35)**

Abgesehen von Subsistenzproblemen spielt die Beziehung zur Umwelt und Natur eine wichtige Rolle für die *artesanía*. Denn Flora, Fauna und Astronomie bilden Ausgangspunkt für Legenden und Traditionen, die sich in den Produkten niederschlagen. Die Umweltzerstörung, die Ausmerzung von Tieren und Pflanzen gefährden den Fortbestand dieser Kulturen. «Ökologie ist somit nicht nur ein ‹bio-physisch-chemisches› Problem, sondern auch ein kulturelles Problem von grundlegender Bedeutung für den Fortbestand und die Entwicklung der *artesanos*.»**(36)**

---

(35) Bei den handwerklich hergestellten Produkten, soweit sie über den Lokalbedarf hinauszielen, stellt sich die Frage nach Authentizität und der Abgrenzung von der sogenannten ‹airport art› oder ‹tourist art›, also Produkten, die explizit auf den touristischen Käufermarkt ausgerichtet sind. Um die Echt-

heit zumal der teureren Produkte zu garantieren, wird ihnen ein Gütesiegel angehängt, auf dem gegebenenfalls auch der Name der *artesana* oder des *artesano* vermerkt sind. Identität verbürgt Identität.
(36) Shultz, Fernando, *op.cit.*

Bibliographie

Anholt, Simon, *Brand New Justice – How branding places and products can help the developing world*, Elsevier, Oxford 2006
(1. Ausgabe 2003).

Badiou, Alain, *Dritter Entwurf eines Manifests für den Affirmationismus*, Merve Verlag, Berlin 2007.

Baltes, Martin (Hrsg.), *Marken – Labels – Brands*, Orange Press, Freiburg 2004.

Bauman, Zygmunt, *Flüchtige Moderne*, Suhrkamp, Frankfurt am Main 2003.

Bauman, Zygmunt, «Identity in the globalizing world», in: *The Individualized Society*, Polity Press, Cambridge 2004, S. 140–152.

Bauman, Zygmunt, *Identidad – Conversaciones con Benedetto Vecchi*, Losada, Madrid 2005.

Bayart, Jean-François, *The Illusion of Identity*, The University of Chicago Press, Chicago 2005.

Borges, Jorge Luis, «El Otro», aus: *El libro de arena*, in: Ders., *Obras Completas*, Emecé Editores, Buenos Aires 2007.

Borón, Atilio, «Teoría(s) de la dependencia», in: *Realidad Económica*, 238, 2008. Abrufbar unter: http://www.iade.org.ar/modu-
les/noticias/artcle.php?storyid=2661.

Bredekamp, Horst, «Bildbeschreibungen. Eine Stilgeschichte technischer Bilder?», in: *Das Technische Bild – Kompendium zu
einer Stilgeschichte wissenschaftlicher Bilder*, herausgegeben von Horst Bredekamp, Birgit Schneider und Vera Dünkel,
Akademie Verlag, Berlin 2008, S. 37–47.

Eagleton, Terry, «A fresh look at Wally Olins's highly regarded branding manual, now in paperback», in: *eye*, 53, Herbst 2004.
Abrufbar unter: http://www.eyemagazine.com/issue.php?id=116.

Galli, Carlo (Hrsg.), *Multiculturalismo – ideologías y desafíos*, Ediciones Nueva Visión, Buenos Aires 2006.

Genovese, Alfredo, *Manual del filete porteño*, Comisión para la Preservación del Patrimonio Cultural de la Ciudad Autónoma de
Buenos Aires, Buenos Aires 2008.

Gobé, Marc, *Citizen Brand – 10 Commandments for Transforming Brands in a Consumer Democracy*, Allworth Press, New York
2002.

Goytisolo, Juan, *Contracorrientes*, Montesinos, Barcelona 1985.

Goytisolo, Juan, «Abandonemos de una vez el amoroso cultivo de nuestras señas de identidad [*Geben wir ein für alle Mal die
liebliche Pflege unserer Identitätsmerkmale auf*]», in: *Pájaro que ensucia su propio nido* [*Vogel, der sein eigenes Netz
beschmutzt*], Random House Mondadori, Barcelona 2001, S. 86–90.

Hilber, Maria Luise, und Ayda Ergez, *Stadtidentität – Der richtige Weg zum Stadtmarketing*, Orell Füssli, Zürich 2004.

Kozak, Claudia, *Contra la pared – sobre graffitis, pintadas y otras intervenciones urbanas*, Libros del Rojas, Universidad de
Buenos Aires, Buenos Aires 2004.

Lacroix, Marie-Josée (Hrsg.), *New Design Cities / Nouvelles Villes de Design*, Ville de Montréal, Ville de Saint-Etienne, Les
éditions Infopresse, Montréal 2005.

Leonard, Mark, *Britain ™ – Renewing our Identity*, Demos, London, 1997, S. 10.

Lütticken, Sven, «Attending to Abstract Things», in: *New Left Review*, Nr. 54, 2008, S. 101–122.

Maldonado, Tomás, «Neue Entwicklungen in der Industrie und die Ausbildung des Produktgestalters», in: *ulm, Zeitschrift der
Hochschule für Gestaltung*, Nr. 2, 1958.

Maldonado, Tomás, *Disegno industriale: un riesame – Definizione Storia Bibliografia*, Giangiacomo Feltrinelli, Mailand 1976.

Marx, Karl, «Der Fetischcharakter der Ware und sein Geheimnis», in: Ders., *Das Kapital*, Dietz Verlag, Berlin 1947, S. 76ff.

Olins, Wally, *Trading Identities – Why countries and companies are taking on each others' role,* The Foreign Policy Centre,
London 1999.

Paulmann, Robert, *Double Loop – Basiswissen Corporate Identity*, Verlag Herrmann Schmidt, Mainz 2005.

Pratt, Mary Louise, *Imperial Eyes – Travel Writing and Transculturation*, Routledge, London, New York 1997.

Rigotti, Francesca, «Las bases filosóficas del multiculturalismo», in: *Multiculturalismo – ideologías y desafíos,* herausgegeben
von Carlo Galli, Ediciones Nueva Visión, Buenos Aires 2006.

Said, Edward W., *Orientalism*, Vintage Books, New York 1979.

Said, Edward W., *Culture and Imperialism*, Vintage Books, New York 1994.

Sandall, Roger, *The Culture Cult – Designer Tribalism and Other Essays*, Westview Press, Boulder 2001.

Shultz, Fernando, «Diseño y artesanía», in: *Historia del diseño en América Latina – Diseño industrial y comunicación para la autonomía*, herausgegeben von Silvia Fernández und Gui Bonsiepe, Editora Edgar Blücher, São Paulo 2008.

Sistema de Señales Urbanas, Municipalidad de la Ciudad de Buenos Aires, Buenos Aires 1972.

Sistema de Identificación Visual, Municipalidad de la Ciudad de Buenos Aires, Buenos Aires 1972.

Ulanovsky, Julieta und Valeria Dulitzky, *El libro de los colectivos*, La Marca Editora, Buenos Aires 2005.

Kognition und Gestaltung –
Die Rolle der Visualisierung für die
Sozialisierung des Wissens

- INFORMATIONSDESIGN
- DATEN, INFORMATION, WISSEN
- *USABILITY*
- KOGNITIVE KOMPLEXITÄT
- WISSENSPRODUKTION UND WISSENSPRÄSENTATION
- *MAPPING* – KARTOGRAPHIEREN
- BILDINDIFFERENZ
- ERFASSUNG VON DATEN ALS HERRSCHAFTSINSTRUMENT
- RHETORIK
- KOGNITIVER METABOLISMUS
- EINE MEDIZINISCHE LERNSOFTWARE
- STELLENWERT DES INTERFACEDESIGN BEI DER SOFTWAREENTWICKLUNG
- INTERFACE FÜR WISSENSMANAGEMENT
- ÜBER DESIGN: URTEILE STATT VERIFIZIERBARER BEHAUPTUNGEN
- GESTALTUNG ALS NEGENTROPIE

Daten | Information | Wissen

Im Diskurs der Informationstechnologie und des Informationsdesign findet sich ein lineares Stufenschema, eine «fortschreitende sprachliche Kette – von rohen ‹Daten›, zu ‹verarbeiteten Daten› (Information), zu verifizierter Information (Wissen) bis hin zu ‹existenziell validierter Information› (Weisheit?)».**(1)** Da der Autor gerade hinsichtlich der vierten Stufe offensichtlich Zweifel hegt, wo es um Lebenserfahrungen und das in ihnen sedimentierte Wissen in Form von Verständnis geht, werde ich mich auf die ersten drei erwähnten Begriffe beschränken und sie als Ausgangspunkt zur Klärung der Frage nutzen, welche Rolle das Design in diesem dreistufigen Prozess spielen kann. Anders formuliert, ich werde der Frage nachgehen, inwieweit das Design involviert ist, wenn Daten in Information und Information in Wissen verwandelt werden – wenn denn überhaupt diese Stufenfolge, beginnend in den Niederungen der Daten, dann die Zwischenzone der Informationen passierend und in der Sphäre des Wissens endend, diesen komplexen kognitiven Prozess nicht allzu vereinfacht und mehr Fragen aufwirft als beantwortet.**(2)**

Bereits der Titel rekurriert auf die kognitive Rolle des Design in der Alltagspraxis – eine Rolle, die durch die Ausweitung der Informationstechnologie in markanter Weise hervorgetreten ist. Ein sehr einfaches Beispiel kann dazu dienen, den Prozess der Verwandlung von Daten in Information und von Information in handlungsrelevantes

[Erweiterte Version eines Vortrags, der unter dem Titel «Design and Cognition» im Rahmen des vom Politecnico di Milano veranstalteten Internationalen Symposiums *Ricerca+Design* am 18./20. Mai 2000 gehalten wurde.]

a guided tour

Wissen zu veranschaulichen. Ein Fahrplan kann als Datenbank bezeichnet werden. Die Rohdaten über Abfahrtszeiten, Ankunftszeiten, Zielbahnhöfe, Zwischenhalte, Zugnummern, Zugtyp und Ähnliches werden zu Information, wenn sie strukturiert werden, das heißt, wenn sie von einem Zustand hoher Entropie – also von einem ungeordnetem Zustand – in einen Zustand niedriger Entropie – oder hoher Negentropie oder Ordnung – verwandelt werden. Hier kommt das Design insofern ins Spiel, als es dazu beiträgt, die Daten wahrnehmbar und rezipierbar zu machen – ein Aspekt, der in der Diskussion um die Nutzung von Informationen und Daten meist ausgeblendet bleibt, da das Begriffsinstrumentarium der sogenannten *usability studies* zu kurz greift. Wenn die Information strukturiert ist, kann sie von einem Interpreten verstanden werden, der weiß, was Zugverbindungen bedeuten. Entgegen landläufiger Meinung führt der Umgang mit Informationen nicht zu Wissen, sondern setzt vielmehr Wissen voraus, was mit dem Begriff ‹Kontextwissen› ausgedrückt wird. Der nächste Schritt der Verwandlung der Daten in Wissen besteht darin, die Information zu interpretieren und zu nutzen, das heißt, Information in zielorientiertes Handeln umzusetzen. Die Art und Weise, wie die Daten und Informationen präsentiert werden, spielt dabei eine Rolle, insofern durch Gestaltung ihre Rezeption und Interpretation erleichtert und eine effiziente Handlung ermöglicht wird. Es kann der Einwand erhoben werden, dass dieser Wissensbegriff zu eng gefasst ist, da ein grundlegender Unterschied zwischen handlungsorientierter Infor-

|01| Titelseite des Projektberichts über eine medizinische Lernsoftware, die weiter unten erläutert wird.

mation und Wissen besteht: «Wissen ist mehr als Information. Wissen erlaubt es nicht nur, aus einer Fülle von Daten jene herauszufiltern, die Informationswert haben, Wissen ist überhaupt eine Form der Durchdringung der Welt: erkennen, verstehen, begreifen. Im Gegensatz zur Information, deren Bedeutung in einer handlungsrelevanten Perspektive liegt, ist Wissen allerdings nicht eindeutig zweckorientiert. [...] Im Gegensatz zur Information, die eine Interpretation von Daten in Hinblick auf Handlungsperspektiven darstellt, ließe sich Wissen als eine Interpretation von Daten in Hinblick auf ihren kausalen Zusammenhang und ihre innere Konsistenz beschreiben.»[3] Aus diesem Zitat spricht zu Recht ein Vorbehalt gegen einen schematischen Umgang mit den Begriffen ‹Information› und ‹Wissen›, dieser tangiert aber nicht den hier vertretenen Anspruch, dass die Präsentationsform von Texten und Bildern für die Vermittlung der Inhalte eine nicht zu unterschätzende Rolle spielt. Wäre dies nämlich nicht der Fall, dann wären zum Beispiel Buchgestaltung, Schriftgestaltung und Webdesign hinfällig – ein Schluss, zu dem sich gerade die Verfechter einer Lese- und Textkultur wohl schwerlich bereit finden würden.[4] In der Behauptung, dass Wissen mehr als Information bedeutet, scheint ein hermeneutischer, auf Verstehen begründeter Wissensbegriff durch, der sich von einem rein instrumentellen, auf Handlungseffizienz zielenden Wissensbegriff unterscheidet.

In den Erörterungen über kognitive Prozesse wird in der Regel die Dimension der Vermittlung von Daten und Information nicht reflektiert – ein Defizit, das den Aussagegehalt der Untersuchungen auf diesem Gebiet einschränkt. Daten, Information, Wissen werden als abstrakte, dehydrierte Größen behandelt, abgehoben von ihrer materiellen Basis und von ihrem sinnlichen Vermittlungsprozess, in den unvermeidlich Gestaltungskomponenten hineinspielen. Ebenso wie es kein Lernen ohne Inhalte

(1) Hakken, David, *Cyborgs@Cyberspace: An Ethnographer Looks to the Future*, Routledge, London 1999, S. 21.
(2) Siehe dazu Rheinberger, Hans-Jörg, «Wie werden aus Spuren Daten, und wie verhalten sich Daten zu Fakten?», in: *Nach Feierabend – Zürcher Jahrbuch für Wissensgeschichte – Daten*, herausgegeben von D. Gugerli, M. Hagner, H. Michael et al., Zürich, Berlin, diaphanes, 3, S. 117–125.
(3) Liessmann, Konrad Paul, *Theorie der Unbildung – Die Irrtümer der Wissensgesellschaft*, Paul Zsolnay Verlag, Wien 2006, S. 29.

(4) Rahn, Thomas, «Druckschrift und Charakter. Die Semantik der Schrift im typographischen Fachdiskurs und in der Textinszenierung der Schriftproben», in: *TextKritische Beiträge* 11, 2006, S. 1–31. Die sich immer wieder stellende Frage der Zuordnung von Textinhalt und Textpräsentation legt den Schluss nahe, dass jeder Fall in Ad-hoc-Manier gelöst wird, wobei Gestalter auf Standardpraktiken zurückgreifen, die sich einer Algorithmisierung entziehen.

gibt – worauf Konrad Liessmann(5) mit der entlarvenden Bemerkung hinwies, dass der Vorsatz, das Lernen des Lernens zu lehren, so unsinnig ist wie das Kochen ohne Zutaten –, so gibt es keine Vermittlung von Information mittels Texten und Bildern ohne materielles, gestaltetes Substrat. Das mag auf den ersten Blick als eine triviale Feststellung beurteilt werden, doch gerade ihre Trivialität wirft eine Reihe von Fragen auf, mit denen sich visuelle Gestalter konfrontiert sehen und die bei wissenschaftlichen Auseinandersetzungen mit kognitiven Prozessen durchaus nicht als Bagatelle abgetan werden sollten.

Nach dem Alltagsverständnis ist Wissen in Personen verankert. Es kann das mittels gedruckter Dokumente externalisiert und zum Beispiel in Bibliotheken deponiert werden. Zwei Spezialisten der Betriebswirtschaft gehen einen Schritt weiter und kommen zu folgender Interpretation: «Wissen ist eine fließende Mischung von Erfahrungen, Werten, Kontextinformation und Fachwissen, das für das Bewerten und Einbeziehen neuer Erfahrungen und Information einen Rahmen liefert. ... In Unternehmen ist Wissen oftmals nicht nur in Dokumente eingebettet oder in Archiven gespeichert, sondern auch in Arbeitsroutinen, Verfahren, Praktiken und Normen.»(6) Wenngleich Vorbehalte gegen diese rein instrumentelle Interpretation von Wissen gehegt werden können, so rückt sie doch ein anderes, das Design tangierendes Merkmal in den Vordergrund: Wissen als angehäufte Erfahrung muss mitgeteilt und geteilt werden. Dieser Vermittlungsprozess ist an die Darstellung von Wissen gekoppelt, was eine Zentralaufgabe des Design ist – oder sein kann. Auf den ersten Blick mag es nicht ersichtlich sein – oder stillschweigend vorausgesetzt werden –, dass die Darstellung von Wissen den Eingriff von Entwurfshandlungen erfordert. Denn ohne Entwurfshandlungen würde die Vermittlung und Darstellung von Wissen nicht funktionieren. Diese Vermittlung geschieht über ein Interface, mit dessen Hilfe Wissen wahrgenommen und vom Nutzer angeeignet werden kann. Aus dieser Argumentation dürfte die Unverzichtbarkeit des Informationsdesign deutlich werden, das sich in den kommenden Jahren zu einem wichtigen, eigenständigen Tätigkeitsbereich entfalten kann, zumal es mit dem Bereich der Erziehung verknüpft ist.(7) Das mag eine gute Nachricht sein. Eine betrübliche Nachricht hingegen ist es, dass wir bislang noch nicht über eine kohärente Theorie der Information verfügen: «Im gegenwärtigen Informationszeitalter tun wir uns schwer damit, Information zu verstehen. Wir befinden uns in einer ähnlichen Lage wie der Mensch der Eisenzeit, der verstehen will, was Eisen ist. Es gibt da dieses Phänomen, genannt Information, die zu sammeln und zu verarbeiten wir einen hohen Grad

(5) Liessmann, *op.cit.*, S. 35.

(6) Davenport, Thomas H. und Laurence Prusak, *Working Knowledge*, Harvard University Press, Cambridge Mass. 1998, S. 5.

(7) In den vergangenen Jahren ist reichhaltiges Anschauungsmaterial veröffentlicht worden, z.B. Brückner, Hartmut (Hrsg.), *Informationen gestalten – Designing Information*, H.M. Hauschild, Bremen 2004.

IIDj – Institute for Information Design Japan (Hrsg.), *Information Design Source Book*, Birkhäuser, Basel, Berlin, Boston 2005.

Die prägende Rolle von Otto Neurath für das Informationsdesign wird in den folgenden zwei Publikationen dokumentiert: Vossoughian, Nader, *Otto Neurath – The Language of the Global Polis*, NAi Publishers, Amsterdam 2008.

Hartmann, Frank, und Erwin K. Bauer, *Bildersprache*, Facultas, WUV Universitätsverlag, Wien 2002.

an Geschicklichkeit erreicht haben. Doch sind wir nicht in der Lage zu sagen, was Information ist, weil wir nicht über eine entsprechende wissenschaftliche Theorie verfügen, auf die wir eine akzeptable Definition gründen können.»(8) Wenngleich das von Shannon und Weaver entwickelte Schema der Signalübermittlung in Telefonleitungen jahrzehntelang in Abhandlungen über Graphikdesign – und Semiotik – als Modell der Kommunikation angeführt und reproduziert wurde, ist sein Erklärungswert für die visuelle Gestaltung sehr beschränkt, eben weil in diesem Schema – wie auch die Autoren der Informationstheorie selbst betonten – die semantische Dimension getilgt ist.(9) Gerade die semantische Dimension aber bildet die zentrale Dimension visueller Gestaltung – oder vorsichtiger formuliert: Sie sollte die zentrale Dimension visueller Gestaltung bilden, damit es nicht zu einem Kochen ohne Zutaten kommt.(10)

Interaktion

Wenngleich bislang eine eindeutige, differenzierte und die Fachdisziplinen übergreifende Definition des Begriffs ‹Information› fehlt, so fehlt es nicht an einer Berufspraxis im Bereich Informationsdesign, in die Beiträge der Kognitionspsychologie, Linguistik, Wahrnehmungstheorie, Lerntheorie, Semiotik und der visuellen Gestaltung einfließen. In einer Veröffentlichung über Visualisierung wird Informationsdesign definiert als der «Entwurf veräußerter Darstellungen zur Mehrung des Wissens».(11)

Visualisierung wird im Rahmen dieser Veröffentlichung verstanden als ein Bereich rechnergestützter interaktiver Darstellungen. Man kann aber einen Schritt weitergehen und Visualisierung als ein Verfahren kennzeichnen, in der Regel unsichtbare Prozesse zu veranschaulichen und diskursiv codierte Informationen visuell umzusetzen.(12)

Die oben genannten wissenschaftlichen Fachgebiete beziehen sich auf den Grundbegriff Kommunikation. Für sie haben sich dank der technischen Entwicklung in Form digitaler Medien neue, weitreichende Möglichkeiten erschlossen. Interaktive Informationsdarstellung bietet eine Herausforderung für traditionelles Graphikdesign sowie für forschungsbasierte Disziplinen. Offensichtlich ist ein Buch auch ein intellektuelles Werkzeug, dessen Zweckmäßigkeit sich über mehrere Jahrhunderte erwiesen hat; doch

(8) Devlin, Keith, *Infosense: Turning Information into Knowledge*, W.H. Freeman & Company, New York 1998, S. 24.
(9) Kittler, Friedrich, Peter Berz, David Hauptmann und Axel Roch (Hrsg.), *Claude E. Shannon: Ein | Aus – Ausgewählte Schriften zur Kommunikations- und Nachrichtentheorie*, Brinkmann & Bose, Berlin 2000, S. 9 und S. 11.
(10) Aus diesem Grund dürften Layoutübungen mit Blindtext, also mit semantisch amputiertem Text, von beschränktem Nutzen sein. Wer sich auf pure Syntax versteift (Komposition von Textblöcken auf einer Seite zur Beurteilung der Grauwerte), geht am Inhalt vorbei.
(11) Card, Stuart, Jock Mackinlay und Ben Shneidermann (Hrsg.), *Readings in Information Visualization – Using Vision to Think*, Morgan Kaufmann, San Francisco 1999, S. 7.

(12) Fehlerhafte und fehlleitende Darstellungen im Bereich der Informationsgraphik werden als ‹Boutique Data Graphics› bezeichnet. Tufte, Edward R., *The Visual Display of Quantitative Information*, Graphics Press, Cheshire 1983, S. 118. So gerechtfertigt die Entlarvung der ‹Boutique Data Graphics› ist, so falsch aber wäre es, aus dem ästhetischen Reiz einer Darstellung prinzipiell ein Verdachtsmoment gegen ihre Sachhaltigkeit zu zimmern. Die Domäne des Ästhetischen deckt sich bekanntlich nicht notwendig mit der Domäne des sachlich Korrekten. Sie zu korrelieren, gerade das macht die Arbeit des Graphikdesigners aus.

Interaktion im eingeschränkten Sinn bezieht sich heute auf die Darstellung von Information durch digitale Dokumente wie zum Beispiel CD-ROMs und Websites.

Ich bin mir der Gefahr bewusst, dass ‹Interaktion› und ‹interaktiv› medial nahezu zerschlissen sind. Ich verwende die Begriffe im prosaischen Sinn und meine damit die Art und Weise, Information in nicht linearer Form, also als Hypertext oder vernetzte Struktur mit semantischen Knoten, zu präsentieren, die Alternativen für die Navigation bieten. Dabei werden die Ressourcen verschiedener Wahrnehmungskanäle angezapft und neue Verfahren der Präsentation von Information genutzt, vor allem auch von wissenschaftlichen Informationen, die bislang überwiegend textbasiert verfahren. Der Umgang mit diesen Ressourcen – Sound, Musik, Bilder, Animation, Film – setzt andere als rein diskursive Kompetenzen oder ‹literacies› voraus, die schwerlich in einer einzelnen Person gebündelt, sondern auf ein Team verteilt sind, mit Vertretern der Kognitionspsychologie, des Sounddesign und der Musik, der Illustration, des Textschreibens, der Programmierung und des Interaktionsdesign.**(13)**

Usability aus der Designperspektive

Wenn man davon ausgeht, dass vor allem komplexe digitale Dokumente und Werkzeuge das Ergebnis von Teamarbeit sind, kann man fragen, wie die professionelle Verantwortung des Designer digitaler Medien zu kennzeichnen wäre. Ein Blick auf die zahlreichen, bisweilen konfligierenden Interpretationen des Design und dessen Unterschied zu den Ingenieurswissenschaften sowie anderen Wissenschaften, lässt eine Reihe von Grundzügen oder Konstanten erkennen. Ich beschränke mich auf zwei Konstanten. Auf der einen Seite steht die Sorge um die Belange des Nutzers, auf der anderen Seite die Sorge um formal-ästhetische Qualität. Sich um die Belange des Nutzers zu kümmern, und zwar aus integraler Sicht, kennzeichnet den Designansatz und unterscheidet ihn von anderen Disziplinen, einschließlich der Kognitionspsychologie und der Softwareergonomie. Dieser Ansatz stellt Ästhetik nicht unter Quarantäne, sondern nimmt sich explizit dieser Domäne an, wobei es schwer ist, das Vorurteil zu vermeiden, dass sich Designer primär, wenn nicht nur um die ästhetische Aufbesserung der Oberfläche kümmern würden. Hier betritt man ein strittiges Terrain; denn die Domäne der *usability* wird von Vertretern der Kognitionswissenschaften und der *usability engineering methods* reklamiert – ein Thema, das im Kapitel «Entwurf und Entwurfsforschung» eingehender erörtert wird.

Rhetorik

Wirksame Kommunikation hängt vom Einsatz von Ressourcen ab, die unabdinglich eine ästhetische Komponente beinhalten. Soweit es sich um sprachliche Ressourcen handelt, werden sie bekanntlich unter dem Begriff Rhetorik zusammengefasst. Nach herkömmlichem Verständnis befasst sich die Grammatik mit der Formulierung von

(13) Die Digitalisierung hat in der primär am gedruckten Text orientierten und veränderungsresistenten Literaturgeschichte zu einer Revision geführt, indem das Augenmerk auf neue Rezeptionsformen gerichtet wird. Siehe: Snyder, Ilana (Hrsg.), *Silicon Literacies*, Routledge, London, New York 2002. Als eines der zahlreichen Beispiele dafür, dass sich auch der Begriff ‹literacy› ausweitet und nicht mehr auf das gedruckte Werk beschränkt, sei folgendes Buch angeführt: Snyder, Ilana (Hrsg.), *Page to Screen – Taking literacy into the electronic age*, Routledge, London, New York 1998.

Reden (Texten) in Übereinstimmung mit Regeln oder formalisierten Konventionen, wogegen die Rhetorik unter anderem mit der ästhetischen Aufbereitung der Rede und dem Vermeiden von *taedium* zu tun hat – Rhetorik als ein mit Instrumenten gespickter Werkzeugkasten, um der Langeweile vorzubeugen und die Aufmerksamkeit des Publikums zu fesseln. Ausgehend von diesem traditionellen Rhetorikverständnis kann man die Aufgabe des Informationsdesign dahingehend charakterisieren, dass sein Beitrag darin besteht, kognitive Komplexität abzubauen, Klarheit zu erzeugen und auf diese Weise zu besserem Verständnis beizutragen. Das wird durch einen wohldosierten Einsatz der Ressourcen der Audiovisualistik erreicht – ‹wohldosiert› meint hier, dass sich die technischen Möglichkeiten von Flashanimationen nicht verselbstständigen und über den Inhalt dominieren.

Von der Wissensproduktion zur Wissensverbreitung

Bevor ich ein Beispiel erläutere, dass die Rolle des Design als eines kognitiven Werkzeugs erhellt, möchte ich einen Literaturwissenschaftler zitieren, der einen gewagten Vorschlag unterbreitet. Bis zum Überdruss sind die Klagen über die Informationsschwemme, die Informationsexplosion, die Informationssättigung im sogenannten Informationszeitalter und den wissensbasierten Wirtschaften verbreitet worden. Deshalb sind weder euphorische Mantras der Computer-Revolution noch deren Gegenstück in Form von Informationsdystupisten am Platze. Der Autor schreibt: «Ich möchte behaupten, dass die große intellektuelle Herausforderung dieses Informationszeitalters nicht darin besteht, eine große Einheitstheorie der Physik oder die Entdeckung der Ursprünge des menschlichen Lebens aufzutischen. Die große Herausforderung besteht darin, das besser zu nutzen, was wir bereits *wissen*.»**(14)**

Dieser Vorschlag plädiert für eine Reorientierung der wissenschaftlichen Forschung. Wissenschaftler stehen bekanntlich unter dem karrierefördernden Druck des Publizierens. Wenngleich schwerlich etwas gegen die Produktion neuen Wissens einzuwenden sein dürfte, sollte gegenwärtig gehalten werden, dass dieser Druck zum Publizieren auch negative Seiten hat. Angesichts der überbordenden Publikationsmenge mit Tausenden von Fachzeitschriften in den einzelnen Disziplinen wird es zunehmend schwerer, in einem Fachgebiet *up to date* zu sein. Deshalb zielt der zitierte Vorschlag darauf ab, die Forschungsmittel umzulenken auf die Nutzung bereits bestehenden Wissens, statt sie einseitig in die Produktion neuen Wissens zu investieren. Richard Rorty lässt da keinen Zweifel aufkommen und empfiehlt: «…dass Soziologen und Psychologen damit aufhören sollten, sich mit dem Zweifel zu plagen, ob sie rigorose wissenschaftliche Verfahren befolgen, und sich stattdessen die Frage stellen sollten, ob sie irgendwelche Vorschläge für ihre Mitbürger machen können, wie unser Leben, unsere Institutionen zum Besseren gewendet werden können.»**(15)** Genau an diesem Punkt könnten Designer ansetzen, da sie Mittel zur Reduktion von kognitiver Komplexität

---

(14) Willinsky, John, *Technologies of Knowing*, Beacon Press, Boston 1999, S. 4.

(15) Rorty, Richard, «Does Academic Freedom have Philosophical Presuppositions?», in: *The Future of Academic Freedom*, herausgegeben von Louis Menand, University of Chicago Press, Chicago 1996. Zitiert in: Willinsky, *op.cit.*, S. 94.

beherrschen – oder beherrschen sollten – und dazu beitragen können, die Information zu präsentieren, indem sie ein brauchbares Interface zwischen Information und Nutzer oder Leser gestalten. Diese neue Art von Design ist unter verschiedenen Bezeichnungen bekannt wie ‹Informationsarchitektur› oder ‹*knowledge engineering*›.**(16)** Ich ziehe den in Europa gebräuchlichen Ausdruck Informationsdesign vor, dessen Ziel darin besteht, den kognitiven Metabolismus zu fördern, das heißt, die Aneignung von Information zu erleichtern.**(17)** Designer sind nicht dafür bekannt, neues Wissen zu produzieren. Das ist nicht ihre Expertise. Wohl aber können Designer eine wichtige Rolle bei der Präsentation von Wissen spielen. Dafür eröffnet die Informationstechnologie Perspektiven, von denen Otto Neurath – einer der Pioniere des Informationsdesign – nicht einmal träumen konnte.

Mappings – Kartographieren

Unter den epistemologischen und interpretativen Herausforderungen, mit denen sich Informationsdesigner auseinanderzusetzen haben, spielt der Umgang mit Kartographien eine besondere Rolle. In einer treffenden Definition wird eine Karte *(map)* als «das wohl ausgefeilteste bislang entwickelte Verfahren zur Aufzeichnung, Erzeugung und Vermittlung von Wissen»**(18)** bezeichnet. Karten bilden Wirklichkeit nicht ab – sie sind keine mimetischen Instrumente –, vielmehr bringen sie eine Wirklichkeit zum Vorschein. Der Vorgang des Kartographierens umfasst «das Visualisieren, Aufzeichnen, Darstellen und Schaffen von Räumen mit graphischen Mitteln».**(19)** Dabei geht es nicht nur um das Kartographieren physischer Räume, sondern auch und vor allem um das Kartographieren von Informationsräumen.**(20)** Im Falle einer locker strukturierten Datenbank für ein Lernprogramm in Form von Texten, Skizzen, Photos, Illustrationen, Diagrammen und Animationen sieht sich der Entwerfer mit der kognitiven Aufgabe konfrontiert, diese Daten auf ein Interface abzubilden, das Verständnis fördert und das sich interaktiv bedienen lässt. Somit ist zuerst die Masse der unzusammenhängenden Daten zu strukturieren und dann in die visuelle und auditive Domäne mit einer Netzwerkstruktur zum Navigieren zu übertragen.**(21)**

---

(16) In dem von Richard S. Wurman geprägten Begriff ‹Informationsarchitektur› wird das Wort ‹Design› explizit vermieden, obwohl Wurman anfangs genau das meinte, was heute unter Informationsdesign verstanden wird. Als Argument für die Wortwahl führte er (als Architekt) an, dass sich in den USA der Begriff ‹Design› im Gegensatz zum Begriff ‹Architektur› keiner hohen Wertschätzung erfreue. Ob sich dahinter nicht ein Vorurteil der Architekten verbirgt, die zum Design gelegentlich eine ambivalente Einstellung haben und die, wenn es opportun erscheint, den Neologismus ‹architect-designer› verwenden, lässt sich nur über eine empirische Untersuchung ermitteln.

(17) Informationsarchitektur: Strukturierung von komplexen Informationsbeständen im www, bei denen eine einfache Navigation erwünscht ist.

(18) Cosgrove, Dennis (Hrsg.), *Mappings*, Reaction Books, London 1999, S. 1.

(19) *Ibid.*, S. 1.

(20) Die bislang gegen Bildlichkeit abgedichteten, ausschließlich textorientierten Untersuchungen in der Literaturgeschichte machen sich neuerdings auch visuelle Ressourcen zunutze. Siehe Moretti, Franco, *Graphs, Maps, Trees – Abstract Models for a Literary History*, Verso, London, New York 2005.

(21) Hinsichtlich der geschichtlichen Entwicklung der Datenbank als Herrschaftsinstrument Spaniens über das hispanoamerikanische Kolonialreich sei verwiesen auf die beispielhafte Arbeit von Siegert, Bernhard, *Passage des Digitalen – Zeichenpraktiken der neuzeitlichen Wissenschaften 1500–1900*, Brinkmann & Bose, Berlin 2003. Insbesondere das Kapitel «Bürokratie und Kosmographie in Spanien 1569–1600», S. 65–91.

Unterschieden wird zwischen Informationssuche und Informationsverständnis. In beiden Fällen können Karten (*maps*) dazu dienen, tiefer in ein Wissensgebiet einzudringen. Sie dienen zwei verschiedenen, aber voneinander abhängigen Zwecken: einerseits den Zugang zum Wissen zu erleichtern und zweitens sich das Wissen anzueignen, was ich als kognitiven Metabolismus bezeichne. Zum einen liefern Karten einen Überblick über Datenstrukturen und stellen Werkzeuge zum Finden bereit, schließlich dürfte der Nutzer weniger am Suchen als am Finden interessiert sein – somit geht es weniger um Suchmaschinen (*search engines*) als um Findemaschinen (*find engines*). Zum anderen dienen Karten als Instrument, um Wissen in einen audiovisuellen Raum zu übersetzen, also einen Wahrnehmungsraum, innerhalb dessen Wissen erworben und Verständnis aufgebaut werden kann. Schreiben und Drucken sind die herkömmlichen Verfahren, um Wissen zu speichern und zu vermitteln. Die Bedeutung der graphischen Darstellung der Sprache für die gesellschaftliche Entwicklung und Erziehung sowie die Vorteile von Schriftkulturen gegenüber oralen Gesellschaften, die nur auf gesprochene Sprache zurückgreifen können, sind besonders von Jack Goody aufgezeigt worden.**(22)** Heute verfügen wir über audiovisualistische Ressourcen und nicht nur graphische Ressourcen. Das ist einer der Gründe für die wachsende Komplexität der Wissenspräsentation. Wie man mit dieser Komplexität umgeht, das ist eine Frage des Design, das in den textorientierten Ausbildungsprogrammen der Grundschule, Sekundarschule und Hochschule weiterhin stiefmütterlich, wenn überhaupt, behandelt wird. Die Klagen über das Ende der Buchkultur und das Ende der Bücher halte ich für grundlos, denn sie stehen nicht in Konkurrenz zu audiovisualistischen Lernformen. Die in den 1990er Jahren zu beobachtende Euphorie über Hypertexte als nicht linearer, verzweigter Präsentationsform von Texten ist heute abgeklungen und einer abgeklärten Einstellung gewichen. Vorbehalte wurden schon früh formuliert: «Studierende, die Hypermedia-Präsentationen ausarbeiten, können bei einem Wissen landen, das abgesehen von vagen Assoziationen keinerlei Struktur besitzt – die Verknüpfungen in einem typischen Hypermedia-System sind nicht zwangsläufig darauf angelegt, irgendeine Art von relationaler Information zu liefern [...] Die Anziehungskraft von Hypermedien liegt darin, dass sie scheinbar eine direkte Präsentation der Wissensnetze liefern, die wir in dem Maße entwickeln, wie wir uns mit einem Thema vertraut machen, und dass sie uns von den Zwängen linearer Präsentation befreien. Doch verfügen wir nicht über eine gute Theorie über die Art und Weise, wie Wissensnetze – wenn wir denn überhaupt derlei haben – wirklich strukturiert sind.»**(23)**

Ein Beispiel: Software für medizinische Ausbildung

Um den Anspruch des Design als eines kognitiven Instruments zu stützen, wird im Folgenden ein Projekt summarisch beschrieben, an dem die Vorgehensweise von

(22) Goody, Jack, *The Power of the Written Tradition*, Smithonian Institution Press, Washington, London 2000. Goody, Jack, *The Interface Between the Written and the Oral*, Cambridge University Press, Cambridge 1993.

(23) Chipman, Susan, «Gazing Once More Into the Silicon Chip: Who's Revolutionary Now?», in: Lajorie, Susanne und Sharon J. Derry (Hrsg.), *Computers as Cogntive Tools*, Lawrence Erlbaum, Hillsdale, N.J., 1993, S. 341–367.

|02| Splash Screen der Lernsoftware.
te Wilde, Doris und Bina Witte, «Interaktive Lernsoftware zu den Grundlagen der Nervenfunktion», Diplomarbeit am Fachbereich Design der FH Köln (heute KISD,
Köln International School of Design), 1999.
|03| Das Hauptmenü mit den fünf Themenbereichen
kann über ein Bildmenü (*Roll-over*-Menü) oder ein
sprachliches Pop-up-Menü bedient werden.
|04| Beispiel einer Filmsequenz zur Veranschaulichung
des Patellarsehnenreflexes.

|05| Schematische Darstellung des Patellarsehnenre-
flexes im Knie.
|06| Mit einem virtuellen Test kann der Studierende den
Reflex wiederholen.
|07| Detail der Zellmembran. Mit einer virtuellen Lupe
(rotes Rechteck) kann der Studierende bestimmte
Ausschnitte (durch rote Punkte angezeigt) der schematischen Darstellung vergrößern. Auf der rechten
Seite des Bildschirms wird die jeweilige Erläuterung
gegeben.

|02| |03|

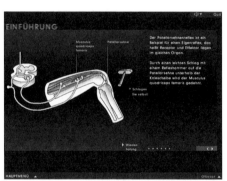

|04| |05|

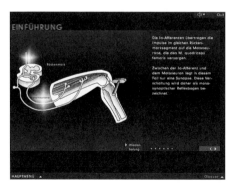
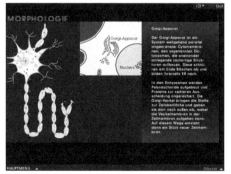

|06| |07|

|08| Menü des Kapitels «Reizübertragung».
|09| Animation der Reizübertragung.
|10| Animation der Molekularbewegung und Pumpen in der Membran der Zelle.
|11| Einblenden (*overlay*) der Legende für die Animation der Molekularbewegung.

|12| Virtuelles Experiment zur Feststellung des Membranpotenzials.
|13| Nach Anlegen der Messspitze an die Membran wird die akustisch verstärkte Potenzialkurve in dem kleinen Messfenster angezeigt.

|08| |09|

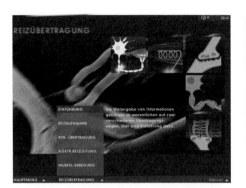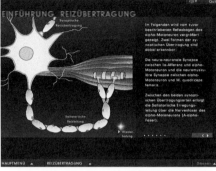

|10| |11|

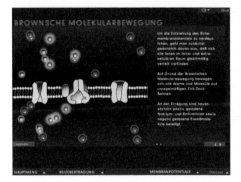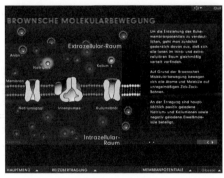

|12| |13|

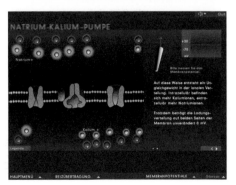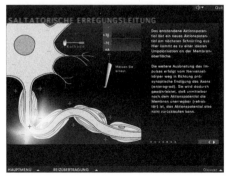

|14| Erklärung der Reizaufnahme mit Animation.

|15| Hauptscreen des Glossars mit vertikalem Alphabetmenü am linken Rand des Screen.

|16| Schematische Darstellung der Zellmembran im Glossar.

|17| Beispiel für die Überprüfung des Gelernten. Der Studierende bewegt mit der Maus die aufgelisteten Fachbegriffe an die entsprechenden Stellen der schematischen Darstellung.

|18| Schema der Aufteilung (Struktur) des Bildschirms in Funktionszonen: Titelanzeige, Navigation, Inhalt, Funktionstasten (Quit, Lautstärke), Subnavigation (zurück, vor).

|19| Beispiel aus dem Stilbuch der visuellen Grammatik, in dem alle Komponenten wie zum Beispiel Strichstärken, Schriftgrößen, Farbkombinationen, Verläufe, Hervorhebungen festgelegt sind.

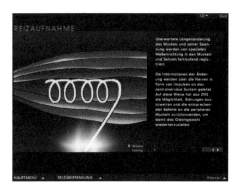 

|14| |15|

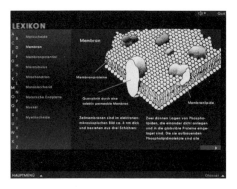 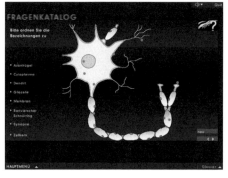

|16| |17|

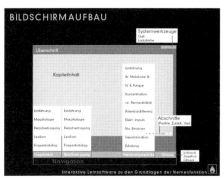 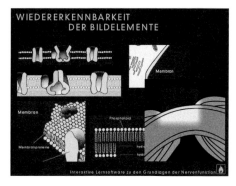

|18| |19|

|20| Beispiel für die Überprüfung des Gelernten mittels eines Puzzles – der Studierende schiebt die einzelnen Teile des Bildes in die Bildzone, um die angezeigte Konfiguration nachzubauen.
|21| Über ein Pop-up-Menü am unteren Rand des Bildschirms kann ein Glossar mit Fachausdrücken aufgerufen werden.

|22| |23| Beispiel für Screens aus dem Lexikon mit Illustrationen.
|24| Diagramm der Hyperlinks in der Lernsoftware.

|20| |21|

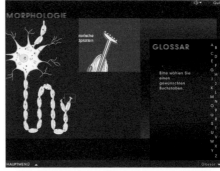

|22| |23|

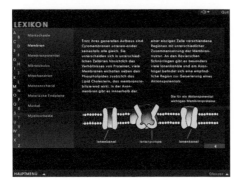
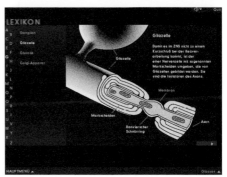

|24|

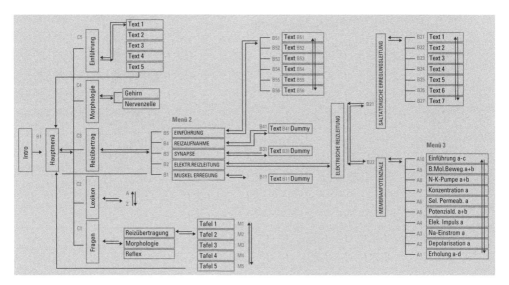

111

Informationsdesignern deutlich wird.**(24)** Es handelt sich um eine Lernsoftware in Form einer CD-ROM für Studierende der Medizin im sechsten Semester. In diesem Programm wird die Funktion von Nervenzellen, und zwar der Membranen, erklärt, in denen sich komplexe chemische und elektrische Prozesse auf atomarer Ebene abspielen. Das Verständnis dieser Prozesse ist mit rein textbasiertem und auf statische Illustrationen sich beschränkendem Material schwer zu vermitteln.**(25)**

Das Ausgangsmaterial bestand in einer etwa hundert Seiten umfassenden Reihe von Skizzen und Erläuterungen sowie einem Storyboard (eine lineare Folge von Bildern ohne Interaktion). Zunächst machten sich die Designerinnen mit dem Thema vertraut – analysierten medizinische Bücher, in denen die Funktion der Membranen von Nervenzellen erläutert wird, sammelten Informationen von Websites und verglichen bestehendes Material. Im zweiten Arbeitsschritt wurde das Material strukturiert, es wurden Animationssequenzen geplant und Illustrationen skizziert. Die Texte wurden umformuliert, um die Lesbarkeit am Bildschirm zu erleichtern. Eine visuelle Grammatik oder Algorithmenfibel wurde ausgearbeitet, und ihre Komponenten wurden eingehend getestet: Farbkombinationen, Fonts für die Texte, Schriftgrößen, Linienstärken, Texturen, digitale Behandlung der Photographien, Typen von Illustrationen, Komponenten der Animationsprozesse und kurze Filmsequenzen. Die nun gegliederten und in ihrer visuellen Ausprägung festgelegten Daten wurden dann auf ein Interface projiziert mit der Auflage, eine klare Navigation und Orientierung zwischen den Hyperlinks zu ermöglichen. Die Animationen, einschließlich des virtuellen Tests zum Messen des elektrischen Potenzials, wurden im Detail durchgearbeitet, und einige Videosequenzen wurden gefilmt. Die von einer professionellen Sprecherin gelesenen Texte wurden aufgenommen und noch einmal überarbeitet, als sich herausstellte, dass bestimmte Themen eingehender behandelt werden mussten – die Texte können gelesen und angehört werden, sodass sich die Studierenden auf das Bildmaterial konzentrieren können. Weiterhin wurde ein Glossar der Fachausdrücke zusammengestellt, ergänzt durch eine Reihe von Übungen, anhand derer der Studierende seinen Wissensstand nachprüfen kann. Nachdem das gesamte Material in digitalisierter Form vorlag, wurde es in ein Animationsprogramm importiert. Die erforderliche Programmierung wurde mit einer *Debugging*-Phase ausgearbeitet, um die Fehlerquote des Prototyps niedrig zu halten und ein einwandfreies Funktionieren des Programms zu garantieren. Danach wurde der Prototyp von Medizinstudenten getestet, um die Akzeptanz, den Lernerfolg und die Gebrauchsqualität zu prüfen.

Das gesamte Projekt stellte nicht nur Anforderungen an die Kompetenz, komplexe Prozesse zu visualisieren, sondern auch daran, einen Entwurf auszuarbeiten, der das Verständnis des Inhalts der CD-ROM erleichterte und eine entsprechende Stufe visueller *literacy* erreichte. Es ging also erheblich weiter als das, was in der Regel unter ‹screendesign› verstanden wird. Das Projekt startete mit dem Inhalt und endete mit der Mitteilung des Inhalts. Das Wissen lag zwar in Rohform vor, aber nicht in einem geeigneten,

---

(24) te Wilde, Doris, und Bina Witte, «Interaktive Lernsoftware zu den Grundlagen der Nervenfunktion», Diplomarbeit am Fachbereich Design der FH Köln, 1999. Prof. Dr. Kleinebeckel von der medizinischen Fakultät der Universität Köln stellte das Rohmaterial bereit und überprüfte die Stimmigkeit der Ausarbeitung des Materials.

(25) Auf die Frage, warum dieses Kapitel für Medizinstudenten so wichtig ist, lautete die Antwort des Neurophysiologen: «Das Material dient dazu, dass die Studierenden begreifen lernen, wie und warum Aspirin funktioniert.»

kohärenten Darstellungsmodus. Es genügt eben nicht, Wissen zu produzieren, sondern das Wissen muss auch dargestellt und mitgeteilt werden, und zwar in geeigneter Form unter Nutzung der zur Verfügung stehenden Technik.

Interfacedesign

Zwischen Informationsdesign(26) und Interfacedesign gibt es Berührungspunkte, insofern beide Disziplinen mit dem Umgang mit Informationen und Zeichen zu tun haben, wobei allerdings Interfacedesign wohl der umfassendere Begriff ist. Interfaces werden in der Softwareentwicklung gelegentlich als geduldetes Übel behandelt, sodass der Eindruck entsteht, eine ideale Software sei eine Software, die ohne Interface auskommt (darin dem Ideal der Elektronik ähnlich, die stofflos – also elektronische Prozesse ohne materielles Substrat ermöglichen würde). Warum aber kann man Interfaces nicht umgehen und sich allein auf die Kernfunktionalität von Software konzentrieren, auf die es schließlich ankommt? Der Grund dafür liegt in der anatomischen und physiologischen Ausprägung des menschlichen Körpers: Wir sind nicht mit Rezeptoren in der Art des Lesearms einer Festplatte ausgestattet und können somit den in einem Speichermedium gelagerten Code nicht direkt aufnehmen. Die Menschen haben zwar im Laufe der Geschichte eine erstaunliche Vielzahl von Prothesen geschaffen, von Brillen bis zu Herzklappen, doch bislang keine Prothese, um direkt mit dem Programmcode einer Anwendung umgehen zu können. Dazu braucht es eine Vermittlung, die das Interface leistet. Das Gewicht, das dem Interface beigemessen wird, hängt vom Typ der Software ab – ein unixversierter Systemverwalter wird mit einem residualen, textbasierten Interface auskommen; eine in Programmiersprachen ungeschulte Person wird aber ein Interface erwarten, das sich lernen lässt, das zügigen Umgang erlaubt und möglichst niedrigen Frustrationsballast impliziert, vielleicht sogar noch erfreuliche Reaktionen erzeugt.

Zu Recht legen Informatiker und Programmierer auf Funktionalität einen hohen Wert. Dieser Begriff aber verleitet leicht zu Missverständnissen. Einerseits bezieht er sich auf einen bestimmten Service, den die Applikation anbietet; andererseits auf die Art und Weise der Implementierung. Und drittens schließlich bezieht er sich auf die Art und Weise, wie eine Funktion dargeboten wird. Das lässt sich an einem Beispiel veranschaulichen. Die Mehrzahl der professionell genutzten Anwendungen bietet die Funktion ‹Sichern› (*save*) an. Diese Funktionalität kann entweder durch eine explizite Menüoption (einen sogenannten *trigger*) implementiert oder im Hintergrund implementiert werden, ohne dass der Nutzer ein Kommando geben muss. Die Funktionalität kann entweder als eine Zeile in einem Menü oder als Taste in einem Dialogfenster angezeigt werden. Die Handlungsfolge vollzieht sich in mehreren Schritten:
• Auswählen des Kommandos
• Eingeben des Namens
• Eingeben oder Auswählen des Pfades.

(26) Einen kompakten Überblick über die Streubreite des Informationsdesign bietet Mijksenaar, Paul, *Visual Function – An Introduction to Information Design*, Princeton Architectural Press, New York 1997.

In der Wahrnehmungspsychologie wird der Begriff Funktionalität angemessener mit dem Begriff *affordances* wiedergegeben. *Affordances* erschließen Handlungsmöglichkeiten. Zwar ist dieser Begriff im Bereich der Informatik nicht weit verbreitet, was aber seiner Nützlichkeit keinen Abbruch tut. Die Auseinandersetzung mit der Bedienbarkeit von Computern und der Thematik, die heute mit dem Begriff Interfacedesign bezeichnet wird, begann bekanntlich in den 1960er Jahren in Stanford/Palo Alto.**(27)** Im Zuge dieser Auseinandersetzung erfand Douglas Engelbart die Maus, später folgten in den 1970er Jahren Innovationen wie Fenster, Pulldown-Menüs, Rollbalken, Tasten, Icons – also all jene Komponenten, die heute zum Standard von Software gehören und die sich weltweit durchgesetzt haben. Damals wurden Radikalinnovationen geschaffen, also Innovationen, die erhebliche Folgen zeitigten und gleichsam die Stellung von Archetypen gewannen. Diese Archetypen haben sich heute verfestigt und schlagen sich in den *interface stylebooks* der Softwarekonzerne nieder, die Betriebssysteme entwickeln.

Wenn der Begriff ‹Design› in Zusammenhang mit Programmierung und Softwareentwicklung gebraucht wird, können sich auch da wie schon bei der erwähnten Verwendung des Begriffs ‹Funktionalität› leicht Missverständnisse einstellen, zumal in der Öffentlichkeit ‹Design› gelegentlich mit ausgefallenen, medienwirksamen und mehr oder minder teuren modischen Ausstattungsobjekten assoziiert wird. Das leistet dann dem Vorurteil Vorschub, Design mit Kosmetik oder Verschönerungsreparaturen gleichzusetzen. Design hat zwar etwas mit Ästhetik zu tun, aber nicht als *add-on*, nicht als etwas Aufgepropftes oder, wie es im Programmierjargon heißt, ‹souping up›, also etwas Aufgepepptes. Neuerdings wurde das Arsenal der Begriffe um zwei Neuerscheinungen bereichert: *interaction design* und *experience design*. Der Begriff ‹interaction design› hat den Vorteil, den Nachdruck auf die Handlungsweise des Nutzers zu legen, eben auf die Art und Weise, wie er mit einer Applikation umgeht. Er betont die dynamische Verhaltensdimension, während ‹interface design› bisweilen missverständlich auf ‹screendesign› verengt wird. *Screendesign* ist gleichsam die Spitze des Eisberges, die man erst zu sehen bekommt, wenn eine Menge Vorarbeit geleistet worden ist. Der Hauptteil der Arbeit am Interface spielt sich unter der Oberfläche ab. Der Neologismus ‹experience design› dient wohl dazu, deutlich werden zu lassen, dass Design etwas mit Erlebnissen zu tun hat. Ob sich aber dieser Begriff im professionellen Bereich etablieren wird, bleibt dahingestellt. Die inflationäre Nutzung des Begriffs ‹Design› in immer neuen Zusammenstellungen tut der Ernsthaftigkeit des Begriffs sicher nicht gut.

Es gibt zwei konträre Ansätze in der Softwareentwicklung. Bei dem bis in die 1980er Jahre dominierenden Ansatz wird der Prozess in eine Reihe von zeitlich aufeinander folgenden Schritten oder Phasen gegliedert, beginnend mit der Festlegung der Architektur der Anwendung und endend mit der Dokumentation:
- Architektur der Anwendung
- Festlegen der Kernfunktionalität (was das Produkt leisten soll)

(27) Hellige, Hans-Dieter (Hrsg.), *Mensch-Computer-Interface – Zur Geschichte und Zukunft der Computerbedienung*, transcript, Bielefeld 2008.

- Grundkonzept
- Programmierung
- Interface
- Prototyp
- Test und *debugging*
- Dokumentation.

Der sich in den 1990er Jahren anbahnende Ansatz geht genau umgekehrt vor. Statt sich erst in der Spätphase des Interface anzunehmen, wird die Arbeit am Konzept für das Interface vorgerückt, was sich in folgendem Ablaufschema niederschlägt:

- Festlegen der Kernfunktionen + *Rapid Prototyping* des Interface + Testen + Dokumentation
- Architektur der Applikation
- Programmierung
- Prototyp
- Test und *debugging*
- Redesign.

Die Perspektive des Nutzers der zu entwickelnden Applikation wird schon zu Beginn in den Entwicklungsprozess eingebracht und nicht wie im vorhergehenden Schema erst dann, wenn die zentralen Entscheidungen bereits gefallen sind und das Interface dann irgendwie der Applikation gleichsam als Fassade vorgehängt wird, um eventuelle Schwächen zu kaschieren oder visuell attraktiver zu machen.

Es ist zweckmäßig, zwischen zwei Interpretationen von Funktionalität in der Softwareentwicklung klar zu unterscheiden:

1. Funktionalität als die Summe aller Serviceangebote, die seitens des Softwareprogramms bereitgestellt werden (Funktionsinhalt).
2. Funktionalität als Gebrauchsfunktionalität, das heißt die Art und Weise, wie die Funktionalität der Anwendung den Nutzern dargeboten wird und wie diese damit umgehen.

Beide Funktionalitäten sind miteinander verzahnt, doch tut man gut daran, sie nicht zu verwechseln. Es dürfte nun auf der Hand liegen, dass das Interface, insofern es die Funktionalität erschließt, nicht einfach als ein notwendiges Übel zu betrachten, sondern konstitutiv für die Softwareentwicklung ist. Diese Einsicht hat zu der radikalen Formulierung geführt: Das Interface *ist* das Programm. Die Nutzerbelange sind einfach zu wichtig, als dass man sie als Anhängsel der Projektentwicklung behandeln kann.

Wenngleich ich keinen Zugang zu empirischen Vergleichsdaten habe, so würde ich doch die Annahme wagen, dass der zweite Entwicklungsansatz prinzipiell kostengünstiger ist als der traditionelle, zuerst aufgeführte Weg. Er ist proaktiv statt reaktiv und ähnelt einem Frühwarnsystem. Man spart sich damit viele Programmierstunden. Freilich dürften in der Industrie jene Unternehmen noch eine Ausnahme bilden, die das Design in dieser proaktiven Weise nutzen und nicht als eine Art Feuerwehr zur Behebung von Entwicklungsschäden oder zum Korrigieren von Pannen einsetzen. Man kann zwar die Feuerwehr rufen, wenn es brennt; doch praktischer dürfte es sein, es erst gar nicht zum Feuer kommen zu lassen. Möglicherweise hat die Gewohnheit, das Design als Rettungsoperation zu betrachten, zum Teil mit den Ausbildungsgängen an den Hochschulen zu tun, speziell in den Betriebswirtschaften, die mit erheblicher Verzögerung die Thematik des Design in ihre Lehrpläne aufgenommen haben.

Walhalla der Interfaceverstöße

Interfacekritik hat sich langsam als ein Bereich professioneller Tätigkeit etabliert. So hat eine Gruppe von Softwareentwicklern eine *Hall of Shame* ins Netz gestellt, in der Interfaceschnitzer unter die Lupe und – bisweilen mit geradezu kannibalischer Sorgfalt – seziert werden. Weiterhin gibt es bereits Veröffentlichungen mit Sammlungen von Beispielen, was man in der Softwareentwicklung tunlichst vermeiden soll (*interface bloopers*).**(28)** Weiterhin sind den letzten Jahren Check-list-Techniken für Interfacedesign entwickelt worden, die man mit Standardpraktiken der diagnostischen Medizin vergleichen kann. Der dabei zu beobachtende Nachdruck auf Quantifizierungsverfahren, mit denen man vom bloßen Meinen wegkommen möchte, ist zwar verständlich, doch wären sie mit der Relevanz der verifizierbaren Aussagen in Verbindung zu setzen. Was besagt es schon, dass man bei einer bestimmten Anordnung einer OK-Taste diese eine Zehntelsekunde schneller mit dem Kursor erreicht als in einer anderen Position? Denn die wahrgenommene Schnelligkeit, eine OK-Taste zu treffen, braucht durchaus nicht mit der ‹objektiven› Schnelligkeit zu korrelieren.

Design clinic

Wenn man eine *design clinic* einer Anwendung durchführt, wird das Augenmerk auf eine Reihe von Kriterien oder Punkten gerichtet, die in drei Klassen geteilt werden können:

1. Kriterien, die sich auf Handlungsabläufe und Interaktionsweisen des Nutzers mit der Software beziehen.
2. Kriterien, die sich auf die Darstellung der Handlungsabläufe und -ergebnisse des Umgangs mit der Software beziehen, also auf die kommunikativen und perzeptiven Aspekte.
3. Kriterien, die sich auf die Anmutungsqualitäten des Interface beziehen.**(29)**

Nachfolgend werden Fragen der ersten Gruppe aufgelistet, die sich auf den Umgang mit der Anwendung beziehen:

- Welche Handlungsmöglichkeiten (*affordances*) bietet die Anwendung?
- Welche Interaktionsweisen bietet die Anwendung?
- Welche Handlungsabläufe bietet die Anwendung?
- Welcher Art sind die Handlungen, um zu einem Ergebnis zu gelangen?
- Wie groß ist die Zahl der Handlungsschritte, um zu einem Ziel zu gelangen?
- Entsprechen die Handlungsabläufe einer sinnfälligen Handlungsfolge?
- Welcher Art ist das Feedback?
- Gibt es Fehlermeldungen? Wie sind diese formuliert?

---

(28) Die Missverständnisse, denen sich das Design ausgesetzt sieht – Gleichsetzung mit formalästhetischen Spielereien –, sind in einer Dia-Präsentation aufgelistet, die aus dem Netz heruntergeladen werden kann: Dimon, Garrett (2007), *Improving Interface Design – Web Visions*:

http://www.slideshare.net/garrettdimon/improving-interface-design. (Letzter Zugriff: 8.11.2008.)
(29) Diese Klassifikation wurde an Hand einer browserbasierten Intranetapplikation entwickelt.

- Gibt es Hilfe? Wie wird diese geboten?
- Wie kann sich der User orientieren? Wo bin ich?
- Wie kann der User navigieren? Wie komme ich wo hin?
- Gibt es *tutorials*? Wie sind diese strukturiert?
- Gibt es Möglichkeiten der Personalisierung des Interface?
- Gibt es Möglichkeiten der Konfiguration der Anwendung für unterschiedliche Nutzertypen (Anfänger, Fortgeschrittene, Poweruser)?
- Wie ist die Lernkurve beschaffen? Ist sie steil oder nach wachsendem Schwierigkeitsgrad gestaffelt?

Nachfolgend werden Fragen der zweiten Gruppe aufgelistet, die sich auf die formale Ausprägung und Anordnung der Items auf dem Bildschirm oder im Fenster beziehen.

- Ist das Interface in funktionale Zonen gegliedert? In welche?
- Wie werden Informationen differenziert, hierarchisiert, hervorgehoben?
- Wie hoch ist die Varietät der Typographie (Schrifttyp, Größe, fett/normal)?
- Wie ist das Layout gegliedert (Zeilenlängen, Zeilenabstand, Spalten)?
- Wie sind die Abstände zwischen nicht verbalen und verbalen Zeichen geregelt?
- Wie wird Farbe eingesetzt? Wird sie Funktionalitäten zugeordnet? Ist sie semantisch besetzt?
- Welche Farbpaletten werden genutzt?
- Wie werden die Elemente der *corporate identity* eingesetzt?
- Wie sind die Kontrollelemente positioniert?
- Wie sind die Anzeigeelemente positioniert?
- Wie sind Bilder behandelt? (Digitale Bildbearbeitung, Farbpaletten)?
- Wie sind Icons beschaffen?
- Wie werden Animationen eingesetzt?
- Wie wird Sound eingesetzt?
- Wie werden Effekte dosiert?
- Welche Begrifflichkeiten werden genutzt?
- Wie wird Information dargeboten?
- Werden bestehende Interfacestandards eingehalten?

Nachfolgend werden Fragen der dritten Gruppe aufgelistet, die sich auf die Anmutungsqualität beziehen:

- Entspricht das Interface dem *state of the art*?
- Ist das Interface ansprechend, verspielt, langweilig, komplex?
- Welches formalästhetische Klima strahlt ein Interface aus?
- Ist das Interface inhaltsadäquat?
- Ist das Interface kohärent?

Design und Sprechhandlungen

Der Umgang mit Werkzeugen ist affektiv besetzt, man fühlt sich angezogen oder abgestoßen, man findet ein Werkzeug angenehm im Umgang, oder man findet es umständlich. Diese Präferenzen unterliegen einer Eigendynamik. Sie ändern sich, sie sind kulturell bedingt und gruppenspezifisch sowie geschlechtsspezifisch geprägt. Außerdem haben sie mit Stilfragen zu tun, wobei unter Stil eine Instantiierung von Kohärenz verstanden wird, der man schwerlich mit diskursiv-rationalen und argumentativen Methoden beikommt. Um die Ursache dieses Umstandes aufzudecken, kann ein Rückgriff auf die Theorie der Sprechhandlungen von Austin und Searle von Nutzen sein.**(30)** Ausgehend von der unterschiedlichen Klassifikation der Sprechhandlungen (*illocutionary acts*), wie sie die beiden Sprachwissenschaftler ausgearbeitet haben, kann man zwischen folgenden Sprechhandlungen unterscheiden:

- Behauptungen (*assertions*)
- Befehle (*requests*)
- Versprechen (*commitments*)
- Deklarationen (*declarations*)
- Urteile oder Beurteilungen und Einschätzungen (*assessments*).

Mit diesen Sprechhandlungen sind jeweils eigene Erfüllungsbedingungen (*conditions of satisfaction*) verknüpft. Behauptungen gehorchen dem Wahrheitskriterium, das heißt, sie müssen nachprüfbar sein. Die Behauptung, dass Otto Neurath sich für die Visualisierung von statistischen Wirtschafts- und Gesellschaftsdaten verdient gemacht hat, kann man nachprüfen, indem man die einschlägigen Quellen konsultiert. Somit handelt es sich um eine wissenschaftliche Aussage, nicht um eine bloße Meinung und sicher nicht um ein Versprechen.

Befehle sind durch die Erfüllungsbedingung gekennzeichnet, dass sie befolgt werden. Bitten sind, wenn man sie vom Standpunkt der Sprechhandlungen aus betrachtet, ebenfalls Befehle. Insgleichen sind Fragen ihrer Struktur nach Befehle. Das heißt nicht, dass Bitten und Fragen grammatikalisch in Befehlsform geäußert werden müssen. Die Erfüllungsbedingung der Sprechhandlung «Die Rechnung, bitte!» ist gegeben, wenn die Rechnung gebracht wird.

Versprechen formulierende oder kommissive Sprechhandlungen verpflichten den Sprechenden, etwas zu tun (oder nicht zu tun). Man kann Fahrpläne als öffentliche Versprechen von Unternehmen betrachten, deren Erfüllungsbedingungen gegeben sind, wenn der Zug pünktlich abfährt – was bekanntlich nicht immer der Fall sein muss. Ebenso wie Behauptungen falsch sein können, kann es geschehen, dass Versprechen nicht erfüllt werden. Das gehört zur Eigenart der Erfüllungsbedingungen für diese beiden Sprechhandlungen.

Deklarationen sind Sprechhandlungen, die eine Wirklichkeit erzeugen. Ein Standesbeamter verwandelt den Status zweier Personen durch den deklarativen Akt, indem er sie als verheiratet erklärt. Die Erfüllungsbedingungen von Deklarationen sind somit dann gegeben, wenn der neue Wirklichkeitsstatus eingetreten ist, andernfalls sind Deklarationen nichtig. Eine Kriegserklärung ist keine Kriegserklärung, wenn die kriegserklärende Seite nicht in den Krieg eintritt.

Beurteilungen sind Sprechhandlungen, deren Erfüllungsbedingungen eintreten, wenn die Standards der Urteile (die Wertmaßstäbe) mitgeteilt werden – was in der All-

(30) Austin, J.L., *How to do Things with Words*, Harvard University Press, Cambridge Mass. ²1962.
Searle, John, R., *Sprechakte*, Suhrkamp Verlag, Frankfurt am Main 1983 (Originalausgabe: *Speech Acts*, 1969).

tagspraxis selten geschieht, weil Urteile meist automatisch gefällt werden. Wenn man liest, dass der Tulpenstuhl von Eero Saarinen eine zentrale Stütze und nicht vier Stuhlbeine hat, ist das eine nachprüfbare Behauptung und nicht ein Urteil. Wenn man liest, dass der Tulpenstuhl von Eero Saarinen bequem ist, dann liegt eine Sprechhandlung vor, für die ein Maßstab geliefert werden müsste, nämlich durch Evidenz zu belegen, was ein bequemer Stuhl ist. Wenngleich keine statistische Analyse der Sprechhandlungen über Entwürfe aus dem Bereich des Industrial Design und des Kommunikationsdesign vorliegt, so dürfte doch die Annahme gerechtfertigt sein, dass Urteile überwiegen. Darin unterscheidet sich der Bereich des Design von den Wissenschaften, in denen Sprechhandlungen in Form von Behauptungen die Hauptrolle spielen dürften. Design wird durch Sprechhandlungen vom Typ der Urteile charakterisiert, woraus nicht folgt, dass Design als kognitiv defizitär anzusehen wäre. Wohl aber dürfte Vorsicht am Platze sein, wenn man Urteile über Design – und nicht nur über Design – fällt, ohne die Wertmaßstäbe anzugeben oder angeben zu können.

Interfacedesign und Wissensmanagement

In Ergänzung der Schilderung des Interfaces für Lernzwecke wird nachfolgend ein anderes Projekt aus dem Bereich des Wissensmanagements erläutert.**(31)** Zwar kann bestritten werden, dass Organisationen Wissen besitzen: «Wissen in der Wissensgesellschaft ist ausgelagertes Wissen. Aber: Wissen lässt sich nicht auslagern. Weder in den traditionellen Archiven und Bibliotheken noch in den modernen Datenbanken lagert Wissen. Im Gegensatz zur verbreiteten Meinung besitzen auch Organisationen kein Wissen. Sie können höchstens Bedingungen bereitstellen, durch die das Wissen ihrer Akteure in Beziehung zueinander gebracht und weitergegeben werden kann.»**(32)** Diese begriffliche Präzisierung, so angebracht sie auch sein mag, schmälert aber die praktische Funktion der Software keineswegs, da sie genau darauf ausgerichtet ist, das Wissen der Akteure in Beziehung zu setzen, also: aus einem unstrukturierten Informationsbrei nach bestimmten semantischen Kriterien geordnete Informationssegmente herauszusieben. Es handelt sich um eine Software für ein Intranet, für das ein Interface zu gestalten war, welches den Kriterien der Alltagsgebräuchlichkeit entspricht. Unter anderem ging es darum, die Akzeptanz dieser Software innerhalb des Unternehmens zu erhöhen – das Erlernen des Programms und der Umgang mit ihm sollten verbessert werden. Über das browserbasierte Interface des Programms können die zahlreichen Mitglieder des Unternehmens durch die Auswahl und Kopplung geeigneter Algorithmen schnell und einfach bestimmte Informationen aus der umfangreichen, an sich unübersichtlichen und aus Tausenden von Dokumenten bestehenden Datenmenge in gebündelter Form herausfiltern. Im *briefing* war weiterhin gefordert, dass sich die Mitarbeiter individuell ihre jeweilige Arbeitsoberfläche für das Suchen und Finden der Informationen zusammenstellen können.

(31) Dieses Projekt wurde im Jahr 2001 im Auftrag und in Zusammenarbeit mit der Firma commasoft für eine Finanzinstitution entwickelt (http://www.comma-soft.com). Es beruhte auf der Weiterentwicklung eines ebenfalls für die Firma com-masoft entwickelten Interfaces für das Infonea Knowledge Management System. Zum Designteam gehörten, neben dem Autor, Eva-Lotta Lamm, Gesche Joost und Markus Ort. **(32)** Liessmann, *op.cit.*, S. 30.

|25| Gliederung des Screen in verschiedene Funktions-
zonen. Dieses Verteilungsschema gilt als Grundlage für
alle im Browser aufrufbaren Screens.
|26| Aufbau des Screen für die Suchfunktion.
|27| Aufbau des Screen für das Glossar.

|28| Vermaßung des Screen für das persönliche Portal
eines Mitarbeiters. Angaben über Texturen und Farbcodes.
|29| Musterseite eines persönlichen Portals.
|30| Beispiel einer Recherche unter Anwendung ausge-
wählter Filter.

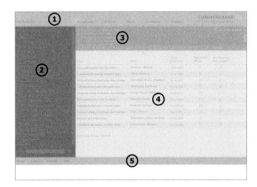
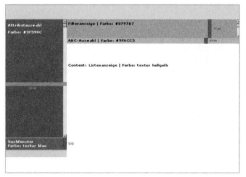

|25| |26|

|27| |28|

|29| |30|

|31| Beispiel einer Recherche: Zuordnung von Doku-
menten zu einem Mitarbeiter.
|32| Gliederung einer Detailanzeige mit Überschrift,
Reiterleiste und Anzeigebereich.
|33| |34| Detailvermaßung.

|31| |32|

 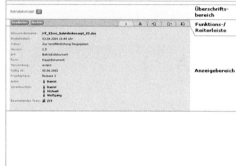

|33|

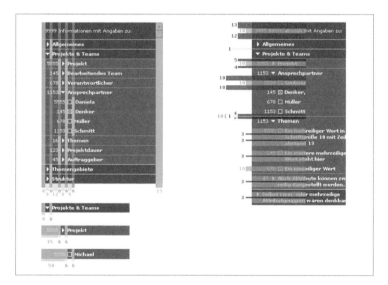

|34|

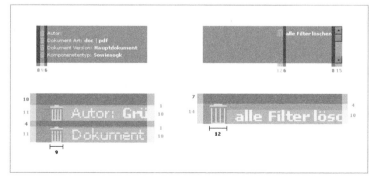

|35|

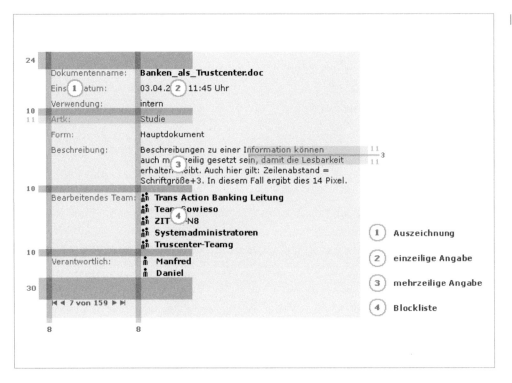

|36|

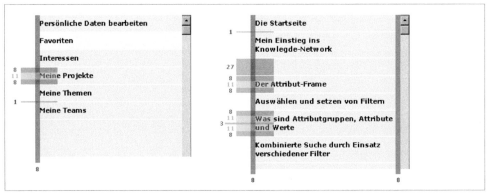

|37|

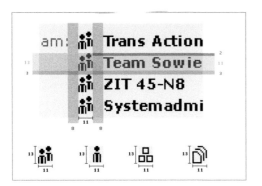

|38| |39|

i	Stammdaten / allgemeine Informationen
品	Verbundene Themen
▯→	Verweise auf
→▯	Verweise von
▮▯	Projekteinsätze / Personen im Projekt
◠	Adresse / Büro
🔧	Skills / Qualifikationen

🗑	einzelne Filter löschen
🗑	alle Filter löschen
▶	Zustand: zugeklappt
▼	Zustand: aufgeklappt
☐	checkbox unchecked
☒	checkbox checked

|40|

Als technische Vorgabe war ein Standardbrowser zu verwenden – entsprechend war das Interface mittels HTML-Code umzusetzen. Das Interface sollte keinen rein informatikgeprägten Charakter haben; somit waren die Fachbegriffe der Informatik weitgehend zu vermeiden. Da das System offen war, ging es nicht nur um die Gestaltung einer einmaligen fixen Lösung, sondern darüber hinaus und vor allem darum, einen digitalen Baukasten zu entwickeln, mit dessen Elementen in Zukunft neue Intranetseiten zusammengestellt werden können, die zum jeweiligen Ist-Zustand nicht vorliegen. Zu diesem Zweck wurde ein *style book* mit visuellen und verbalen Gestaltungsalgorithmen entwickelt, das dem Anwender ermöglicht, mit diesen Regeln neue Seiten des über den Browser zugänglichen Systems zu gestalten. Die Algorithmen beziehen sich auf:

- die Aufteilung der Standardseiten in funktional differenzierte Informationsbereiche,
- die Vermaßung der Standardseiten,
- die formale Festlegung der visuellen Komponenten,
- Hinweise für ihre Anwendung.

Das *screendesign* sieht die Gliederung in funktionelle Bereiche vor, die farblich und durch leichte Texturierung sowie durch Positionierung voneinander abgehoben sind:

1. Oberer Menübalken für die Navigation zwischen verschiedenen Suchräumen innerhalb eines Bereiches.
2. Linker Navigations-/Attributframe.
   In dieser Zone sind die Filter aufgelistet, die beim vernetzten Suchen ausgewählt werden können. In Bereichen ohne Attributrecherche wird dieser Frame für die Sekundärnavigation innerhalb des Bereiches genutzt (persönliches Portal, Glossar, Hilfeseiten).
3. Anzeigebereich für ausgewählte Filter.
4. Contentframe für Listendarstellung der Suchergebnisse und Detailanzeigen zu einzelnen Objekten.
5. Unterer Navigationsframe.
   Im Screen für den Recherchebereich werden die fünf funktionellen Bereiche farblich voneinander abgehoben:

- Blauton für die linke Spalte der Filter
- Hausfarbe des Unternehmens für den Header
- Taubengrau für die Filteranzeige
- Helleres Taubengrau für die ABC-Auswahl
- Hellgelb mit Textur für die Listenanzeige.

Die Maße sind in Pixel angegeben.

Der Aufbau des Screens für das Glossar folgt dem Grundschema. Die Farben verändern sich, um die jeweilige Informationsklasse (Glossar) anzuzeigen.

Der Aufbau des persönlichen Portals eines Mitarbeiters folgt der Vorlage mit fünf Funktionsbereichen. Die Maße sind in Pixel angegeben.

Das persönliche Portal eines Mitarbeiters kann individuell eingerichtet werden. In der Favoritenliste sind die ausgewählten wichtigen Dokumente sowie die ausgewählten wichtigen Themen aufgeführt. Durch einen Klick auf die Trashbox wird das dazugehörige Item aus der Liste entfernt.

Die Musterseite für eine Recherche zeigt die Anwendung der Filter (es werden PDF- und Word-Dateien gesucht) sowie die Zuständigkeit des Mitarbeiters. Das Hauptfenster listet die Dokumente mit den Namen der Autoren auf sowie das Datum der letzten Änderung.

Eine weitere Musterseite zu einer Recherche lässt die Zuordnung von Dokumenten erkennen, die aus einer alphabetischen Liste ausgewählt worden sind.

Aus Gründen der Platzersparnis werden auf den Tasten in der Regel Icons verwendet, die sich in der Verwaltungsarbeit eingebürgert haben.

Zur Veranschaulichung des komplexen Regelwerks diente eine Reihe von Musterseiten mit allen visuellen Komponenten, aus denen sich das Interface zusammensetzt. Weiterhin zeigen die Musterseiten die Aufteilung des Bildschirms in Informationszonen sowie Tabs, Farben, Texturen, Icons, Schriften, Menüs und Empfehlungen für die Benennungen der einzelnen Komponenten der Datenbank. Es wurden pixelgenaue Vorlagen entwickelt. Dabei spielte selbstredend auch die Sorge um formalästhetische Kohärenz eine Rolle. Vom Gesichtspunkt der informationstheoretischen Ästhetik wirken die visuellen Algorithmen der Tendenz zur Unordnung entgegen, also der Tendenz zu einer zentrifugal gerichteten Proliferation von Ad-hoc-Lösungen. Während physikalische Prozesse entropisch verlaufen, zielen Gestaltungsprozesse in die umgekehrte Richtung, und zwar auf Erzeugung von Negentropie.

Bibliographie

Bredekamp, Horst und Pablo Schneider (Hrsg.), *Visuelle Argumentationen – Die Mysterien der Repräsentation und die Berechenbarkeit der Welt*, Wilhelm Fink Verlag, München 2006.

Brückner, Hartmut (Hrsg.), *Informationen gestalten – Designing Information*, H.M. Hauschild, Bremen 2004.

Buurman, Gerhard M. und Stefan Roovers, «Theme-Machine – Ein System für ikonische Repräsentation wissenschaftlicher Diskurse und Formationen», in: *Mit dem Auge denken – Strategien der Sichtbarmachung in wissenschaftlichen und virtuellen Welten*, herausgegeben von Bettina Heintz und Jörg Huber, Edition Voldemeer / Springer Verlag, Zürich, Wien, New York 2001, S. 223–250.

Card, Stuart, Jock Mackinlay und Ben Shneidermann (Hrsg.), *Readings in Information Visualization – Using Vision to Think*, Morgan Kaufmann, San Francisco 1999.

Cosgrove, Dennis (Hrsg.), *Mappings*, Reaction Books, London 1999.

Daston, Lorraine und Peter Galison, *Objektivität*, Suhrkamp Verlag, Frankfurt am Main 2007.

Davenport, Thomas H., und Laurence Prusak, *Working Knowledge*, Harvard University Press, Cambridge Mass. 1998.

Denning, Peter J. und Robert M. Metcalfe, *Beyond Calculation – The Next Fifty Years of Computing*, Springer Verlag, New York 1997.

Devlin, Keith, *Infosense: Turning Information into Knowledge*, W.H. Freeman & Company, New York 1998.

Dimon, Garrett (2007), *Improving Interface Design – Web Visions*. http://www.slideshare.net/garrettdimon/improving-interface-design. (Letzter Zugriff: 11.8.2008.)

Entwicklung eines Interface für On-line Lernen der Lernumgebung Multileu. Forschungsbericht in Html-Format. Fachbereich Design an der FH Köln, 1999.

Fackler, Gabriele, «Die Bildsprache der Homepages – Über Eigenheiten und Konstruktion webbasierter Kommunikationssysteme», in: *Mit dem Auge denken – Strategien der Sichtbarmachung in wissenschaftlichen und virtuellen Welten*, herausgegeben von Bettina Heintz und Jörg Huber, Edition Voldemeer / Springer Verlag, Zürich, Wien, New York 2001, S. 203–221.

Goody, Jack, *The Interface Between the Written and the Oral*, Cambridge University Press, Cambridge 1993.

Goody, Jack, *The Power of the Written Tradition*, Smithonian Institution Press, Washington, London 2000.

Hakken, David, *Cyborgs@Cyberspace: An Ethnographer Looks to the Future*, Routledge, London 1999.

Hall, John R., *Cultures of Inquiry – From Epistemology to Discourse in Sociohistorical Research*, Cambridge University Press, Cambridge 1999.

Hartmann, Frank und Erwin K. Bauer, *Bildersprache*, Facultas, WUV Universitätsverlag, Wien 2002.

Hellige, Hans-Dieter (Hrsg.), *Mensch-Computer-Interface – Zur Geschichte und Zukunft der Computerbedienung*, transcript, Bielefeld 2008.

IIDj – Institute for Information Design Japan (Hrsg.), *Information Design Source Book*, Birkhäuser, Basel, Berlin, Boston 2005.

Infonea (Software für Wissensmanagement). Abrufbar unter: http://www.comma-soft.com/default.htm.

Kastely, James L., *Rethinking the Rhetorical Tradition – From Plato to Postmodernism*, Yale University Press, New Haven, London 1997.

Kittler, Friedrich, Peter Berz, David Hauptmann und Axel Roch (Hrsg.), *Claude E. Shannon: Ein | Aus – Ausgewählte Schriften zur Kommunikations- und Nachrichtentheorie*, Brinkmann + Bose, Berlin 2000.

Klein, Gary, *Sources of Power – How People Make Decisions*, MIT Press, Cambridge Mass. 1999.

Lajorie, Susanne und Sharon J. Derry (Hrsg.), *Computers as Cognitive Tools*, Lawrence Erlbaum, Hillsdale, N.J. 1993.

Liessmann, Konrad Paul, *Theorie der Unbildung – Die Irrtümer der Wissensgesellschaft*, Paul Zsolnay Verlag, Wien 2006.

Mandl, Heinz und Rank Fischer (Hrsg.), *Wissen sichtbar machen – Wissensmanagement mit Mapping-Techniken*, Hogrefe Verlag, Göttingen, Bern, Toronto, Seattle 2000.

Mijksenaar, Paul, *Visual Function – An Introduction to Information Design*, Princeton Architectural Press, New York 1997.

Monmonier, Mark, *How to Lie with Maps*, University of Chicago Press, Chicago 1996.

Nielsen, Jacob, *Designing Web Usability*, New Riders Publishing, Indiana 1999.

Oswald, David, «Sound im Interface», Diplomarbeit am Fachbereich Design der FH Köln, 1996.

Poli, Anna, Impatto della modellazione e dell'analisi computerizzata nello sviluppo delle diverse fasi della progettazione, 2000. Unveröffentlichtes Manuskript.

Reuß, Roland, Wolfram Groddeck und Walter Morgenthaler (Hrsg.), *TextKritische Beiträge*, 11, 2006.

Rorty, Richard, «Does Academic Freedom have Philosophical Presuppositions?», in: *The Future of Academic Freedom*, herausgegeben von Louis Menand, University of Chicago Press, Chicago 1996.

Schäffner, Wolfgang, Sigrid Weigel und Thomas Macho (Hrsg.), »*Der liebe Gott steckt im Detail*« – *Mikrostrukturen des Wissens*, Wilhelm Fink Verlag, München 2003.

Siegert, Bernhard, *Passage des Digitalen – Zeichenpraktiken der neuzeitlichen Wissenschaften 1500–1900*, Brinkmann & Bose, Berlin 2003.

Snyder, Ilana (Hrsg.), *Page to Screen – Taking literacy into the electronic age*, Routledge, London, New York 1998.

Snyder, Ilana (Hrsg.), *Silicon Literacies – Communication, innovation and education in the electronic age*, Routledge, London, New York 2002.

Stafford, Barbara, *Artful Science – Enlightenment Entertainment and the Eclipse of Visual Education*, MIT Press, Cambridge Mass. 1994.

Stafford, Barbara, *Visual Analogy – Consciousness as the Art of Connecting*, MIT Press, Cambridge Mass. 1999.

Tufte, Edward R., *The Visual Display of Quantitative Information*, Graphics Press, Cheshire 1983.

Vossoughian, Nader, *Otto Neurath – The Language of the Global Polis*, NAi Publishers, Amsterdam 2008.

te Wilde, Doris und Bina Witte, «Interaktive Lernsoftware zu den Grundlagen der Nervenfunktion», Diplomarbeit am Fachbereich Design der FH Köln, 1999.

Willinsky, John, *Technologies of Knowing – A Proposal for the Human Sciences*, Beacon Press, Boston 1999.

Winograd, Terry (Hrsg.), *Bringing Design to Software*, Addison-Wesley Publishing Company, New York 1996.

Wood, Denis, *The Power of Maps*, Routledge, London 1992.

Wurman, Richard Saul (Hrsg.), *Understanding USA*, Ted Conferences Inc., Newport 1999.

URLs und Newsgroups

<InfoDesign@wins.uva.nl> InfoDesign Newsgroup

<infodesign-cafe@list.design-inst.nl> InfoDesign-Cafe mailing list

<http://www.DynamicDiagrams.com>

<http://www.slideshare.net/garrettdimon/improving-interface-design>

<http://www.useit.com/alertbox/>

<http://www.comma-soft.com>

Audiovisualistische *patterns*

- MEDIENÜBERGREIFENDER ANSATZ
- VERGLEICH TEXTBASIERTER UND MULTIMEDIALER RHETORIK
- RHETORIK ALS STRATEGIE DER ERSCHEINUNGEN
- DER NIEDERE EPISTEMISCHE STATUS DER PERSUASION
- SPRACHANALYTISCHER UNTERSCHIED ZWISCHEN AUSSAGEN UND URTEILEN
- NEUE TERMINOLOGISCHE DISTINKTIONEN
- INTERAKTIVE DIAGRAMME
- AUDIOVISUALISTISCHE *PATTERNS* IN INTERFACES
- ENDE DES PRIMATS DER DISKURSIVITÄT

Audiovisualistische Mikrostrukturen

Medienrhetorische Untersuchungen haben sich bislang vorzugsweise auf den Film konzentriert. So ist es nicht verwunderlich, dass in filmrhetorischen Analysen die spezifischen filmtechnischen Verfahren (einschließlich Montageverfahren) wie Einstellung, Kameraführung, Reißschnitt, Totale, Halbtotale, Überblendung, Rückblende und Ähnliches in der Regel – und zu Recht – eine dominierende Rolle spielen. Bei den im Zuge der Digitalisierung geschaffenen Neuen Medien erweitert sich allerdings das Panorama, sodass die Grenzen einer rein am Film orientierten Rhetorik spürbar werden – einer Flash-Animation oder der Menüstruktur einer CD-ROM wird eine filmtechnische Analyse wohl schwerlich gerecht werden.(1) Wenngleich es sich in den erläuterten Beispielen um kurze Fernsehspots und um den Vorspann eines Spielfilms handelt, so ging es nicht primär um die filmtechnischen Aspekte, sondern um audiovisualistische Mikrostrukturen, die nicht notwendig an den Film gebunden sind. Es stellt sich also die Frage: Wie kommt man den neuen rhetorischen Phänomenen bei? Und mehr noch, wie werden die rhetorischen Phänomene überhaupt veranschaulicht? Können zeitbasierte Digitaltechniken im Gegensatz zur bloßen Beschreibung eingesetzt werden, um rhetorische Strukturen erfahrbar und nachvollziehbar zu machen? Bekannt ist eine gewisse Umständlichkeit traditioneller Verfahren, wenn es darum geht, rhetorische Strukturen in Neuen Medien aufzudecken. Am

[Eine frühere Version wurde veröffentlicht in: Joost, Gesche und Arne Scheuermann (Hrsg.), *Design als Rhetorik – Grundlagen, Positionen, Fallstudien*, Birkhäuser, Basel, Boston, Berlin 2008.]

Audiovisualistische Rhetorik

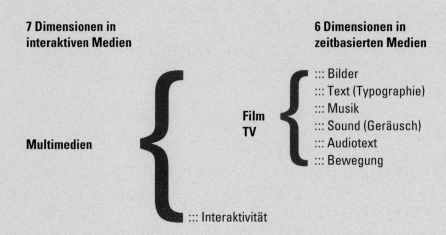

7 Dimensionen in interaktiven Medien

6 Dimensionen in zeitbasierten Medien

::: Bilder
::: Text (Typographie)
::: Musik
::: Sound (Geräusch)
::: Audiotext
::: Bewegung

Film
TV

Multimedien

::: Interaktivität

statischen (Ab-)Bild haftende Verfahren stoßen da an immanente Grenzen, sodass es zweckmäßig erscheint, nach anderen Kommunikationsformen zu suchen. Dafür bieten sich diagrammatische Darstellungen an, vorzugsweise dynamische und interaktive Visualisierungsverfahren, die technische Kompetenz im Umgang mit digitalen Techniken voraussetzen.

Die über das jeweilig Spezifische eines Mediums hinausreichende Rhetorik wird mit dem Ausdruck ‹Audiovisualistik› oder ‹audiovisualistische Rhetorik› bezeichnet.(2) Wie der Begriff ausdrückt, geht es dabei um rhetorische Grundphänomene, die sich in den jeweiligen medienspezifischen Manifestationen (Film, Fernsehen, Neue Medien) ausformulieren.

Man könnte einwenden, dass es irreführend ist, den historisch an das Phänomen der Sprache gebundenen Begriff ‹Rhetorik› auf nicht sprachliche, visuelle und auditive Phänomene auszudehnen. Dieser Überlegung kann man jedoch entgegenhalten, dass neue Technologien den Begriffspurismus unterlaufen. Die Rhetorik greift also

(1) Rhetorische Forschung hat sich nicht nur auf die Neuen Medien ausgeweitet, sondern erfasst auch andere Bereiche wie z.B. das Display. «Die rhetorische Dimension von Displays zeigt sich in den Wohnungen, in denen wir leben, und auf vielen Plätzen, die wir besuchen – Museen und Ausstellungen, Gedenkstätten und Statuen, Parkanlagen und Friedhöfen, Casinos und Freizeitparks, Straßenecken im Wohnviertel und Geschäften.» Prelli, Lawrence J. (Hrsg.), *Rhetorics of Display*, University of South Carolina Press, Columbia 2006, S. 1. **(2)** Sperling, Heike, *«IMAGING SCIENCE»: Integrative Audiovisualistik*, Dissertation an der Bergischen Universität – GHS Wuppertal 1998.

|01| Vergleich der Variablen in der klassischen Filmrhetorik (6) und der interaktiven Rhetorik (7).

über das jeweilige Medium hinaus – oder hebt die herkömmlichen fachlichen Gliederungen auf –, wenngleich sie immer an einem Medium festgemacht ist. Die Audiovisualistik stellt Querverbindungen zwischen den Medien her, indem sie Rekurrenzen aufspürt und in einen geordneten Zusammenhang zu bringen sucht.(3)

Extratextuelle Elemente der Rhetorik

In der traditionellen textbasierten Rhetorik gehören der Gegenstand der Analyse, nämlich die Sprache in einer ihr spezifischen Ausprägung in Form von Tropen, und das analytische Instrumentarium derselben Dimension an. Über Textrhetorik – freilich ein Pleonasmus – lässt sich nur mittels Texten reden und schreiben. Zwar handelte die klassische Rhetorik auch von extratextuellen Momenten, doch nur am Rande, als zweitrangige Phänomene, wie zum Beispiel die Intonation einer Rede, die Gestikulation sowie das Mienenspiel. Die textbasierte Rhetorik hat es mit nur einer Variable zu tun, eben den schriftlichen Sprachäußerungen. Wohl können typographische Mittel, zum Beispiel fette oder kursive Hervorhebungen, als Äquivalente für die Intonation fungieren, doch eben nur in untergeordneter Weise.(4)

Audiovisualistische Rhetorik und digitale Rhetorik

Die einst plausible Definition von Text und Metatext als in der Sprache verankerte Phänomene trifft nicht mehr auf die multimediale und audiovisualistische Rhetorik zu. Hier fallen der Gegenstand der Reflexion und die Sprache über diesen Gegenstand sowie die Veranschaulichung nicht mehr zusammen. Mit dem Heraufkommen der digitalen Medien hat sich die Szenerie rhetorischer Phänomene bekanntlich erheblich bereichert. Diese Bereicherung schlägt sich nieder in der Zahl der Variablen, die bei

(3) Während der Seminare am ehemaligen Fachbereich Design der FH Köln und an der Escola Superior de Desenho Industrial ESDI in Rio de Janeiro, in denen die angeführten Analysen erarbeitet wurden, war eine Tendenz, sich bisweilen in erzählerischen Interpretationen zu verlieren, festzustellen. Deutungen waren allerdings nicht das Ziel der Arbeit. Vielmehr ging es zunächst um das Herausarbeiten audiovisualistischer Mikrokomponenten, um schlichte Materialität. Interpretationen können später folgen. Das Augenmerk war beispielsweise weniger darauf gerichtet, eine Metapher als isoliertes Phänomen zu behandeln, als vielmehr darauf, das Zusammenspiel der Metapher mit Musik, Sound und Bild zu erhellen.

(4) Diese Indifferenz textorientierter Wissenschaftstradition gegenüber der visuellen Dimension gerät zunehmend ins Kreuzfeuer der Kritik: «Die Schwäche der ‹Rhetoric of Science› besteht somit darin, dass sie wissenschaftliche Dokumente tendenziell als Rede versteht und deshalb für ihre spezifische (typo-)graphische Verfasstheit blind bleibt.» Cahn, Michael, «Die Rhetorik der Wissenschaft im Medium der Typographie. Zum Beispiel die Fußnote», in: *Räume des Wissens: Repräsentation, Codierung, Spur*, herausgegeben von Hans-Jörg Rheinberger, Bettina Wahrig-Schmidt und Michael Hagner, Akademie Verlag, Berlin 1997, S. 91–109.

einer rhetorischen Analyse zu berücksichtigen sind. Diese Zahl erhöht sich von eins auf sieben (im Falle gedruckter Texte, die sich auf Sprache beschränken), und zwar:

- Bild
- Ton (*sound*)
- Musik
- Visueller Text (Typographie)
- Auditiver Text
- Bewegung
- Interaktion.

Die Distinktionen der klassischen verbalen Rhetorik können als Ausgangsbasis für die Analyse audiovisueller Phänomene dienen. Freilich zeigt sich bald, dass sie für das Zusammenwirken der sieben miteinander verschränkten Variablen nicht mehr recht greifen. Es müssen also neue Distinktionen geprägt werden, damit die Rhetorik der audiovisuellen Medien nicht durch das Netz traditioneller textrhetorischer Begrifflichkeiten fällt.**(5)**

Rhetorik als Bereich der «Strategien der Erscheinungen»

Bekanntlich zielt die Rhetorik darauf ab, nicht nur zu überzeugen, sondern auch zu verführen – was ihr im wissenschaftlichen Bereich durchweg als Makel und Oberflächlichkeit, wenn nicht gar Effekthascherei angelastet wird. Dieser simplifizierenden Interpretation wäre ein Lob der Oberfläche, ein Lob der Erscheinungen entgegenzuhalten. Einen Topos von Jean Baudrillard übernehmend, kann man die Rhetorik als einen Bereich bezeichnen, in dem es um die «Strategien der Erscheinungen» geht – und das ist auch eines der Hauptkennzeichen des Design.**(6)** Rhetorische Verfahren werden, sei es implizit, sei es explizit, in der Kommunikation benutzt, um die kommunikative Effektivität zu erhöhen.**(7)** Dass dabei ästhetische Momente eine überragende Rolle spielen, liegt auf der Hand. Insofern die ästhetische Dimension aus sprachanalytischer Sicht dem Bereich der Urteile (*assessments*) und nicht dem Bereich der Aussagen (*affirmations*) angehört, ist die reservierte Haltung der Wissenschaften verständlich, denn ihnen geht

(5) Die Übernahme oder Fortführung der in der klassischen Rhetorik üblichen – durchaus nicht einheitlichen – Gliederung der rhetorischen Ressourcen in Wortfiguren, Satzfiguren und Gedanken- oder Sinnfiguren und ihrer möglichen Äquivalente in der Audiovisualistik wird in diesem Zusammenhang zunächst zurückgestellt. Es wäre von Fall zu Fall zu prüfen, ob sie als Grundlage für eine Systematik audiovisualistischer *patterns* dienen kann.

(6) Baudrillard, Jean, *De la seducción*, Ediciones Cátedra, Madrid 1998, S.16 (französische Originalausgabe, *De la séduction*, 1979; deutsche Ausgabe, *Von der Verführung*, Matthes & Seitz Verlag, Berlin 1992).
Design ist zwar an Oberflächen gebunden, geht aber nicht darin auf. Dass Oberflächen als vermittelnde Instanzen für den Gebrauch von Artefakten umgehbar sind und dabei auch konstitutiv die ästhetische Dimension mitspielt, wird verkannt, wenn man Design simplifizierend als «Oberflächenverhübschung» deklariert – ein bisweilen und gerade in systemkritischen Ansätzen anzutreffender Fehlschluss: Dath, Dietmar, *Maschinenwinter – Wissen, Technik, Sozialismus.*

Eine Streitschrift, Suhrkamp Verlag, Frankfurt am Main 2008, S. 114. Design mit lapidarer Geste als kosmetische Aufbereitung von Produkten ad acta zu legen und es bei einem bloßen Mißtrauensbekenntnis gegenüber der Verknüpfung von Ästhetik und Ware zu belassen, wie sie im Design erscheint, also gegen Warenästhetik, wird schwerlich dem Anspruch kritischer Intention gerecht werden.

(7) Der bereits in der klassischen Rhetorik angelegte Gegensatz zwischen Überreden und Überzeugen, in dem das Überreden von vornherein einen niederen epistemischen Status genießt, bricht unversöhnlich auf in der Aufklärung mit ihrem normativen Ziel, die Unmündigkeit aller Gesellschaftsmitglieder zu überwinden. An diesem Ziel gemessen, erscheinen Werbung und Marketing unausweichlich als strukturelle Antiaufklärung der Gesellschaft, deren Unmündigkeit sie fördern. Zur Rolle dieser Psychotechnologien siehe Stiegler, Bernard, *Die Logik der Sorge – Verlust der Aufklärung durch Technik und Medien*, Bd. 6, Suhrkamp Verlag, Frankfurt am Main 2008, S. 67 ff.

es programmatisch um die Produktion verifizierbarer, auf Evidenz beruhender Aussagen und nicht um Urteile, die auf in der Regel nicht explizierten Standards beruhen.

Semiotische Elastizität

Ausgehend von der semiotischen Unterscheidung zwischen Syntax und Semantik, lassen sich rhetorische Verfahren, die als seduktive Kommunikationsstrategien gekennzeichnet werden können, entweder an Operationen mit der Zeichengestalt, also an der Form der Zeichen, der Syntax, oder an Operationen mit dem Zeicheninhalt, der Bedeutung, der Semantik, festmachen. Rhetorik hat mit repetitiven Strukturen von Zeichen und Superzeichen zu tun, die in der Terminologie von Christopher Alexander ‹patterns› genannt werden. Diese wiederum beruhen auf der syntaktischen und semantischen Elastizität der Zeichen. Beim Aufdecken dieser *patterns* bietet es sich an, auf die im Laufe einer rund zweieinhalb Jahrtausende alten Geschichte der Textrhetorik entwickelten terminologischen Differenzierungen (Wortfiguren, Satzfiguren, Gedankenfiguren) zurückzugreifen und zu prüfen, inwieweit sie sich auf multimediale Phänomene anwenden lassen. Falls die vorhandenen Begrifflichkeiten nicht ausreichen, muss die Terminologie erweitert werden. Ebenso wie die herkömmliche literarische oder textbezogene Rhetorik einer ihr eigenen Metasprache bedarf, erfordern auch die neueren Medien eine ihnen eigene medienspezifische Metadiagrammatik. Denn die audiovisualistischen rhetorischen Phänomene werden erst erfassbar und verständlich mittels eines Systems von visuell-auditiven-interaktiven Darstellungsformen, die über die Metasprache literarischer Rhetorik hinausgehen.

Audiovisualistische *patterns*

Beispiel: Ein Mercedes Werbespot (2000).[8]

Dieser 44 Sekunden dauernde Spot besteht aus sieben Episoden: Männer berichten eine Szene aus ihrem Leben. Die audiovisualistischen Dimensionen (Musik, Sound, Text/Sprache) wurden auf ihr Zusammenspiel untersucht und auf eine Zeitleiste projiziert. Folgende audiovisualistische *patterns* wurden isoliert:

1. **Chromatische Wiederholung**

   In allen Episoden taucht die Farbe Rot auf.

2. **Melodische Wiederholung (Jingle)**

   Die Wiederholung ist ein häufig benutztes rhetorisches *pattern*. So werden in einer Liste der Fachausdrücke der Textrhetorik insgesamt siebenundvierzig Arten von Wiederholungen in vier verschiedenen Klassen aufgeführt:

   - sieben Wiederholungen in der Klasse Buchstaben, Silben und Klänge;
   - neunzehn Wiederholungen in der Klasse Worte,
   - sieben Wiederholungen in der Klasse Satzteile und Sätze,
   - vierzehn Wiederholungen in der Klasse Sinnfiguren.[9]

---

(8) Seminarbeitrag der Studierenden Anette Haas und Lars Backhaus am Fachbereich Design der FH Köln, 1999/2000.

(9) Burton, Gideon O., «Silva Rhetoricae» (rhetoric.byu.edu), Brigham Young University, 2007. http://humanities.byu.edu/rhetoric/Silva.htm. (Letzter Zugriff: 12.1.2009.)

|02| Zeitleiste eines Werbespots. Mikroerzählungen mit Sound- und Tonspur und Auflistung der *patterns*.

|03| bis |10| Acht Sequenzen aus einem Werbespot für einen Internetshop in Brasilien.
|03| «Sonnenschutzfilter in Tablettenform?»
|04| «Eine Zeitung, die am Strand nicht davonfliegt?»
|05| «Steppschuhe für Hunde?»
|06| «Kontaktlinsen, die sich im Schlaf auflösen?»

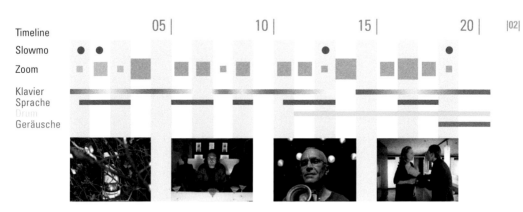

Timeline
Slowmo
Zoom

Klavier
Sprache
Drum
Geräusche

05 | 10 | 15 | 20 | |02|

Audiovisualistische *patterns* in sieben Mikroerzählungen
1) Chromatische und melodische Wiederholung (Farbe rot, Melodie).
2) Narrative Konstanz (sieben Männer sprechen über ihre Arbeit und Lebenseinstellung).
3) Betonung (Rot als Akzent in jeder Szene).

|03| |04|

|05| |06|

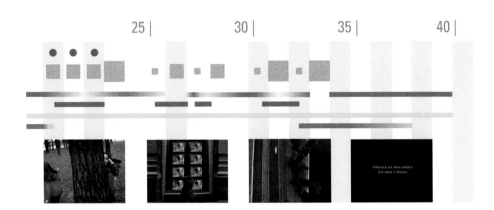

4) Antithetische Divergenz (der Text spricht vom Gegenteil dessen, was die Bilder zeigen).
5) Sprachliche Kontinuität und visuelle Diskontinuität (schneller Schnitt, Text wird kontinuierlich präsentiert).
6) Expressives Zeichen: Yippiiiiiieeee.

|07| |08|

|09| |10|

3. **Narrative Stabilität**

Sieben Männer erzählen eine Episode aus ihrem Leben.

4. **Visuell-verbale Divergenz**

Der gesprochene Text handelt vom Gegenteil dessen, was die Bilder zeigen.

Beispiel:

Gesprochener Text: «Mit 40 wollte ich eigentlich aufhören – dachte ich.»

Bild: Ein etwa 60-jähriger Modefotograf wird in seinem Studio bei der Arbeit gezeigt.

Beispiel:

Gesprochener Text: «Am Wochenende wollte ich einen Gang runterschalten.»

Bild: Ein extrem beschleunigter Wagen, der über eine Autostraße jagt.

Dieses *pattern* wird bei allen Episoden dieses Werbespots benutzt.

5. **Verbale Kontinuität und visuelle Diskontinuität**

Der gesprochene Text wird ohne Unterbrechung durchgezogen. Die Bildsequenz dagegen wird in Schnitte zerlegt.

6. **Expressives Zeichen**

Beispiel: Yippiiiiieeee.

Beispiel: Werbespot für einen Onlineshop (2005)**(10)**

Illustrative dynamische Typographie

In diesem Schwarz-Weiß-Spot werden anhand der Transformation von Sans-Serif-Buchstaben die verbal angezeigten Bedeutungen illustriert. Um dieses Verfahren nachvollziehen zu können, werden die Segmente aus dem brasilianischen Portugiesisch übersetzt und mittels eines Screenshots veranschaulicht.

1. Segment

Text: «Und wenn es einen Sonnenschutzfilter in Tablettenform gäbe…»

Bild: Aus dem Wort ‹Tablettenform› fallen einzelne Buchstaben (Tabletten) herunter.

2. Segment

Text: «Und wenn es eine Zeitung gäbe, die am Strand nicht davonfliegt…»

Bild: Die Buchstaben des Wortes ‹Zeitung› fliegen davon.

In diesem Fall liegt neben der illustrativen Typographie noch eine visuell-verbale Divergenz vor.

3. Segment

Text: «Und wenn es Steppschuhe für Hunde gäbe…»

Bild: Die Buchstaben ahmen vorgezeichnete Schrittpositionen nach.

4. Segment

Text: «Und wenn es Kontaktlinsen gäbe, die sich beim Schlafen auflösen…»

Bild: Die Buchstaben des Wortes ‹Kontaktlinse› lösen sich auf.

---

(10) Seminarbeitrag von Dúnya Pinto Azevedo, 2005. Master-programm der ESDI, Rio de Janeiro. Titel des Spots: *Imagine* (*Stellen Sie sich vor!*). Agentur: AD Studio, São Paulo, 2005.

5. Segment

Text: «Und wenn es Toilettenpapier mit den neuesten Nachrichten gäbe…»

Bild: Das Abreißen wird durch das abgerissene Wort ‹Zeitung› veranschaulicht.

6. Segment

Text: «Und wenn es ein Schulheft mit Geschmack nach Knackwurst gäbe…»

Bild: Das Wort ‹Geschmack› verschwindet, es löst sich auf.

7. Segment

Text: «Und wenn es ein Kochrezeptbuch mit essbaren Seiten gäbe…»

Bild: Die Worte ‹essbare Seiten› werden angefressen.

8. Segment

Text: «Und wenn es eine Windel mit Alarm gäbe…»

Bild: Das Wort ‹Alarm› vibriert intermittierend wie bei einem Wecker.

Audiovisuelle Isorhythmie

Alle Segmente werden von einer Musiksequenz begleitet, deren Rhythmus der Bewegung der typographischen Zeichen entspricht. Die Aneinanderreihung der acht Beispiele gipfelt in einer Klimax in Form der Auflösung der Konditionalsätze: «Würden Sie es kaufen? Wir würden es verkaufen».

Transitive *patterns* oder Übergangspatterns (Konjunktionen)

Es ist eine plausible Feststellung, dass sich an allen Übergängen von einer Szene zu einer anderen Szene – oder, angewandt auf das World Wide Web, von einem semantischen Knoten zu einem anderen semantischen Knoten – audiovisualistische *patterns* ansiedeln. Diese Übergänge können in Übergangsklassen gegliedert werden, von denen hier fünf aufgeführt werden. Wahrscheinlich aber gibt es erheblich mehr Übergangsformen, die in zukünftigen Untersuchungen aufgedeckt werden.

1. Farbkonjunktion

Übergänge erfolgen durch Nutzung gleicher Farbpaletten. Es handelt sich um ein syntaktisches *pattern*.

2. Narrative Konjunktion

Übergänge entsprechen einem kohärenten Ablauf. Es handelt sich um ein semantisches *pattern*.

3. Bewegungskonjunktion

Übergänge werden durch Kamerabewegung erzeugt. Es handelt sich um ein syntaktisches *pattern*.

4. Asyndetische Konjunktion

Übergangslose Aneinanderreihung von Segmenten. Diese Definition weicht von dem in der Textrhetorik verwendeten Begriff ab, in der ‹Asyndeton› das Weglassen von Bindewörtern in der seriellen Anordnung von Komponenten (Worte oder Satzteile) meint.

5. Polysyndetische Konjunktion

Gleicher Übergang in einer Sequenz. Auch diese Definition weicht von dem in der Textrhetorik verwendeten Begriff ab, in der ‹Polysyndeton› das Einfügen desselben Bindeworts in der seriellen Anordnung von Komponenten (Worte oder Satzteile) meint. Hier handelt es sich um ein syntaktisches *pattern*.

Musikpatterns

Eine zentrale Stellung nehmen in der Audiovisualistik die Musik und der Sound (Einsatz von Geräuschen) ein. Hierin liegt wohl der grundlegende Unterschied zur Welt der textorientierten Rhetorik. Es wurden zunächst sechs musikalische *patterns* ermittelt, und zwar:

1. **Situatives Musikpattern**

   Die Musik wird eingesetzt, um einen situativen Kontext zu charakterisieren. Beispiel: Es wird eine Szene in einem Discoclub gezeigt; die Tonspur begleitet die visuelle Zeichensequenz durch die parallele Wiedergabe einer typischen Discomusik.

2. **Historisches Musikpattern**

   Die Musik wird eingesetzt als Erkennungszeichen einer historischen Epoche. Beispiel: Barockmusik liefert den auditiven Rahmen einer Szene, die somit zeitlich verlagert wird. Dieses *pattern* wird auch als ‹akustische Tapete› bezeichnet.

3. ***Pattern* in Form syntaktisch-illustrativer Musik**

   Dieses *pattern* wird eingesetzt, um eine rhythmische Konkordanz zwischen der visuellen und auditiven Dimension zu erreichen. Beispiel: Eine laufende Animationsfigur wird durch entsprechende Musik in schnellem Rhythmus begleitet.

4. ***Pattern* in Form semantisch-illustrativer Musik**

   Dieses Äquivalent zur syntaktisch-illustrativen Musik wird als ‹musikalisches Tableau› bezeichnet. Diese Form illustrativer stereotypisierter Musik haben Adorno und Eisler als «Waldweben mit Flötenmelodie» kritisiert.**(11)**

5. **Evokatives *pattern***

   Dieses *pattern* wird zum Beispiel in Kriminalfilmen genutzt, um affektive Stimmungslagen wie Horror zu evozieren. Ein Klassiker des Einsatzes dieses *pattern* ist die Mordszene in dem Hitchcock-Film *Psycho*.

6. **Leitmotivisches *pattern***

   Modulierte Wiederholung, die je nach Tonart den Charakter einer Szene anzeigt. Beispiel: Im James-Bond-Film *Goldfinger* kann man an der Modulation des Leitmotivs erkennen, ob sich eine Gefahrenszene oder eine Liebesszene anbahnt.

Soundpatterns

Zur Veranschaulichung der Vielschichtigkeit der Sounddimension – weit mehr als ein Sekundärphänomen – kann die Eingangssequenz des Films *Apocalypse Now* dienen, in der folgende Soundpatterns vorkommen:

1. **Illustrativer Sound**

   Beispiel: Visuell wird eine laufende Person gezeigt. Der Sound der Schritte läuft parallel. Visuelle und auditive Zeichen ergänzen sich.

2. ***Mickey-mousing***

   Dieser aus den Walt-Disney-Studios stammende Ausdruck meint die Parallelität

---

(11) Hicketier, Knut, *Film- und Fernsehanalyse*, J.B. Metzler, Stuttgart, Weimar 2007, S. 95.

|11| |12| Audiovisualistisches Notationssystem. Ein
wandernder Balken begleitet den Ablauf des Spots, der
jederzeit angehalten werden kann. *Overlay* der Fachbegriffe, die ein- und ausgeblendet werden können.
Buchmüller, Sandra und Gesche Joost, «Entwicklung
eines visuellen Analyse-Instrumentariums multimedialer Rhetorik», Diplomarbeit am Fachbereich Design der
FH Köln, 2001.

|11|

|12|

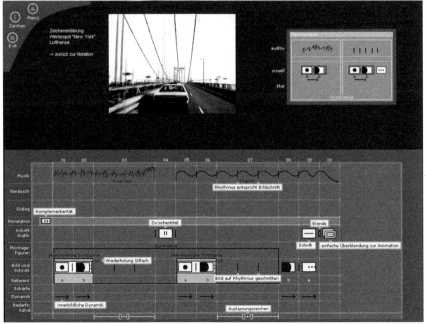

eines visuell vermittelten Geschehens und eines damit gekoppelten Soundverlaufs.

Beispiel: Der Fall eines Gegenstands wird durch einen niedergehenden Ton verstärkt.

3. **Hyperrealistischer Sound**

Hier handelt es sich um die Isolation und Verstärkung eines Sounds.

Beispiel: ‹Knuff› beim Boxen.

4. **Metonymischer Sound**

Der Sound vermittelt, was visuell nicht kommuniziert wird.

Beispiel: Das Knarren des Scharniers einer Tür vermittelt den Eindruck, dass eine – bildlich nicht angezeigte – Tür geöffnet oder geschlossen wird.

Interaktive Diagramme

Die verschiedenen Komponenten der audiovisuellen Rhetorik können eine endliche Reihe von Kombinationen bilden: sie können konvergieren, divergieren und korrelieren. In den audiovisuellen Diagrammen nimmt diese Spur eine Zentralstelle ein, da auf ihr das Zusammenwirken der Bild-, Musik-, Sound- und Textdimensionen sichtbar wird, es wird also deutlich, ob diese Dimensionen gegenläufig, parallel oder sich gegenseitig verstärkend zusammenwirken. Da sich dieses Zusammenspiel verbal nur umständlich oder gar nicht vermitteln lässt, empfiehlt es sich, mit anderen Techniken zu experimentieren, die den zeitbasierten Medien entgegenkommen. Mit anderen Worten: Die audiovisualistische Analyse zeitbasierter Medien sollte ihrerseits auf zeitbasierte Medien zurückgreifen. Wie das funktionieren kann, wird an einigen Beispielen gezeigt.

Beispiel: Notationssystem

Zur Veranschaulichung der zusammenwirkenden *patterns* wurde ein Notationssystem entwickelt, dessen Zeichen in ein interaktives Diagramm eingesetzt werden. Das Diagramm ist in mehrere Ebenen gegliedert, die den einzelnen audiovisuellen Dimensionen entsprechen – abgesehen von den rein filmtechnischen Attributen. Der Ablauf wird auf eine Zeitlinie projiziert. Das analysierte Material – vorzugsweise in Form eines Clips, eines Filmvorspanns oder einer CD – lässt sich per Klick abspielen und jederzeit stoppen. Ein über das Diagramm wandernder Balken zeigt die jeweilige Position der Filmsequenz an. Legenden würden das Diagramm überladen und können deshalb bei Bedarf in Form eines Overlays eingeblendet werden.**(12)**

Beispiel: Dynamisches Diagramm eines Vorspanns

Der Vorspann des Films *Casino* diente als Material für die audiovisualistische Analyse.**(13)** Auch hier wurde ein mehrschichtiges Diagramm angelegt.**(14)** An den einzelnen Stellen, an denen *patterns* auftreten, lassen sich zur Veranschaulichung Quicktime Movies abrufen. Die Analyse ließ die chromatischen Konjunktionen von Gelb über Rot zu

(12) Buchmüller, Sandra und Gesche Joost, «Entwicklung eines visuellen Analyse-Instrumentariums multimedialer Rhetorik», Diplomarbeit am Fachbereich Design der FH Köln, 2001.
(13) Seminarbeitrag der Studierenden Juan Arroyo und Oliver Hochscheid am Fachbereich Design der FH Köln, 2003.

(14) Dusi, Nicola, «Le forme del trailer como manipulazione intrasemiotica», in: *Trailer, spot, clip, siti, banner – Le forme brevi della comunicazione audiovisiva*, herausgegeben von Isabella Pezzini, Meltemi, Rom 2002, S. 31–66.

|13| Interaktives Diagramm des von Saul Bass entworfenen Vorspanns für den Film *Casino* (Regie: Martin Scorsese, 1995).

|13|

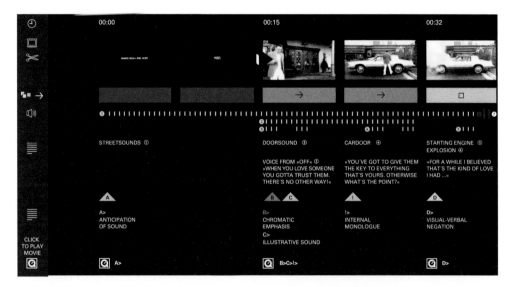

Blau und von Blau über Rot zu Gelb erkennen, die Saul Bass für die Gestaltung dieses Vorspanns einsetzte. Diese Makrofigur kann als chromatische Epanalepsis gedeutet werden (Epanalepsis: Wiederholung eines gleichen Wortes am Anfang und am Ende eines Satzes).**(15)**

Interaktions- und Digitalrhetorik

Bislang gibt es zwar eine Praxis der Interaktionsrhetorik, aber soweit bekannt keine Theorie der audiovisualistischen Verfahren oder *patterns* im Umgang mit Hypertexten online oder offline, also im Internet oder auf Datenträgern.

Bekanntlich besteht ein Hypertext aus einer offenen Sequenz von semantischen miteinander vernetzten Knoten. Wenn man einmal von der durch die physikalischen Begrenzungen der Bildschirmgröße beschränkten Datenmenge absieht, die eine Interaktion erfordert, um neue Daten auf dem Bildschirm anzuzeigen, kann man annehmen, dass an den Schnittstellen oder Übergängen von einem semantischen Knoten zu einem

(15) Lanham, Richard A., *A Handlist of Rhetorical Terms*, University of California Press, Berkeley 1991, S. 66.

|14| Startscreen der CD *powerhouse UK* mit einer Interfacemetapher aus dem Bereich der Elektrik. Beim Verbinden der Funken sprühenden Pole öffnet sich der Zugang zum Hauptmenü, das ebenfalls Elemente aus der Elektrik verwendet (Spulen, Wicklungen, Sicherung). Entwurf: clearinteractive, 1997.

|15| Aleatorisches dynamisches Menü.
|16| Beispiel aus der Datenbank mit Arbeiten der Designstudios.
|17| Metaphorisches Hauptmenü, das durch Wicklungen visualisiert wird.
|18| Hauptmenü mit vier Optionen.

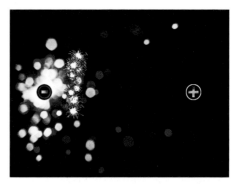

|14|

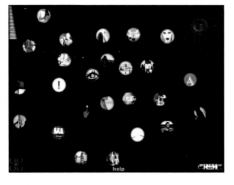

|15| |16|

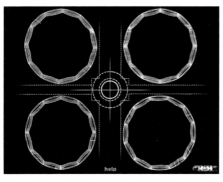
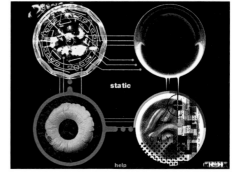

|17| |18|

anderen semantischen Knoten audiovisualistische *patterns* auftauchen können. Eine Typologie dieser *patterns* steht noch aus.

Menüs, wie sie in Softwareanwendungen und vor allem auf CD-ROMs vorkommen, können auch unter rhetorischen Gesichtspunkten analysiert werden. In der Regel werden die Optionen in Form einer Liste dargeboten – also einer rein sprachlich-typographischen Darstellung (niemand spricht in Form von Listen). Doch Menüs mit der Funktion, den Inhalt einer CD-ROM zu strukturieren und den Zugriff auf bestimmte Inhalte zu ermöglichen, erschöpfen sich nicht in einer alphabetischen oder nach Wichtigkeit gegliederten Liste. Auf der CD-ROM *powerhouse UK* (clearinteractive, London, 1997), die der Propagierung von Designservices in Großbritannien dient, wird statt eines herkömmlichen Listenmenüs ein aleatorisches, flächig angelegtes Menü mit vibrierenden kreisförmigen Elementen angeboten. Beim Bewegen des Cursors auf eines dieser Elemente wird kurz eine erläuternde Legende eingeblendet, damit der Benutzer erfährt, um was es sich handelt. Ein Klick bringt dann den entsprechenden detaillierten Inhalt auf den Monitorschirm. Hier handelt es sich um eine zweidimensionale, dynamische Aufzählung – und Aufzählungen gehören zu traditionellen rhetorischen Verfahren.**(16)**

Auch in Computerspielen werden audiovisualistische *patterns* intensiv verwendet. Die Analyse beschränkte sich nicht allein auf die acht narrativen Stränge der acht Welten des Nintendo-Spiels *Super Mario Bros* **(17)** (Design: Shigeru Miyamoto 1985), sondern bezog sich auch auf audiovisualistische Verfahren bei der Darstellung von Leben und Tod der Spielfiguren:**(18)**

- Paradoxon. Tote Fische schwimmen zwar mit dem Bauch nach oben, sinken aber auf den Grund und treiben nicht an die Oberfläche.
- Visuelles *Mickey-mousing*. Der Tod wird durch comicartig überzeichnete Bewegung dargestellt.
- Euphemismus. Auf den Rücken gedreht und heruntergefallen als Darstellung des Todes.
- Metaphorische Umkehrung. «Tot umfallen», «to *stomp on*» (hart vorgehen gegen).
- Reaktiver Sound/*Mickey mousing*/Konjunktion. Die Tötung wird durch auditives überzeichnetes Feedback begleitet.

Audiovisuelle rhetorische Phänomene sind nicht auf den okzidentalen Sprachraum beschränkt. Die Analyse der dritten Episode des Antikriegs-Animationsfilms *Memories – Cannon Fodder* von Katsuhiro Otomo (1995) bestätigte die Vermutung, dass die hier vorgestellten Techniken auch in andere Sprachkreise übertragen werden können.**(19)**

Interfacemetaphern

Die wohl am weitesten verbreitete rhetorische Erscheinungsform in den digitalen Medien ist die im PARC (Palo Alto Research Center) erfundene und entwickelte Desktop-Metapher, die bei Operationssystemen mit graphischer Benutzeroberfläche verwendet

(16) Zum Thema Rhetorik im Web siehe: Burbules, Nicholas C., «The web as a rhetorical place», in: *Silicon Literacies*, herausgegeben von Ilana Snyder, Routledge, London 2002.
(17) Ausführliche Informationen zu diesem Thema sind unter www.classicgaming.com/tmk/nes.shtml zu finden. (Letzter Zugriff: 29.12.2008.)
(18) Seminarbeitrag der Studierenden Bettina Braun und Kim Altintop am Fachbereich Design der FH Köln, 2002.
(19) Zwei Seminarbeiträge des Studierenden Tsuyoshi Ogihara am Fachbereich Design der FH Köln, 2002/2003.

|19| Auch im außereuropäischen Sprachraum lassen sich audiovisualistische *patterns* aufzeigen. Analyse Japanischer Manga am Beispiel des Zeichentrickfilms *Memories* von Katsuhiro Otomo (1995).

時間	ショット	色彩	距離	ショット	音／効果音／音楽	台詞	レトリック	時間
00:00					時計の音「チチチチチッチッ」			00:00
				フェードイン	目覚ましの音「カーンカーン」		洒落、掛け言葉的な目覚まし時計	
00:10				トラックバック 少年イン			少年が境界に入ってくる。トラックバック（カメラが後方に引く事）によって、映像の中の主役が時計から少年になる	00:10
						母親「起きなさーい、学校に遅れるよ」		
00:20								00:20
00:30						少年「ふぁーい」		00:30
						父親「どうした、まだ寝てるのか」		
00:40						母親「寝ても聞かないのよ。本当にもう毎朝この30分前には起きなさいって言ってるんだけど」		00:40
				少年をフォロー パンダウン			「空間のデフォルメ」前後のシーンの背景を、一枚の絵の中につなぎとめるために、背景の全体的なパースが歪んでいる このアニメーションでしばしば使用される、空間省略としてのデフォルメ	
00:50				左へパン	音楽 オープニングミュージック	少年「敬礼」		00:50
				トラックバック	音 蒸気の音「プシュー」		「暗述／くり返し」映像のいたるところで、蒸気が吹き出す。大砲の存在の暗述でもある	
01:00								01:00

wird. Bei der bereits erwähnten CD-ROM *powerhouse UK* spielten die Designer mit der Doppeldeutigkeit des Wortes *powerhouse* (Kraftwerk) und basierten das Interface auf einer aus dem Bereich der Elektrik stammenden Metapher, um über dieses Interface den Zugriff auf die Datenbank mit den Arbeiten aus dem Bereich Industrial Design und Visuelle Kommunikation zu erlangen. Der Startscreen zeigt einen Plus- und einen Minus-Pol, der auf Cursorkontakt reagiert (Funken sprühen).

Die Funktion ‹Quit› wird durch eine Sicherung visualisiert. Das vierteilige Hauptmenü nimmt Bildelemente der Wicklungen von Elektromotoren auf. Müßig ist der Streit um das Für und Wider von metaphorischen Interfaces; denn das ausschlaggebende Kriterium für den Einsatz audiovisualistischer Mittel ist die Kohärenz der eingesetzten Komponenten, die schließlich die Qualität eines Interface und seine Brauchbarkeit ausmachen.

(20) Hartmann, Frank, *Mediologie – Ansätze einer Medientheorie der Kulturwissenschaften*, Facultas Verlag, Wien 2003, S. 9 und 66.

Auflösung des Primats der Diskursivität

Die skizzenhaften Beispiele, die sich ohne Zweifel erheblich verfeinern lassen, dienten dazu, die kognitive Relevanz von Visualisierungen empirisch zu belegen. Dynamische interaktive Visualisierungen stellen neue Anforderungen an die kognitive Kompetenz, die in diskursiv geprägten Disziplinen wie der Literaturtheorie oder der Sprachtheorie bislang nicht zum Ausbildungsfundus gehört. In den neueren Medien wird zu Recht und mit Nachdruck das kognitive Potenzial der audiovisualistischen Dimension reklamiert. Unter dem Begriff «*iconic turn*», der Bildwende, ist diese neue epistemologische Konstellation, ist dieser Bruch des Primats der Diskursivität als privilegierter Raum von Erkenntnis zeitaktuell thematisiert worden.

«Sicher werden Schrift und Lektüre ihre Bedeutung nicht unmittelbar verlieren, in der Bandbreite kultureller Performanzen wird ihnen aber eine weniger zentrale Position zugewiesen.»

«Dass nur die gedruckte Monographie etwa den Wissensstand einer wissenschaftlichen Disziplin repräsentiert, dieser Gedanke wird heute ganz allgemein als dem Bereich ‹Mythen der Buchkultur› zugerechnet.»**(20)**

Die hier erläuterten analytischen und deskriptiven Verfahren sind medienmateriell ausgerichtet und – wie bereits erwähnt – weniger hermeneutisch. Im Gegensatz zu filmanalytischen Verfahren, in denen auf Kameraführung, Bildkomposition, Beleuchtung, Totale und Halbtotale sowie Dialog geachtet wird, liegt beim audiovisualistischen Ansatz der Nachdruck auf dem Aufdecken von medienübergreifenden *patterns*. Zukünftige, weit über diesen hier vorgestellten rudimentären Ansatz hinausreichende Untersuchungen könnten die zunächst auf die syntaktische Dimension beschränkten filmspezifischen Technizismen wie Zeitlupe, Zeitraffer, *freeze frame* und *rotoscope* in ein System der Audiovisualistik eingliedern.

Bibliographie

Baudrillard, Jean, *De la seducción*, Ediciones Cátedra, Madrid 1998 (französische Originalausgabe, *De la séduction*, 1979; deutsche Ausgabe, *Von der Verführung*, Matthes & Seitz Verlag, Berlin 1992).

Bredekamp, Horst und Gabriele Werner (Hrsg.), *Bildwelten des Wissens – Kunsthistorisches Jahrbuch*, Band 1,1, Akademie Verlag, Berlin 2003.

Buchmüller, Sandra und Gesche Joost, «*Entwicklung eines visuellen Analyse-Instrumentariums multimedialer Rhetorik*», Diplomarbeit am Fachbereich Design der FH Köln, 2001.

Burton, Gideon O., «Silva Rhetoricae» (rhetoric.byu.edu), Brigham Young University, 2007. http://humanities.byu.edu/rhetoric/Silva.htm.

Cahn, Michael, «Die Rhetorik der Wissenschaft im Medium der Typographie. Zum Beispiel die Fußnote», in: *Räume des Wissens: Repräsentation, Codierung, Spur*, herausgegeben von Hans-Jörg Rheinberger, Bettina Wahrig-Schmidt und Michael Hagner, Akademie Verlag, Berlin 1997, S. 91–109.

Chion, Michel, *Audio-Vision*, Columbia University Press, New York 1994.

Dath, Dietmar, *Maschinenwinter – Wissen, Technik, Sozialismus. Eine Streitschrift*, Suhrkamp Verlag, Frankfurt am Main 2008.

Dusi, Nicola, «Le forme del trailer come manipolazione intrasemiotica», in: *Trailer, spot, clip, siti, banner – Le forme brevi della comunicazione audiovisiva* herausgegeben von Isabella Pezzini, Meltemi, Rom 2002, S. 31–66.

Flückiger, Barbara, *Sound Design – Die virtuelle Klangwelt des Films*, Schüren Verlag, Marburg 2001.

Gerig, Manfred und Irene Vögeli, *Ab.1: Bilder der Wissenschaftskommunikation*, Hochschule für Gestaltung und Kunst, Zürich 2003.

Gombrich, Ernst, «Pictorial instructions», in: *Images and Understanding*, herausgegeben von Horace Barlow, Colin Blakemore und Miranda Weston-Smith, Cambridge University Press, New York 1990.

Hartmann, Frank, *Mediologie – Ansätze einer Medientheorie der Kulturwissenschaften*, Facultas Verlag, Wien 2003.

Helfand, Jessica, *Screen: Essays on Graphic Design, New Media, and Visual Culture*, Princeton University Press, New York 2001.

Hicketier, Knut, *Film- und Fernsehanalyse*, J.B. Metzler, Stuttgart, Weimar 2007.

Joost, Gesche und Arne Scheuermann (Hrsg.), *Design als Rhetorik – Grundlagen, Positionen, Fallstudien*, Birkhäuser Verlag, Basel, Boston, Berlin 2008.

Kanzog, Klaus, «Grundkurs Filmrhetorik», in: *diskurs film – Münchner Beiträge zur Filmphilologie*, Band 9, Diskurs-Film-Verlag Schaudig und Ledig, München 2001.

Kennedy, Victor und John Kennedy, «A Special Issue: Metaphor and Visual Rhetoric», in: *Metaphor and Symbolic Activity*, Band 8, Nr. 3, 1993, S. 149–151.

Knorr Cetina, Karin, «‹Viskurse› der Physik», in: *Mit dem Auge denken*, herausgegeben von Bettina Heintz und Jörg Huber, Springer Verlag, Wien 2001.

Lanham, Richard A., *A Handlist of Rhetorical Terms*, University of California Press, Berkeley 1991.

Lausberg, Heinrich, *Handbuch der literarischen Rhetorik*, Franz Steiner Verlag, Stuttgart 1990.

Manovich, Lev, *The Language of New Media*, MIT Press, Cambridge Mass. 2001.

Moritz, William, *Optical Poetry: The Life and Work of Oskar Fischinger*, Indiana University Press, Bloomington 2004.

Searle, John, R., «Metapher», in: *Ausdruck und Bedeutung*, Suhrkamp Verlag, Frankfurt am Main 1982.

Sperling, Heike, «*IMAGING SCIENCE*»: *Integrative Audiovisualistik*, Dissertation an der Bergischen Universität – GHS Wuppertal 1998.

Stiegler, Bernard, *Die Logik der Sorge – Verlust der Aufklärung durch Technik und Medien*, Bd. 6, edition unseld, Suhrkamp Verlag, Frankfurt am Main, 2008.

Ueding, Gert und Bernd Steinbrink, *Grundriß der Rhetorik – Geschichte | Technik | Methode*, J.B. Metzler, Stuttgart, Weimar 2005 (4. Auflage).

Verón, Eliseo, *Fragmentos de un tejido*, Editorial Gedisa, Barcelona 2004.

URL

http://humanities.byu.edu/rhetoric/Silva.htm

Silva Rhetoricae: Eine Liste von 300 Fachbegriffen (auf Griechisch, Lateinisch und Englisch) der klassischen und Renaissance-Rhetorik.

Blick auf Bruchstellen und Fugen

- DER ‹KLINISCHE BLICK›
- BRUCHSTELLEN IN DER URBANEN INFRASTRUKTUR
- INTERKULTURELLER VERGLEICH
- DAS *PATTERN* VON STRASSENLÖCHERN
- ANTIZIPATION VON MÖGLICHEN BRUCHSTELLEN
- CHARAKTERISIERUNG DER ENTWURFSARBEIT
- QUALITÄT DER ZWECKE STATT FUNKTIONALISMUSDEBATTE
- ERKLÄRUNGSPOTENZIAL DES BEGRIFFS ‹INTERFACE›

Manchen Ärzten wird die Eigenschaft des ‹klinischen Blicks› zugeschrieben. Gemeint ist damit die Fähigkeit einer treffsicheren Einschätzung des Gesundheitszustands von Patienten, ohne auf die Hilfe diagnostischer Geräte zurückzugreifen. Sie ist in medizinischen Fachkreisen nicht unumstritten, zumal seit computergestützte Diagnoseverfahren zur Verfügung stehen, die in kurzer Zeit eine automatische Auswertung von Untersuchungen erlauben, so zum Beispiel von depressiven Störungen, an denen eine Person leidet.

Man kann von der Annahme ausgehen, dass es im Bereich des Design eine vergleichbare Eigenschaft gibt – eben den designerischen Blick. Was sind die Kennzeichen des designerischen Blicks? Man kann ihn verallgemeinernd durch zwei Attribute kennzeichnen, zum einen durch die Blickrichtung auf die Gegenstands- und Zeichenwelt – also wohin er schaut – und zum anderen durch das Differenzierungsvermögen aufgrund von Erfahrungen und Kenntnissen – was ihm beim Hinschauen auffällt. Ein geschulter Typograph wird auf Anhieb die Fehler einer Spationierung in einer Überschrift auf einem Plakat erkennen, die einem Nichtspezialisten nicht so ohne Weiteres auffallen werden. Ein geschulter Industriedesigner wird seine Aufmerksamkeit auf minutiöse Details an einem Produkt richten, wie Fugen, Materialstöße und Kantenverläufe, die für ihn als Indiz für Entwurfs- und Verarbeitungsqualität dienen, die ein Nichtspezialist unvermittelt aber kaum wahrnehmen dürfte.

Bei diesem Differenzierungsvermögen handelt es sich nicht um eine geheimnisvolle Eigenschaft, sondern um ein erlerntes Können, das sich allerdings durch verbale Instruktionen nur schwer vermitteln lässt. Stattdessen ist es angebrachter, das Vorgehen aufzuzeigen und es nicht bei der Beschreibung zu belassen.(1) Dieses Vorgehen wird auch hier befolgt, um anhand einer Beispielsammlung einen wichtigen Aspekt

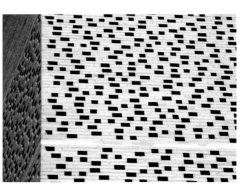

der professionellen Arbeit von Designern zu erläutern, nämlich mögliche Pannen im
Umgang mit Produkten und Informationen zwar nicht völlig auszuschalten, aber doch
zumindest einzudämmen, ihnen vorzubeugen und im Falle ihres Auftretens einen
Ausweg zu bieten.

Zu diesem Zweck wird auf ein alltäglich zu beobachtendes, unscheinbares Phänomen verwiesen, und zwar auf die im Straßenpflaster und auf Bürgersteigen anzutreffen-
den Aushebungen, um auf die unsichtbare, in den Boden verlegte urbane Infrastruktur
der Netze – Abwassernetze, Versorgungsnetze, Elektrizitätsnetze, Telefonnetze – zu-
greifen zu können.(2)

Wie alle Netzwerke müssen sie gelegentlich überholt, erweitert und repariert
werden. Denn in allen Systemen kommen Pannen oder Brüche vor. Anhand eines
interkulturellen Vergleichs kann man erschließen, wie verschiedene Kulturen mit dem
Phänomen des Umgangs mit der städtischen, in den Boden verlegten Infrastruktur
umgehen, wenn es zu Pannen kommt. Dieser Umgang gehört einem weiteren Prob-
lemkreis an, und zwar dem der Pflege – und dem Mangel an Pflege – des öffentlichen
Raums. An den Beispielen lässt sich ablesen, welchen Stellenwert der öffentliche Raum
in der jeweiligen Gesellschaft besitzt. Die Bilder aus geographisch weit voneinander
entfernten Gegenden dürften für sich sprechen; die Spannweite reicht vom Pol der
Vernachlässigung bis zum Pol der institutionell gesicherten Pflege – und das ist nicht

(1) Sennett, Richard, *The Craftsman*, Yale University Press,
New Haven, London 2008, S. 172. Der Autor zitiert die Schät-
zung von Forschern, dass etwa 10.000 Stunden gebraucht
werden, damit ein Lernender den Kompetenzstatus eines
Experten im Umgang mit komplexen Aufgaben erlangt, also
ein Wissen in implizites Wissen (*tacit knowledge*) verwandelt, das auf Anhieb zur Verfügung steht. Ein angehender
Arzt erwirbt diese Kompetenz in einem Zeitraum von drei
Jahren während eines Praktikums in einem Krankenhaus. Bei
einem Goldschmiedlehrling in einer mittelalterlichen Lehre
entspricht dieser Wert etwa fünf Stunden täglicher Arbeit in
der Werkstatt. Soweit bekannt, liegen keine Untersuchungen
darüber vor, wie lange es dauert, die Kompetenz des designerischen Blicks zu erlangen.

(2) Über die Thematik der untererdigen städtischen Infrastruk-
turen schreibt Tomás Maldonado:
«Man darf nicht die offensichtliche Tatsache übersehen, dass
die Großstädte eine physische Geschichte haben, die sich
großenteils mit der Geschichte der infrastrukturellen Eingriffe
deckt. Es handelt sich um Eingriffe, die tiefe Spuren in der
Siedlungsform der Großstädte, aber auch in ihrer funktionalen
Organisation hinterlassen haben. Diese Spuren haben mit den
Worten von N. Rosenberg aus den Städten *path dependent*
Organismen werden lassen, das heißt Organismen, in denen
die Trajektorien der Vergangenheit die Gegenwart und Zukunft
stark bedingen (N. Rosenberg, 1994).» Maldonado, Tomás,
«Telematik und neue urbane Szenarien», in: *Digitale Welt und
Gestaltung*, herausgegeben und übersetzt von Gui Bonsiepe,
Schriften zur Gestaltung der Zürcher Hochschule der Künste,
Birkhäuser Verlag, Basel, Boston, Berlin 2007, S. 113–158.

|08| Abschirmung der Bruchstelle mit einer themenbezogenen Visualisierung.
|09| Höflichkeit gegenüber dem Autofahrer (*Thank you*). Dicht aufgestellte Verkehrsleitkegel.
|10| Eine unverkennbar nach den Richtlinien für die Sicherung von Arbeitsstellen an Straßen aufgestellte Absperrschranke.

|11| Unbekümmerter, improvisierter Umgang mit Zeichen.
|12| Als Werbefläche genutzte Abschirmung.
|13| Spontane Reaktion auf die Frage, ob ein Schnappschuss gemacht werden dürfe.

| Mai 6, 2004 18:32 | Zürich 47°23′ N, 8°32′ O, Schweiz | Beispiel

| Okt 31, 2004 11:12 | Dunedin 45°52′ S, 170°30′ O, Neuseeland | Beispiel

|08| |09|

| Nov 26, 2002 09:49 | Lübeck 53°52′ N, 10°40′ O, Deutschland | Beispiel

| Mai 18, 2003 16:29 | Mailand 45°28′ N, 9°12′ O, Italien | Beispiel

|10| |11|

| Sep 18, 2001 02:29pm | Lissabon 38n42, 09w11, Portugal | Beispiel

| Nov 11, 2004 11:39 | Cholula 19°04′ N, 98°18′ W, Mexiko | Beispiel

|12| |13|

|14| |15| Autofahrer werden gewarnt, Fußgänger dagegen nicht – worin sich eine Wertung widerspiegelt.
|16| Improvisation.
|17| Indiz einer verarmten Gesellschaft, die mustergültig und hoch gepriesen den Auflagen des *Consensus von Washington* folgte und dabei in eine tiefe Krise stürzte.

|18| Mit minimalen Mitteln errichtete Absperrung.
|19| Verweis auf die öffentliche Institution und ihre Tätigkeit: Pflastern.

|14| |15|

| Okt 27, 2004 15:04 | Brasilia 15°46' S, 47°55' W, Brasilien | Beispiel

| Okt 27, 2004 11:08 | Brasilia 15°46' S, 47°55' W, Brasilien | Beispiel

|16| |17|

| Nov 04, 2004 07:06 | Rio de Janeiro 22°53' S, 43°06' W, Brasilien | Beispiel

| Okt 19, 2004 06:52 | La Plata 34°55' S, 57°57' W, Argentinien | Beispiel

|18| |19|

| Mär 03, 2005 10:59 | Cachi 65°52' S, 66°33' W, Argentinien | Beispiel

| Jun 22, 2005 10:21 | Santiago 23°38' S, 70°25' W, Chile | Beispiel

|20| Das *pattern* der Löcher (*breakdowns*) der urbanen
Infrastruktur unter Nutzung der an Kevin Lynch angepassten Terminologie.

Fahrbahn
Weg (*path*)

|20|

Brennpunkt
(*node*)

Merkzeichen
(*marker*)

Grenzlinie
(*border*)

Bürgersteig
Weg (*path*)

allein eine Frage der zur Verfügung stehenden Ressourcen, sondern hat mit den Einstel-
lungen zum öffentlichen Raum und seiner Benutzer zu tun, ist also auch eine Frage der
Alltagspolitik und der Alltagskultur. Das *pattern*, also die rekurrenten Komponenten
dieser Pannen oder Bruchstellen, kann mithilfe der terminologischen Unterscheidungen
von Kevin Lynch umrissen werden.(3) Für seine Überlegungen zur Lesbarkeit der Stadt
nutzt Lynch vier Unterscheidungen:
- Wege (*paths*)
  Die Linien, denen ein Beobachter in der Regel folgt – Straßen, Fahrbahnen.
- Ränder (*borders*)
  Lineare Elemente, also Begrenzungen, Unterbrechungen der Kontinuität – Plätze,
  Mauern, Parkanlagen. Es handelt sich um seitliche Bezugslinien.
- Brennpunkte (*nodes*)
  Strategische Punkte, Kreuzungen (Ecken).
- Merkzeichen (*markers*)
  Externe Bezugspunkte, Gebäude, Geschäfte, Berge.

Diese Komponenten bilden Teile der Stadtlandschaft (*cityscape*). Die aufgrund von
Pannen in der Infrastruktur der Städte ausgehobenen Löcher bilden unerwünschte
Erscheinungen, weil sie gefährlich und unbequem sind, indem sie den Fußgänger- und
Fahrverkehr beeinträchtigen. Diese *breakdowns* sind nicht entworfen; sie sind nicht das

(3) Lynch, Kevin, *Das Bild der Stadt*, Birkhäuser Verlag, Basel,
Boston, Berlin 2001 (Originalausgabe *The Image of the City*
1960; deutsche Erstausgabe: 1965).

Ergebnis von Entwurfsabsichten; sie ereignen sich. Ausgehend von dieser Beobachtung kann man einen besonderen Aspekt der Arbeit des Entwerfers erhellen, dessen Tätigkeit unter anderem durch das Vorwegnehmen von *breakdowns* gekennzeichnet ist. Ein brauchbarer Entwurf antizipiert mögliche *breakdowns* im Umgang mit einem Gebrauchsgegenstand oder einer Information.**(4)** Hiervon ausgehend lässt sich zu einem Zentralbegriff des Gestaltens eine Verbindung herstellen, und zwar zum Begriff des ‹Interface›. Ein brauchbares Interface eröffnet auf transparente Weise Handlungsmöglichkeiten (reduziert Komplexität). Es nimmt mögliche Pannen vorweg (schließt sie nicht aus), indem es Varietätsreserven in das System einbaut, um die Perturbationen der Außenwelt zu meistern.

In der mehr als hundertjährigen Interpretationsgeschichte des Gestaltens ist über die Beziehung zwischen Form und Funktion eine oftmals hitzige Debatte geführt worden, die heute allerdings abgekühlt ist, wenngleich sie unterschwellig weiterlebt in Abwandlungen wie beispielsweise *«form follows emotion»*, *«form follows fun»* oder *«form follows production»*. Im kompakten Diktum *«form follows function»* waren von Anfang an Missverständnisse angelegt, weil es:

- •Erstens eine erklärende Funktion hatte: Warum sind Formen von Gebrauchsgegenständen und Bauten so, wie sie sind?
- •Zweitens, weil es eine legitimierende Funktion hatte. Die jeweilige Form eines Artefakts (eines Gebäudes, eines Gebrauchsgegenstands) ist so, weil und wie sie sich aus dem Zweck ergibt – was immer das heißen mag.
- •Drittens eine normative Funktion hatte – im Entwurfsprozess sollte der Entwerfer in erster Linie vom Zweck eines Produktes ausgehen.

Diese für sich genommen schon verworrene Lage wurde dann noch verwickelter durch den Anspruch, dass sich aus einer optimalen Zweckerfüllung und Zweckangemessenheit eines Produkts oder Bauwerks notwendig dessen ästhetische Qualität ergäbe. Dieser Anspruch ist logisch nicht haltbar; er basiert auf einer unzulässigen Domänenkopplung und ist wohl vom Wunsch motiviert, eine Erklärung für ästhetische Urteile über morphologische Eigenschaften von Gebrauchsgegenständen und Gebäuden zu finden, wobei eine kausale Beziehung zwischen der Domäne des Zweckhaften und der Domäne des Ästhetischen hypostasiert wird. Die Schwäche der Erklärung beiseite lassend, wurde leicht übersehen, dass der Zweckbegriff durchaus problematisch ist. Denn je nachdem, wie man ihn interpretiert, kann er alles umfassen, vom Ermöglichen des zielgerichteten, praktischen Umgangs mit einem Gebrauchsgegenstand bis zu den neuerdings betonten expressiven Aspekten der primär durch den Kauf bestimmter Produkte

(4) Die Frustrationen eines Nutzers im Umgang mit einem technischen Produkt, und zwar einem Faxtelefon, sind Thema einer humorvollen Erzählung, in der auch ausführlich die Rolle der Designer und die Tendenz zur ‹featuritis› geschildert wird, also die Tendenz, ein Produkt mit immer mehr Funktionen fragwürdiger Zweckmäßigkeit auszustatten: «Die größte Gefahr besteht darin, dass die wachsende Sophistikation die Designer dazu verleitet, das Produkt mit noch mehr ausgefeilten Funktionen zu erweitern, die dann die Handbücher aufblähen und jedes Mal Ratlosigkeit stiften, wenn man einen Verpackungskarton öffnet.» Nachdem er die verwirrende Bedienungsanleitung für das Gerät zitiert hat, kommt er zu dem lakonischen Schluss: «Wenn Sie das verstehen und mehr als zehn Minuten behalten, sind sie ein Kandidat für Softwareprogrammierung oder für eine Fernsehquizveranstaltung.» Bryce Echenique, Alfredo, «Léalo y llore» [*Lesen Sie das und weinen sie dann*], in: *A trancas y barrancas* [*Über Stock und Stein*], Anagrama, Barcelona 2001, S. 311–316.

vermittelten Identitätsstiftung und der emotionalen Anreicherung des Alltagslebens, vom Ornamentverbot bis zum Ornamentüberschwang. So viel auch gegen die oftmals viszerale Reaktionen hervorrufende Funktion gewettert wird, wobei unterschwellig auch politische Motive mitspielen können, es scheint, dass man sich ihren Fängen schwerlich entziehen kann. Wo man sie als überholt betrachten zu können glaubt, taucht sie unversehens – wohl zum Ärger ihrer Kritiker – wieder auf. Denn schließlich kommt man nur vordergründig von dem mit dem Funktionsbegriff verkoppelten Formbegriff los. Genau dieser aber wäre in Frage zu stellen.(5) Im Grunde genommen handelt es sich bei der Formel «*form follows ...*» – ob sie dem *life style*, *experience* oder welcher Neuigkeit auch immer folgt – um eine Leerformel, deren Interpretationsmöglichkeiten ausgeschöpft sind. Dem Funktionalismus als Entwurfsrichtung einen Totenschein auszustellen, weil heute vermeintlich die Produkte in einem bestimmten Preissegment funktional dasselbe bieten, zielt deshalb zu kurz, weil diese Forderung die zentrale Schwachstelle des Funktionalismus übersieht, nämlich auf einem abstrakten Zweckbegriff zu insistieren, statt das Augenmerk auf die Qualität der Zwecke selbst zu richten. Diese bleiben eigenartigerweise ausgeklammert, sie werden nicht in Frage gestellt. Wenn heute verkündet wird, es komme nicht mehr darauf an, dass die Produkte uns etwas nützen, sondern primär darauf, dass sie uns gefallen, scheint darin die wohl lästige Erinnerung an das Zweckmäßige durch, das durch die Forderung des Gefallens ausgeblendet wird. Welche Produkte gefallen sollen, diese Frage kann bei dieser Entwurfsauffassung gar nicht auftauchen. Dem Funktionalismus, zumal in seiner verstockten Variante, die auf dem Zweckmäßigen als formbestimmendem Faktor insistierte – als ob das Zweckmäßige ideologiefrei wäre –, entspricht heute das Pendant eines Konformismus, der das Gefallen, letzthin ein (waren-)ästhetisches Moment, als Entwurfsmaxime inthronisiert. Wie immer man zum Funktionalismus als Entwurfsrichtung und Konstellation visueller Eigenschaften – verkürzt: Ästhetik – von Produkten und Bauten stehen mag, ein historisches Verdienst sollte nicht geleugnet werden, wie es de Zurko in seiner differenzierten historischen Untersuchung formuliert hat: «Der Funktionalismus ist die einzige Ästhetik, die ohne Vorbehalt die Welt der Technik als einen wichtigen Bestandteil der Kultur akzeptiert hat.»(6) Er gehört also zur besten Tradition der Moderne und bildet somit einen Stein des Anstoßes für die Vertreter der Postmoderne.

Aus den angeführten Gründen, nämlich wegen des erschöpften Argumentationspotenzials der Begriffe ‹Form› und ‹Funktion›, wurde die Frage nach dem konstitutiven Gehalt der Entwurfstätigkeit am Anfang der 90er Jahre des vergangenen Jahrhunderts

(5) Über den Funktionalismus schreibt der Historiker de Zurko: «Funktionalismus impliziert ein pluralistisches, nicht ein monistisches Wertesystem. Die funktionalistische Kritik […] neigt dazu, die vergangene Architektur vornehmlich aus der Perspektive moralischer, ethischer, gesellschaftlicher und oftmals metaphysischer Werte zu betrachten, wogegen bei der Bewertung der modernen Architektur das Primat von unmittelbaren Werten wie Wirtschaftlichkeit, leichter Verkehrsfluss, Sanitäreinrichtungen, Wartungsfreundlichkeit, gute Beleuchtung und Lüftung betont wird. Doch die reiche Stufenordnung von primären und letzten Werten ist eng verknüpft mit dem Allgemeinbegriff Funktion; weiterhin bildet die Linie zwischen unmittelbaren und letzten Werten keine unüberschreitbare Schranke.» de Zurko, Edward Robert, *Origins of Functionalist Theory*, Columbia University Press, New York 1957, S. 232. Die Beiträge von Claude Schnaidt zu einer differenzierten Funktionalismusdebatte sind in seinen gesammelten Schriften zu finden: Schnaidt, Claude. «Forme, Fonctions, Fonctionalisme», in: *Autrement Dit – Écrits 1950–2001*, herausgegeben von Jacques Gubler, infolio éditions, Gollion 2004, S. 533–604. Eine vorläufige deutsche Ausgabe ist unter dem Titel *Anders gesagt – Schriften 1950–2001* im Verlag der Bücherstube Jasram, Ulm, März 2007 erschienen.
(6) *Op.cit.*, S. 240.

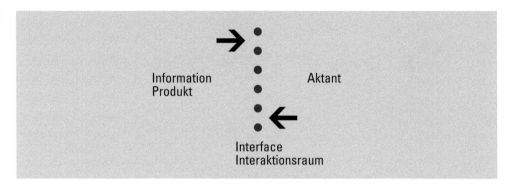

neu gestellt. Um sie zu beantworten, wurde der aus der Computertechnologie und Informatik stammende Begriff ‹Interface› benutzt.(7) Statt sich wie bisher am Begriffspaar Form und Funktion zu orientieren – die heute nicht mehr benutzte Berufsbezeichnung ‹Formgeber› wird zu Recht als längst überholt betrachtet –, erlaubt der Begriff ‹Interface›, die Arbeit des Entwerfers am effizienten Handeln auszurichten, womit sich neue Perspektiven eröffnen. Die herkömmlichen form- oder funktionsorientierten Ansätze der Gestaltung werden also durch einen handlungsorientierten Ansatz ersetzt. Das seinerzeit veröffentlichte ontologische Diagramm des Interface zeigt die triadische Beziehung zwischen einem Nutzer, einem Produkt und einem Handlungsziel, zwischen denen das Interface vermittelt. Es wurde geltend gemacht, dass die Strukturierung des Handlungsraumes die zentrale Domäne des Entwerfens bildet. Zur Veranschaulichung dieser Beziehung sei ein einfaches Beispiel herangezogen, und zwar aus dem Bereich des Umgangs mit und Zugangs zu einer Information. Sie wird mit der von einer harten Schale umgebenen Haselnuss verglichen, die zu öffnen der Mensch anatomisch nicht ausgestattet ist.

(7) Im Deutschen wird der Begriff ‹Interface› bzw. ‹user interface› mit dem sperrigen Fachausdruck ‹Benutzeroberfläche› oder ‹Benutzerschnittstelle› wiedergegeben. Dabei geht aber die im angelsächsischen Wort enthaltene Bedeutung des ‹Zwischen›, der Vermittlung, verloren. Außerdem haftet dem Wort ‹Oberfläche› geradezu etwas Suspektes an – von der Oberfläche zum Oberflächlichen ist nur ein kurzer Schritt. Deshalb wird hier der Ausdruck ‹Interface› weiterhin verwendet. In dem 1995 erschienenen Buch *Interface – Design neu begreifen* – bereits zwei Jahre früher war die italienische Übersetzung des auf Deutsch abgefassten Manuskripts bei dem Verlag Giangiacomo Feltrinelli in Mailand veröffentlicht worden – hatte ich die Überlegungen zum hier verhandelten Thema vorgestellt. Da diese Ausgabe aber längst vergriffen ist und nur noch die italienische Originalversion und eine spanische, in Argentinien veröffentlichte Übersetzung existieren, wiederhole ich hier noch einmal in gestraffter Form den Gedankengang – nicht aus der Versuchung bibliographischen Selbstbezugs, sondern weil diese Interpretation der Gestaltungstätigkeit mit den vorausgegangenen, an Form und Funktion festgezurrten Varianten bricht.

|22| Ein Vergleich: der Zugriff auf eine Information und das Knacken einer Nuss, wofür ein Werkzeug benötigt wird.

|23| Ein gebrochenes Interface.

|24| Die Ursache für das gebrochene Interface – ein für das verwendete Material unterdimensionierter Querschnitt, der den Belastungsspitzen beim Nussknacken nicht standhält.

|25| Ein unmissverständliches Interface: «Parken verboten. Reifen werden umsonst aufgeschlitzt.»

|26| Ein unmissverständliches Interface: «Parken verboten. Respektieren Sie *meine Garageneinfahrt* und ich respektiere *Ihren* Wagen.»

|27| Ein unklares Interface – wie es glücklicherweise aus modernen Operationssystemen fast verschwunden ist.

|22|

|23| |24|

|25| |26|

|27|

|28| Gliederung: Wirkzone, Greifzone und Anzeigezone, die bei diesem Produkt fehlt.
·Zündkappe = Wirkzone
·Streichholzschaft = Greifzone und parzielle Wirkzone.

|29| |30| |31| Interface im engeren Sinn meint die Gestaltung der Bedienelemente und des Anzeigefensters. Interface im weiteren Sinn meint die Gestaltung der gesamten dreidimensionalen Konfiguration des Produkts (in diesem Fall ein Tonaufnahmegerät), einschließlich der Produktgraphik.

|28|

|30| |31|

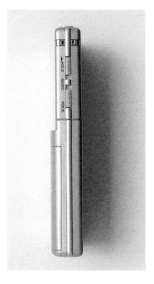
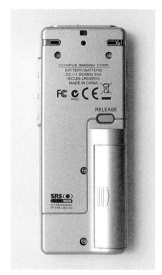

Er ist also auf ein Werkzeug angewiesen, das wie alle Werkzeuge brechen kann, wenn es wie im dargestellten Fall den Belastungen nicht standhält. Man kann das Produktarsenal auf einer Linie anordnen, an deren einem Pol die niedrigkomplexen und an deren anderem Pol die hochkomplexen Produkte angeordnet sind. Bei einem niedrigkomplexen Gegenstand wie einem Wasserglas decken sich Interface und Produkt – sie sind koextensiv. Bei zunehmender Komplexität kristallisiert sich das Interface immer stärker als eigene Domäne heraus. Das gilt sowohl für Gebrauchsgegenstände wie auch für Softwareanwendungen und Entwürfe aus dem Bereich der Kommunikation.

Die Struktur von Gebrauchsgegenständen wird in drei Zonen gegliedert: Wirkzone, Greifzone und Anzeigezone, die bei einem Streichholz fehlt, es sei denn, dem Streichholzschaft wird eine Anzeigefunktion zugeschrieben. Bei Produkten niederer Komplexität überlappen sich Interface und Wirkzone. Eine Anzeigezone gibt es bei diesem Artefakt nicht. Am Beispiel eines komplexeren Produktes – ein digitales Aufnahmegerät – lassen sich die beiden Interpretationen von ‹Interface› veranschaulichen. Interface im engeren Sinn meint die Gestaltung der Bedienungselemente und des Anzeigefensters. Interface im weiteren Sinn meint die Gestaltung des gesamten Produkts, in das ein Interface integriert ist. Dieses kleine Instrument bietet unter anderem folgende Handlungsmöglichkeiten:

•Speichern, Abhören, Kopieren, Löschen von Audiodateien
•Auswahl eines Folders für die Audiodateien
•Auswahl der Aufnahmequalität
•Anzeige der Speicherkapazität, der Aufnahme und der Batterieladung
•Wechseln der Batterie
•Anschließen eines Mikrophons, Kopfhörers
•Anschließen an einen USB-Port.

Die Fixierung auf die Gestaltung des Interface sondert all jene Produkte aus, bei denen eine Interaktion zwischen Nutzer und Artefakt nur rudimentär, wenn überhaupt stattfindet. Sie liegen jenseits der Demarkationslinie, die den Arbeits- und Verantwortungsbereich des Gestalters von anderen Entwurfsdisziplinen trennt. Deshalb kann ein Gestalter zur Entwicklung eines neuen Chips wohl wenig beitragen, da der Nutzer nicht direkt mit diesem Produkt umgeht. Der Unterschied zwischen Ingenieursentwurf und Design ist mithilfe des Diagramms hypothetischen Charakters veranschaulicht: Mit wachsender funktioneller Komplexität eines Produkts oder einer Information nimmt die Bedeutung des Interface und damit die Interventionsmöglichkeit und Interventionsnotwendigkeit des Design zu.

Die herkömmlichen Entwurfsthematiken aus dem Bereich der visuellen Kommunikation und des Graphikdesign wie Corporate Identity und Firmenzeichen können gleichfalls als Beispiele für Interfacedesign aufgefasst werden. Eine Corporate Identity fungiert als Interface zwischen einer Firma oder Institution und der Öffentlichkeit. Ein Logo als Interface vermittelt in verdichteter Form die Präsenz einer Institution oder eines Unternehmens. Für Industrial- und Graphikdesign ist das Erschließen von Handlungsmöglichkeiten konstitutiv. Für die Kunst dagegen nicht. Es bleibt auch dahingestellt, ob der Interfacebegriff auf die Architektur angewendet werden kann und ob er für das Verständnis der Arbeit des Architekten kognitiv fruchtbar ist. Sicher aber bietet er ein eindeutiges Unterscheidungsmerkmal zur Kunst, insofern es in der Kunst nicht

|32| Interface als Kriterium zur Unterscheidung zwischen Ingenieursentwurf und Design. Hypothetisches Diagramm über wachsende funktionelle Komplexität, mit der die Bedeutung des Interface wächst, das als Varietätsdämpfer fungiert.

|32|

um das Erschließen instrumentell vermittelter Handlungsräume geht. Deshalb dürften die immer wieder auflebenden Versuche, Design als ein Phänomen der Kunst deuten zu wollen, in eine falsche Richtung weisen.

Bibliographie

Bryce Echenique, Alfredo, «Léalo y llore» [*Lesen Sie das und weinen sie dann*], in: *A trancas y barrancas* [*Über Stock und Stein*], Anagrama, Barcelona 2001, S. 311–316.

Lynch, Kevin, *Das Bild der Stadt*, Birkhäuser Verlag, Basel, Boston, Berlin 2001 (Originalausgabe *The Image of the City* 1960; deutsche Erstausgabe 1965).

Maldonado, Tomás, «Telematik und neue urbane Szenarien», in: *Digitale Welt und Gestaltung*, herausgegeben und übersetzt von Gui Bonsiepe. Band 1 *Schriften zur Gestaltung* der Zürcher Hochschule der Künste, Birkhäuser Verlag, Basel, Boston, Berlin 2007.

Schäffner, Wolfgang, Sigrid Weigel und Thomas Macho (Hrsg.), *«Der liebe Gott steckt im Detail – Mikrostrukturen des Wissens»*, Wilhelm Fink Verlag, München 2003.

Schnaidt, Claude, «Forme, Fonctions, Fonctionalisme», in: *Autrement Dit – Écrits 1950–2001*, herausgegeben von Jacques Gubler, infolio éditions, Gollion 2004, S. 533–604. Deutsche Ausgabe: «Form, Funktion, Funktionalismus», in: *Anders gesagt – Schriften 1950–2001*, herausgegeben von Jacques Gubler, Jastram Bücherstube, Ulm 2007.

Sennett, Richard, *The Craftsman*, Yale University Press, New Haven, London 2008 (deutsche Ausgabe: *Handwerk*, Berlin Verlag, Berlin 2008).

de Zurko, Edward Robert, *Origins of Functionalist Theory*, Columbia University Press, New York 1957.

Zwischen Okularismus und Verbozentrismus

- THEORIEBILDUNG IM DESIGN
- DISKURSINDIFFERENZ DER PRAXIS
- HEGEMONIALE ANSPRÜCHE DER THEORIE
- NICHT DESPOTISCHER BLICK
- NORMATIVE UND REFLEKTIERENDE THEORIE

In der universalen Warenkultur gilt nur das, was seinen Preis – als Ware – hat. Preis wird ernst genommen. Was sich umsonst anbietet, wird aufs Gleis des Nebensächlichen geschoben. Das widerfährt auch der Theorie. Sie wird zum Nulltarif produziert, vor allem im akademischen Bereich, wo Zeitüberhang, wie auch immer beschränkt, zu derlei Unternehmungen noch Gelegenheit bietet. Theorie ist also zunächst einmal notwendig akademisch, was durchaus nicht gleichzusetzen ist mit Praxisferne. Praxis ist ohnehin den Zwängen des Alltags ausgesetzt, die es schwerlich erlauben, theoretischen Aktivitäten zu frönen; sie könnten sich obendrein fürs *lean business* als Ballast erweisen. Wie das Schreiben von Gedichten tragen theoretische Erörterungen nicht zum Wachstum des Bruttosozialprodukts bei. Nach strikt wirtschaftspraktischen Kriterien ist Theorie also belanglos; so wird sie auch behandelt und gehandelt. Allenfalls bei Gelegenheit medial aufgewerteter Ereignisse wird sich ihrer erinnert; sie wird dann gerufen, als Entertainer oder Lückenbüßer. Nachdem ihre Funktion als ergötzliche Sonntagsrednerei erfüllt ist, darf sie wieder abziehen – zum nächsten Event. Das ist die eine Seite von Theorie – wo weder nach Gebrauchswert noch Tauschwert gefragt wird, sondern allenfalls nach Schauwert (*show value*). Es gibt aber noch andere Facetten von Theorie. Von ihnen ist im Folgenden die Rede.

Design geriet spät zum Gegenstand reflektierender Betrachtung in Philosophie und Wissenschaften. Mit der in den 1990er Jahren einsetzenden Welle der Popularisierung

[Überarbeitete Fassung der Einleitung der Ausgabe 2 der Zeitschrift *formdiskurs* über digitale Medien (1996).]

und verstärkter Fördermaßnahmen des Design weitete sich der Designdiskurs aus; allerdings wuchs auch die schwer zu vermeidende Gefahr eines paternalistischen Verhältnisses zwischen Förderer und Gefördertem. Design mauserte sich zu einer kongress- und damit reiseträchtigen Thematik. Design wurde zum opportunen, fündigen Medienobjekt. Im Zuge der expansiven Eigendynamik dieses Prozesses wurde Design von spezifischer Entwurfskompetenz abgekoppelt. Der Begriff ‹Design› verdrängte den Begriff ‹Gestaltung›, dessen altertümliche Aura einem rastlosen ideologischen Patrouillieren nicht mehr zusagte, zumal er im Faschismus lädiert worden war. Ob ihrerseits die Nähe der Vokabel ‹Design› zu Lebensstil zum Guten gereicht, darf bezweifelt werden. Andere Qualifikationsprofile gewannen Relevanz, flankiert und abgesichert durch traditionelle, entwurfsferne Wertkategorien und Wertmaßstäbe. Design eröffnete sich als ein Aktionsfeld für akademisch verbriefte, nicht an die Entwurfsdomäne gebundene Qualifikationen, mit je eigenen Hegemonieansprüchen und eigenen kanonischen Interessen, die für einen zunehmenden Einfluss auf Designpolitik und Designdiskurs stimmten mit dem Argument, dass Design zu wichtig sei, um den Designern überlassen zu bleiben. Dieses Argument muss Theorie auch auf sich selbst anwenden.

In dieser Offenheit und begrifflichen Unbestimmtheit unterscheidet sich die Domäne des Design von anderen Disziplinen. Die Rede über theoretische Physik setzt spezifisches Fachkönnen voraus. Dem ist nicht so im Designdiskurs. Das bringt zwar den Vorteil mit sich, unorthodoxe Ansätze zu ermöglichen, aber auch die Gefahr, den Bezug zur Materialität des Entwurfs zu kappen und designtheoretisches Bardentum zu fördern, das den Bezug zur Sache verliert. Theoriebildung wird nicht vorankommen, solange sie nicht über den Status einer Gelegenheitsbeschäftigung hinauskommt und als vollwertige Disziplin an den Ausbildungsstätten etabliert ist. Um diesen Schritt zu vollziehen, müssten neue, den Zeitläufen angemessene Lehrpläne konzipiert werden. Auf den Einwand eines Kritikers, der die Legitimität der Schriften Mumfords über Städtebau und Architektur in Zweifel zog, erwiderte der Autor trocken, dass er zwar kein Architekt sei, wohl aber zwischen einem schlechten und einem guten Haus unterscheiden könne. Kritische Kompetenz und Entwurfskompetenz gehören verschiedenen Domänen an. Von einem Literaturkritiker zu verlangen, dass er sich erst einmal als Romanschriftsteller qualifizieren müsse, um sich dadurch für das Geschäft des Literaturkritikers zu legitimieren, hieße, die Eigenständigkeit der Literatur und Literaturkritik zu verkennen.

Eines der Grundlagenwerke für eine Entwurfstheorie, die in eine allgemeine Theorie der Artefakte eingebaut wurde, setzte bereits Ende der 1960er Jahre einen Maßstab für designtheoretische Erörterungen – aus naturwissenschaftlicher, und somit präziser Sicht.(1) Die aus anderen Diskurswelten stammenden Ansätze tun sich schwerer. Nicht selten stellt sich bei deren Lesen der Eindruck ein, dass die Thematik des Design eher lästige Irritation als Sympathie hervorruft; mehr noch, dass ihr – im

(1) Simon, Herbert A., *The Sciences of the Artificial*, MIT Press, Cambridge Mass. 1969.

Zuge einer Tradition, die sich einen Gegenstand durch bloßes Eigendenken (also rein theoretisch im schlechten Sinn) einverleiben zu können glaubt – mit Süffisanz und Arroganz begegnet wird. Sie erklären sich zu einem Teil aus mangelnder Vertrautheit mit dem Gegenstand, zum anderen aus tief sitzenden Vorbehalten gegenüber Artefakten – Gegenstände und Zeichen – der Alltagspraxis und deren technisch-ökonomischen Produktionsbedingungen, also aus der aus abgehobener Geistigkeit entstammenden Aversion gegen Materialität. Diese ist durchaus nicht unproblematisch, wie auch die Debatte über virtuelle Realität und Interfacedesign zeigt. Es geht hier nicht um ein liebenswürdig vermittelndes Sowohl-als-auch; denn Interface zielt über die Dualität von Materialität und Immaterialität hinaus, insofern es als eine Domäne charakterisiert wird, in der Handlungsmöglichkeiten für Nutzer strukturiert und entfaltet werden. Das bezieht sich ebenso auf einen Schraubenschlüssel wie auf Software zu Zwecken medizinischer Diagnose.

Die Digitalisierung hat einen Schwall von Schriften mit medienbezogenen Philosophemen gefördert, denen Informatiker – und nicht nur sie – verständlicherweise mit Skepsis gegenüberstehen. Es scheint, dass Sachferne in direkt proportionalem Verhältnis zur Gewagtheit und Weitschweifigkeit der, sei es panegyrischen, sei es apokalyptischen Texte zu stehen habe. Multimedia und virtuelle Realität sowie besonders die damit verbundene Immaterialität – und ihr dialektisches Pendant: Körperlichkeit und Identität – scheinen derzeit für schwadronierende Erfahrungsdistanz unwiderstehliche Anziehungskraft auszuüben. Das kontrastiert mit dem nüchternen, sachlich fundierten Überblick, wie er zum Beispiel in dem vom *National Research Council* herausgegebenen Sammelwerk zu finden ist.(2) Da gelangt man zur realen Virtualität.

Auch Ansätze zu einer Verkunstung des Design dürften eher als rückläufige Phänomene denn als Fortschritte der Designtheorie betrachtet werden, nachdem nun seit Längerem die zentralen philosophischen Begriffe vorliegen, um Kunst und Design zu differenzieren. Design in künstlerische Kategorien zu drapieren lässt sich heute allenfalls noch aus etatpolitischen Erwägungen erklären – und in diesem Rahmen von Kontingenzen vielleicht noch rechtfertigen.

Theorie als anschauendes Verhalten – ihm haftet die Attitüde des Voyeurs an – macht das Geschaute zum Gegenstand, objektiviert es, macht es sich verfügbar und meldet damit seinen Herrschaftsanspruch an. Was Walter Benjamin über die Polemik schrieb, dass sie sich einen Gegenstand so liebevoll zurüstet wie ein Kannibale einen Säugling, gilt auch für objektivierende Theorie. Sie hat Appetit aufs konkrete Design. Theoretischer Diskurs ist – auch – Machtdiskurs, Diskurs der Vereinnahmung. Damit gerät Theorie in permanenten Legitimationszwang. Sie entfaltet sich in der Dualität zwischen Anschauen und Handeln. Theorie setzt die Materialität dessen voraus, worüber sie theoretisiert. Sie zehrt von ihrem Gegenstand. Praxis hat also zunächst einmal einen Vorrang vor Theorie. So besehen fristet Theorie ein parasitäres Dasein und kommt

(2) Durlach, Nataniel I. und Anne S. Mavor (Hrsg.), *Virtual Reality – Scientific and Technological Challenges*, National Academy Press, Washington 1995.

– auf den ersten, allerdings trügerischen Blick, denn sie imprägniert jede Entwurfspraxis – immer zu spät. Umgekehrt degradiert aber das Entwurfshandeln allzu leicht die Theorie zum Legitimationslieferanten für die Praxis, also zur Verbrämung des Status quo und kulturellen Statusanhebung.

Aus diesem beidseitigen Herrschaftswunsch, aus dieser Zwickmühle gegenseitiger Instrumentalisierung gibt es einen Ausweg, den Dewey anvisiert hatte: eine Absage an die Zuschauertheorie (*spectatorial vision*) des Wissens und Öffnung zu einer partizipierenden Konzeption von Wissen, einer gegenseitigen Durchdringung dieser opponierenden Bereiche.**(3)** Das meint nicht eine schlechte Versöhnung in Form eines Kittens rissiger Differenzen. Theorie und Praxis würden verkannt, wenn man versuchte, sie eineindeutig aufeinander abzubilden. Theorie, bisweilen deutbar als kaum verhehlte Sehnsucht nach Entwurfseingriff in die Wirklichkeit, muss also die Gefahr der Abgehobenheit vermeiden und sich in die vermeintlichen Niederungen der Praxis begeben, sich an dieser reiben, und das vor dem Hintergrund der Einsicht, dass Praxis sich rein diskursiver Verfügung entzieht. Ein einziger in Realität übersetzter Entwurf – eine plausibel gestaltete Buchseite, eine intelligente Navigationsmetapher, ein präzise angesetzter Griff an einem medizinischen Gerät – wiegt dank seiner deklarativen Stärke, dank purer Faktizität die Gewichtigkeit ganzer Ladungen verbaler Derivate auf. Praxis ihrerseits darf sich nicht in ihrer Kontingenz und befangenen Unmittelbarkeit einnisten. Gerade das auf Praxis und nur auf Praxis pochende Handeln, das sich als imperialer Maßstab setzt, verfällt einem blinden, weil unreflektiertem Meinen, und das umso mehr, als es, verunsichert durch Theorie, dieser abschwört und Abwehrreaktionen hervorruft, wenn es auch nur das Wort ‹Theorie› vernimmt. Wer gegen Theorie anbellt, fällt ihr als Erster zum Opfer. Wer meint, Theorie sei eine Sonntagsbeschäftigung für gehobene Ansprüche ohne Relevanz für Praxis, rangiert sich selbst aufs Abstellgleis der Geschichte mit dem Wegsignal: *No Future.* Wenn gefordert wird, Theorie solle einfach sein – gleichsam *for the rest of us* –, sitzt man leicht einem populistischen Vorurteil auf. Theorie ist so differenziert wie die Praxis, die sie reflektiert. Diese ist bekanntlich eine durchaus komplexe Angelegenheit. Wäre sie es nicht, würde sich Theorie erübrigen.

Indifferenz und Auf-Distanz-Halten seitens der Praxis gegenüber der Theorie sind gerechtfertigt, wenn Theorie – sei es zu Recht, sei es zu Unrecht – den Verdacht gängelnder Ambitionen weckt und alle Praxis als borniert deklassiert, sodass sie erst einmal auf den Begriff gebracht werden müsse durch den erleuchteten und erleuchtenden Blick. Praxis verwehrt sich der Schulter klopfenden, herablassenden Ermunterung: Nun macht mal schön – der Designer als ‹Quasizombie›, als ferngesteuerte Marionette des Kritikers. Praxis unter der Ägide der Theorie – das wäre ein befremdliches Schauspiel, genauso wie Theorie im Schlepptau der Praxis. Überfordert und missverstanden würde Theorie, wenn man konkrete Handlungsanweisungen von ihr erwartet, als ob Theorie eine Werkzeugkiste methodologischer Verfahren sein könnte, um brauchbare

---

(3) Houlgate, Stephen, «Vision, Reflection, and Openness», in: *Modernity and the Hegemony of Vision*, herausgegeben von David Michael Levin, University of California Press, Berkeley 1993, S. 87–142.

Gestaltung zu betreiben. Umgekehrt würde Theorie sich überschätzen, wenn sie sich als maßregelnde Instanz der Praxis in Pose wirft und der Versuchung anheimfällt, auf Praxis direkt – der Nachdruck liegt auf ‹direkt› – einwirken zu wollen; derlei Vorhaben würde Theorie nur in Widersprüche zwischen Intentionalität und operationellem Know-how verstricken. Entwürfe lassen sich nicht verbal-intentional konkretisieren. Entwurfshandeln deckt sich bekanntlich nicht mit Sprachhandeln trotz struktureller Äquivalenzen zwischen, den Terminus von Austin und Searle benutzend, deklarativen, also Wirklichkeit setzenden, Sprachhandlungen und neue Wirklichkeit schaffenden Entwurfshandlungen.

Indifferenz und Aversion sind nicht gerechtfertigt gegenüber Theorie als einer Domäne, in der hermeneutische Fragen nach Sinn – und Grenzen – des Design gestellt werden, in der also auch Möglichkeiten ausgekundschaftet werden. Es wäre somit für Gegenseitigkeit statt Konflikt zu plädieren. Für Theorie spricht auch, dass es eine Tradition des nicht despotischen Blicks gibt – der Dunkelstellen wahrnimmt, Komplexität entdeckt und Widersprüche reflektiert, statt sich bequem ins Abseits wegzustehlen und sich vorzugaukeln, in der nettesten aller Welten zu leben.

Doch wozu überhaupt Theorie, zumal Designtheorie? Warum nicht die Praxis verschont lassen von theoretischen Erwägungen? Aus welchem Erfahrungshintergrund nährt sich Theorie? Ist sie etwa Ersatzhandlung fürs Entwerfen? Entstammt sie bieder usurpatorischen Gelüsten? Ist das Vorurteil seitens wohl nicht weniger sich als reine Praktiker verstehender Entwerfer begründet, dass Theorie betreibt, wer selbst nicht entwerfen kann, so wie vor Jahren behauptet wurde, wer von Architektur nichts versteht, ginge in die Stadtplanung? Muss Theorie in Entwurfspraxis wurzeln, um zu verdienen, überhaupt ernst genommen werden zu können? Woher leitet sich die Legitimation von Theorie? Braucht Design seine spezifische Theorie? Was darf man von Designtheorie erhoffen (und was nicht erhoffen)? Welche Relevanzkriterien für Theorie gibt es?

Auf diese Fragen sind einhellige Antworten nicht zu erwarten; sie werden je nach Interessenlage und Karrierewünschen unterschiedlich lauten. So sehr auch Sinn und Zweck von Theorie im Design angezweifelt werden mögen, so gibt es zumindest ein standfestes Argument für Designtheorie. Jede Praxis lebt eingebettet in eine Diskurswelt, eine Domäne sprachlicher Distinktionen, die unverzichtbarer Bestandteil der Praxis sind, mag das auch noch so sehr verdrängt und verleugnet werden. Diskurswelten unterscheiden sich durch Differenziertheit und Stringenz. Was das Design angeht, ist es damit nicht gut bestellt. Verglichen mit anderen Bereichen zeichnet sich der Designdiskurs weder durch Differenziertheit noch durch Stringenz aus. Um sich davon zu überzeugen, genügt die Teilnahme an einem der vielen Treffen, die das Design zum Gegenstand haben und auf denen nicht nur Vertreter der Designberufe sich äußern. Über die Ursachen dieses Verlegenheit auslösenden defizitären Designdiskurses lässt sich spekulieren. Es kann mit dem Überhang der Phase der *skill*-orientierten Ausbildung zu tun haben, die eine antiintellektuelle Grundhaltung fördert, die aber – das steht zu hoffen – Schritt für Schritt an den Ausbildungsstätten der Gestaltung abgebaut wird. Andernfalls werden sie sich nicht emanzipieren, sondern allenfalls ein vegetatives Kellerdasein führen, was im eklatanten Widerspruch zur kulturellen und wirtschaftlichen Bedeutung des Entwurfs als einer zentralen Domäne der Modernität steht. Um

Missverständnisse zu vermeiden, sei hervorgehoben, dass *skills* notwendige, aber nicht hinreichende Bedingungen für das Entwerfen sind. Wer heute typographische Gestaltung betreibt, wird kaum umhinkommen, mit QuarkXpress oder InDesign vertraut zu sein; doch wer allein darin Perfektion anstrebt, wird zum bloßen Operator, zu dem, was der Jargon treffend einen ‹Pixelaffen auf einer Renderingfarm› nennt (*pixel monkey on a rendering ranch*).

Theorie könnte als die Domäne charakterisiert werden, in der Distinktionen entfaltet werden, die zu einem reflektierten Eigenverständnis der Praxis beitragen, anders gesagt, als Domäne, in der Praxis problematisiert wird. Ausgehend von der Unterscheidung zwischen instrumentellem Denken und gegenläufigem Denken lässt sich folgende Deutung formulieren: Entwurfspraxis als *pensiero operante* agiert in der Domäne der gesellschaftlichen Produktion und Kommunikation. Entwurfstheorie als *pensiero discorrente* – als das Denken gegen den Strich – agiert in der Domäne gesellschaftlichen Diskurses und damit letztlich der Politik, wo es um die Frage geht, in was für einer Gesellschaft die Mitglieder dieser Gesellschaft denn leben möchten. Es sei betont, dass dieser emphatische Politikbegriff der Designtheorie nichts mit dem Begriff der Berufspolitik oder Parteipolitik zu tun hat und noch weniger sich einer simplen Geometrie opponierender Positionen einfügen lässt.

Da Theorie sich in Sprache konstituiert und in Diskursivität lebt, hat sie zur Visualität – einer zentralen Kategorie des Design – ein gespanntes Verhältnis, selbst wenn die Erkenntnistheorie seit dem Ursprung der klassischen Philosophie mit visuellen Metaphern durchsetzt ist, was als der ‹Imperialismus der okularzentrischen Philosophie› formuliert wurde.[4] Leicht kann es zu einem antivisuellen Drall kommen, wenn Theorie Sprache privilegiert und wohlmöglich als einzige Erkenntnisform deklariert. Spätestens seit der so benannten ‹visuellen Wende› in den Wissenschaften, die von der technischen Entwicklung der Digitaltechniken ermöglicht und mitbestimmt wurde, wird die visuelle Domäne als eine für Erkenntnis konstitutive Domäne anerkannt. Der Absolutheitsanspruch der Sprache als eines primordialen Erkenntnisraums wird damit unterlaufen. Das steht einer mächtigen, institutionell verbunkerten Tradition der Diskursivität entgegen. Diese kommt mit der Visualität schlecht zu Rande. In der Regel wird ihre Verunsicherung mit Imponiergehabe kompensiert. Einschüchterungsversuche aber tragen nicht weit.

Designern wird oft vorgehalten, dass sie es nicht verstünden, sich zu artikulieren; ihre Äußerungen werden an den Maßstäben der Diskursivität bewertet – zu Recht. Schaut man sich auf der anderen Seite den digitalen Müll zum Beispiel des Großteils der Lernsoftware und der Webseiten an, entdeckt man das blamable Spiegelbild dieser Situation: die visuelle Artikulationsschwäche diskursiven Meistertums. Es steht zu hoffen, dass eine neue Hochschule die Spaltung von Diskursivität und Visualität überwindet.

(4) Levin, David Michael (Hrsg.), *Modernity and the Hegemony of Vision*, University of California Press, Berkeley 1993, S. 18.

Wenn Flaubert heute ein Wörterbuch der Allgemeinplätze schreiben würde, dann könnte sich unter dem Eintrag ‹Bilder› folgende Definition finden: «Bilder: ... immer hinzusetzen ‹schöne, bunte ...›. Tut sich gut am Anfang eines Vortrags, besonders dann, wenn Bildlichkeit zum Thema des Vortrags gehört. Dient als allgemein akzeptierte Verlegenheitsgeste für visuellen Analphabetismus und somit ästhetische Inkompetenz.»

Designtheorie hätte in der Erforschung der Verkettung von Visualität und Diskursivität ein fruchtbares Betätigungsfeld. So kämen das Wort zum Bild und das Bild zum Wort.

Während früher die bildtheoretischen Untersuchungen hauptsächlich am künstlerischen Tafelbild orientiert waren, lässt sich seit einigen Jahren eine Interessenöffnung zur Rolle der Visualität in der Wissenspraxis feststellen. Gleichzeitig wird die Textdominanz relativiert und die nicht auf Bildkunst beschränkte Bildlichkeit als legitimes Forschungsthema anerkannt: «Vielmehr ist die Visualität in der Geschichte des Denkens und für unsere Wissenspraktiken keineswegs eine bloß illustrative Begleiterscheinung, sondern bildet einen unersetzlichen Kern nicht nur im Entdeckungs-, sondern auch im Begründungskontext der Wissenschaften ... Der Alleinvertretungsanspruch des Sprachlichen ist nicht mehr unangefochten. Sprachspiele, Bildspiele, Schriftspiele. Maschinenspiele: in diesem Wechselverhältnis zwischen dem Symbolischen und dem Technischen, zwischen dem Diskursiven und dem Ikonischen entstehen und reproduzieren sich Kulturen.»[5]

Somit dürfte ein neuer Ansatz der Designausbildung anstehen – ein neues Modell, wenn man denn überhaupt Modelle mit Richtschnurcharakter braucht. Damit fände die achtzigjährige Phase der *skill*-orientierten Designausbildung ihren Abschluss – womit die Verdienste Marksteine setzender, ihrer Zeit bisweilen weit voraus greifender Ansätze nicht in Abrede gestellt werden sollen. Bislang ist alle Designausbildung Vorläufer, bis Schritt für Schritt, unspektakulär in der alltäglichen Kleinarbeit des Entwerfens und der Ausbildung die Bedingungen geschaffen werden, um aus der Vorgeschichte des Design in die Realgeschichte des Design überzugehen. Designausbildung, darin einbegriffen Forschung und Theoriebildung, könnte – nach rückwärts gewandten Zwischentändeleien – unter der Perspektive radikaler Modernität des 21. Jahrhunderts beginnen.

(5) Krämer, Sybille und Horst Bredekamp (Hrsg.), *Bild, Schrift, Zahl*, Wilhelm Fink Verlag, München 2003, S. 15.

Bibliographie

Bredekamp, Horst, Matthias Bruhn und Gabriele Werner (Hrsg.), *Bilder in Prozessen*. Bildwelten des Wissens – Kunsthistorisches Jahrbuch für Bildkritik, Band 1,1. Akademie Verlag, Berlin 2003.

Bredekamp, Horst, Matthias Bruhn und Gabriele Werner (Hrsg.), *Diagramme und bildtextile Ordnungen*. Bildwelten des Wissens – Kunsthistorisches Jahrbuch für Bildkritik, Band 3,1, Akademie Verlag, Berlin 2005.

Bredekamp, Horst, Matthias Bruhn und Gabriele Werner (Hrsg.), *Digitale Form*. Bildwelten des Wissens – Kunsthistorisches Jahrbuch für Bildkritik, Band 3,2, Akademie Verlag, Berlin 2005.

Bredekamp, Horst, Matthias Bruhn und Gabriele Werner (Hrsg.), *Systemische Räume*. Bildwelten des Wissens – Kunsthistorisches Jahrbuch für Bildkritik, Band 5,1, Akademie Verlag, Berlin 2007.

Durlach, Nataniel I. und Anne S. Mavor (Hrsg.), *Virtual Reality – Scientific and Technological Challenges*, National Academy Press, Washington 1995.

Houlgate, Stephen, «Vision, Reflection, and Openness», in: *Modernity and the Hegemony of Vision*, herausgegeben von David Michael Levin, University of California Press, Berkeley 1993.

Krämer, Sybille und Horst Bredekamp (Hrsg.), *Bild, Schrift, Zahl*, Wilhelm Fink Verlag, München 2003.

Levin, David Michael (Hrsg.), *Modernity and the Hegemony of Vision*, University of California Press, Berkeley 1993, S. 18.

Simon, Herbert A., *The Sciences of the Artificial*, MIT Press, Cambridge Mass. 1969.

Operationelles und gegenläufiges Denken

- AMNESIE
- IRRITIERENDE ASPEKTE
- DAS ANTI-SYNDROM
- IDEOLOGISCHE PATROUILLEN OFFIZIELLER GESCHICHTSSCHREIBUNG
- NICHT RESTAURATIVE THEORIE
- STRAMMBEINIGER PRAGMATISMUS UND SEINE GRENZEN
- TERMINOLOGISCHE NUANCEN
- INFORMATIONSÄSTHETIK
- LEGITIMATION DER DESIGNTHEORIE

Unter den Ausbildungsstätten für Gestaltung zeichnete sich die hfg ulm durch ein emphatisches Interesse an Theorie aus. Besonders thematisierte sie die Rolle des Entwurfs in der Gesellschaft und die Designausbildung. Das mag dazu beigetragen haben, dass diese Institution schon in den ersten Jahren ihrer Existenz in den 1950er Jahren, zumal in der BRD, quer zu den üblichen Diskursen, Strukturen und Interessen ausgerichtet war. Das rief bisweilen bittere Reaktionen hervor seitens ‹rückwärts gewendeter Romantik› oder einer kunstorientierten Designinterpretation. Dem ist schwer mit Argumenten beizukommen, zumal sich diese Antihaltung aus verschiedenen Quellen nährte, vor allem politischen, und oftmals einer extrem vereinfachten, schematischen, karikierenden Lesart dieser komplexen Institution Vorschub leistete.(1) Manchmal kann man sich des Eindrucks nicht erwehren, dass da ein kaum verhehlter Groll mitspielte – und mitspielt –, der sich in Anspielungen äußert und dem Besserwissen der später Kommenden. Was ist es aber, was heute noch Aversionen hervorruft?

Manche bescheiden sich schon mit geschichtlicher Ferne als einem Argument für die Relevanz oder Irrelevanz theoretischer – und praktischer – Positionen. So einfach sollte man es sich nicht machen. Auch sollte die Kritik an der hfg ulm nicht als Vehikel für eine Eigenprofilierung genutzt werden. Man kann gegen die hfg ulm sein, aber man kommt schwerlich an ihr vorbei. Was ist es, was an dieser Institution irritiert? Zum einen reizt die Einstellung, die sich verkürzt als ‹nicht affirmativ› bezeichnen lässt.

[Überarbeitete Fassung eines im Rahmen des Symposiums zum 50-jährigen Bestehen der Kunsthochschule Berlin-Weißensee am 1./2. November 1996 in Berlin gehaltenen Vortrags.]

Diese Charakterisierung wird sicher nicht aus hagiographischem Interesse gewählt oder
aus dem Wunsche heraus, die hfg ulm heroisieren zu wollen. Zum anderen ist heute
der Nachdruck lästig, mit dem als gegeben hingenommene und vorausgesetzte Annah-
men, also das, was im Englischen als ‹things taken for granted› bezeichnet wird, kritisch
durchleuchtet worden sind. Das Interesse an nicht restaurativer Theorie, an der dem-
entsprechenden Ausprägung des Designdiskurses, darf als eine der hervorstechenden
Eigenschaften der hfg ulm betrachtet werden. Nur hat diese nicht den ikonenhaften
Status wie der ulmer Hocker erlangt.**(2)**

Wenn das Wort ‹Theorie› benutzt wird, schwingt unvermeidlich das Pendant ‹Praxis› mit. Designtheorie versus Designpraxis: Das kann als unversöhnlicher Gegensatz,
als wechselseitige Indifferenz oder als dialektische Vermittlung begriffen werden.

Die Domäne des Design kann schwerlich als theoriefreundlich bezeichnet werden.
Mehr noch, eine Kluft tut sich auf zwischen Theorie und Praxis. Wohl zu nicht ge-
ringem Teil wirkt die Tradition der *skill*-orientierten Designausbildung nach. Zum
anderen wird – zunächst und vordergründig zu Recht – der Vorrang der Praxis vor der
Theorie postuliert. Entwerfen meint schließlich: in die Wirklichkeit eingreifen, ist also
praxisbezogen und mit der Praxis verwoben. Allerdings sollte man es dabei nicht belassen. Denn das Gewebe der Praxis ist unabdinglich mit theoretischen Fäden durchzogen.
Diese Behauptung sei durch das Zitat einer Kulturkritikerin und Literaturtheoretikerin
gestützt, die die enge Verknüpfung von Theorie und Praxis in einem prägnanten Satz
beispielhaft gefasst hat: «Insofern Praxis ein irreduzibles theoretisches Moment in sich
trägt, so geschieht keine Praxis, ohne sich selbst als Beispiel einer mehr oder minder
gehaltvollen Theorie vorauszusetzen.»**(3)** Wer also aus einem strammbeinigen vermeintlichen Pragmatismus heraus die Belanglosigkeit der Theorie für die Praxis unterstellt,

(1) Die Rede vom «Betonkloster auf dem Kuhberg» mag dafür
als ein Beispiel aus der Tagespresse dienen. Dagegen trifft
die Feststellung wohl zu, dass das Interesse an den Entwurfsmethoden sich bisweilen bis zur ‹Methodolatrie› steigerte.
Aus der Luft gegriffen ist aber der generalisierende Einwand,
dass der ulmer Ansatz – was immer man darunter verstehen
mag – die Kreativität der Studierenden blockiere. Dahinter
mag die Aversion gegen jede Form von versachlichendem
Rationalismus stecken, der – das ist zuzugeben – mit der
Aufblähung von Designeregos und Autorendesign schwerlich
zu vereinbaren war und ist. Die mit ungewöhnlicher Heftigkeit
geführten, gegen das Gebot der Höflichkeit verstoßenden
Auseinandersetzungen innerhalb der hfg wurden in der

affirmativen Presse als «Querelen» disqualifiziert, womit dann
konservativen Politikern später ein willkommener Vorwand
geliefert wurde, diese unbequeme Institution abzuschaf-
fen. Die Friedhofsstille eines Einheitsdiskurses war dieser
Institution fremd.
(2) Von stereotypischen Interpretationen der hfg ulm setzt sich
die von Gert Selle verfasste kulturgeschichtliche Analyse und
Interpretation des heute in Designgalerien angebotenen ulmer
Hockers ab. Siehe: Selle, Gert, «Ulmer Hocker», in: *Design im
Alltag*, Campus Verlag, Frankfurt, New York 2007, S. 128–136.
(3) Spivak, Gayatri Chakravorty, *The Post-Colonial Critic:
Interviews, Strategies, Dialogues*, herausgegeben von Sarah
Harasym, Routledge, New York, London 1990, S. 2.

sitzt einem schweren Irrtum auf. Denn jegliche Praxis vollzieht sich vor einem sprachlichen Hintergrund, ist also in einen Diskurs eingebettet, mag dieser nun formalisiert sein oder nicht. Auf jeden Fall ist er nicht etwa als eine sekundäre Begleiterscheinung zu begreifen, sondern als konstitutiv für die Praxis.

Diskurse unterscheiden sich – abgesehen von ihrem inhaltlichen Schwerpunkt – durch die Reichhaltigkeit der sprachlichen Distinktionen und den Grad ihrer Stringenz. Was den Designdiskurs angeht, schneidet er – verglichen mit anderen kulturellen Diskursen beispielsweise der Architektur, der Literatur, des Films, der Musik und des Theaters – nicht gut ab. Vielleicht liegt das unter anderem daran, dass Design heute in die Nähe des *lifestyle* gerückt ist und folglich primär mit der Prägung warenästhetisch vermittelter Verhaltensmuster in Verbindung gebracht wird.

Wenn auch an der hfg ulm theoretische Interessen intensiv gepflegt wurden, schlug sich diese Tatsache nicht in der institutionellen Struktur nieder. Es gab keine Abteilung für Designtheorie. Da ein spezifischer Studiengang fehlte, konnte man Designtheorie nicht offiziell studieren, so wie man etwa Industrialisiertes Bauen oder Produktgestaltung oder Visuelle Kommunikation oder Information studieren konnte. Die Voraussetzungen für eine Theorie im strikten Sinne und nicht als Beiwerk der Praxis waren seinerzeit nicht gegeben. Allenfalls die Abteilung Information bot den Rahmen für theoretische Tätigkeiten. In diesem Zusammenhang ist Max Bense zu erwähnen, dessen Rolle in der Geschichte der deutschen Philosophie nach 1945 bislang nicht ausreichend anerkannt worden ist.

Besonderes Interesse weckte die Designmethodologie, um die es heute – zu Recht – still geworden ist. Seinerzeit wurde der Entwurfsprozess als ein Entscheidungs- und Problemlösungsprozess begriffen. Es ging darum, ihn von der Aura subjektiver Begnadung zu befreien und Verfahren ausfindig zu machen, mit deren Hilfe komplexe Probleme angegangen werden konnten. Es wurde klar erkannt, dass der Rekurs auf Kreativität nicht als Ersatz für professionelle Kompetenz und professionelles Know-how dienen kann. Aus heutiger Sicht wird jedoch die Schwachstelle dieses Ansatzes deutlich: Die traditionelle Designmethodologie verhielt sich bemerkenswert zurückhaltend gegenüber der Problemerkennung und Problemlokalisierung; außerdem klammerte sie die ästhetische Dimension aus ihren Betrachtungen aus und koppelte sich früh von der Entwurfspraxis ab. Sie igelte sich akademisch ein, sodass der Architekt Christopher Alexander, der als einer der Begründer der Designmethodologie gilt, sich beizeiten genötigt sah, sich von seinem einflussreichen, 1964 veröffentlichten Buch *Notes on the Synthesis of Form* zu distanzieren.(4)

Ein anderes Thema theoretischer Erörterungen hatte mit dem Abstecken der Aktionsräume dessen zu tun, was damals entweder als ‹industrielle Formgebung› oder als ‹Gebrauchsgraphik› bezeichnet wurde. Dabei ging es um mehr als terminologische Fragen, also nicht nur darum, den Begriff ‹visuelle Kommunikation› statt ‹Gebrauchsgraphik›, und den Begriff ‹Produktgestaltung› statt ‹Formgebung› zu gebrauchen. Vielmehr

(4) Alexander, Christopher, *Notes on the Synthesis of Form*,
Harvard University Press, Cambridge Mass. 1964.

verbarg sich hinter den neuen Worten ein anderes Designverständnis, von dem aus die traditionellen Begriffe inhaltlich überholt erschienen. In ‹Gebrauchsgraphik› wird der Gegensatz zur freien oder künstlerischen Graphik hervorgehoben; in dem Begriff ‹Formgebung› wird die formalästhetische Komponente zu stark betont. Seinerzeit hatte schon Tomás Maldonado, der neben Max Bense und Abraham Moles eine herausragende Rolle bei der Prägung des Designdiskurses spielte, auf die Notwendigkeit hingewiesen, weniger auf den Formbegriff als auf den Strukturbegriff zu rekurrieren. An diese Empfehlung hat sich der internationale Berufsverband der Industriedesigner ICSID bis heute gehalten.

Was die Beziehungen der hfg ulm zur ehemaligen DDR betrifft, kann man davon ausgehen, dass die ulmer Diskussion auch dort rezipiert wurde.(5) Über das Bauhaus, dessen Einfluss sich keine Ausbildungsstätte für Gestaltung entziehen konnte, bestand ein weiterer Berührungspunkt, zumal die Bedeutung der sozialistischen Variante des Bauhauses in der Geschichte der Gestaltung durchweg heruntergespielt wurde.

Ein wichtiger Bezugspunkt für die hfg lag in der Orientierung des Ausbildungsprogramms an Hannes Meyer, der als Opfer dessen bezeichnet werden kann, was in Lateinamerika ‹ideologische Patrouillen› genannt wird. Die einseitige Fixierung auf die Figur von Walter Gropius und seine Entourage und das Abdrängen der Figur Hannes Meyers in die Grauzone des Vergessens seitens offiziell bestallter Geschichtsschreibung wurden an der hfg ulm nicht akzeptiert. Eine Designgeschichte, die sich primär an Personen orientiert, läuft die gleiche Gefahr wie eine politische Geschichte, die sich auf Generäle und ihre Schlachten fixiert. Soweit mir bekannt, ist es der amerikanische Historiker der modernen deutschen Designgeschichte, Paul Betts, der als Erster die ulmer Institution in den kulturellen und politischen Kontext des Nachkriegsdeutschlands – und damit des Kalten Krieges – gestellt hat.(6)

Der bereits erwähnte Max Bense hatte mit seinem provokanten Diktum, man müsse über Kunst so reden können wie über das Wetter – also in Form von Beobachtungs- oder Tatsachensätzen –, die geisteswissenschaftliche Tradition der Vertreter der Kunstgeschichte brüskiert. Außerdem trat er vorbehaltlos für die Avantgarde ein und hatte zur Technik eine ausgesprochen ‹antiphobische› Haltung. Er richtete sich somit gegen konservative Interpretationen von Kunst. Nebenbei sei daran erinnert, dass das Buch *Verlust der Mitte* des österreichischen Kunsthistorikers Hans Sedlmayr damals in breiten Kreisen große Resonanz fand (wie auch heute wieder).

Auch mit Gehlens und Heideggers Interpretation der Technik und Industrie ging die hfg durchaus nicht konform. Es wäre eine Untersuchung wert, um herauszufinden,

---

(5) Als Beispiel für die Rezeption der hfg in der ehemaligen DDR sei die Untersuchung von Norbert Korrek zitiert. *Die Hochschule für Gestaltung Ulm*, Dissertation an der Hochschule für Architektur und Bauwesen, Weimar 1985.

(6) Ich bezog mich auf das seinerzeit noch unveröffentlichte Manuskript. Betts, Paul, *The Authority of Everday Objects – A Cultural History of West German Industrial Design*, The University of California Press, Berkeley, Los Angeles, London 2004. Dieser Historiker stellt eine interessante Ausnahme dar. Es führt in der Regel nicht sonderlich weit, sich von der Kunst-

geschichte aus – mit ihrem dominanten Interesse an Stil und Stilwandlungen – der Thematik des Design im Allgemeinen und der hfg ulm im Besonderen zu nähern. Vielleicht lässt sich die irritierende Einsicht nicht umgehen, die Kunstgeschichte gegebenenfalls hinter sich lassen zu müssen, um den Blick auf die Gestaltungsgeschichte freizulegen. Solange eine Kunstgeschichte von der Sehnsucht getrieben wird, da Kunst finden zu wollen, wo es keine Kunst gibt, nämlich im Design, wird die Auseinandersetzung mit dieser Thematik allenfalls an der Sache vorbeischerende Ergebnisse zeitigen.

|06| Martin Heidegger bei einem Besuch der hfg ulm, 1959, mit Otl Aicher (Mitte), Tomás Maldonado (rechts) und Reyner Banham (im Anschnitt). Foto: Christian Staub.

|07| Der Architektur- und Designhistoriker Reyner Banham bei einer Vorlesung an der hfg ulm. Foto: Wolfgang Siol.

|06| |07|

warum Heidegger keine Entwurfstheorie entwickelt hat, obwohl er doch zumindest terminologisch der Domäne des Entwerfens so nahe kam. Nachdem Adornos Kritik an Heidegger im *Jargon der Eigentlichkeit* rezipiert war, kamen die ulmer an Heideggers Schriften nicht mehr heran. Es gibt ein Photo von Heidegger, das während seines wohl einzigen Besuchs an der hfg ulm gemacht wurde. Doch dabei blieb es. Demgegenüber übten die Schriften der Frankfurter Schule und die amerikanischen Philosophen und Zeichentheoretiker (Charles S. Peirce und Charles Morris) einen bestimmenden Einfluss auf das intellektuelle Klima der hfg aus. Und selbstverständlich wurden Karl Marx und Friedrich Engels in Seminaren behandelt – derlei Unternehmungen würden heute wohl ähnliches Unverständnis hervorrufen, wie wenn die Analyse von Troubadour-Lyrik als Pflichtfach an Designschulen erhoben würde. Im heutigen Klima der Postmoderne würde sich wohl keine Designschule zu derlei Abenteuern versteigen. Die dominierenden Fragestellungen haben sich eben drastisch geändert.

Es wäre aufschlussreich, einmal der Frage nachzugehen, welche philosophischen Einflüsse heute in den zahlreichen Designschulen als prägende Kraft anerkannt werden – Dekonstruktivismus, Konstruktivismus, Strukturalismus, Poststrukturalismus, analytische Sprachtheorie? Was die Medientheorie angeht, sind es wohl die Schriften Vilém Flussers, die im deutschsprachigen Raum zur Zeit die bedeutendste Rolle spielen als Gegengewicht zu dem wohl überschätzten Medientheoretiker Marshall McLuhan.

Welche Topoi bestimmen seit den 1990er Jahren bis heute den Designdiskurs, verglichen mit den 50er und 60er Jahren des zwanzigsten Jahrhunderts?

Erstens: Design und Ökologie (und damit verbunden nachhaltige Entwicklung). Zweitens: Design und Digitalisierung.

Soweit mir bekannt, ist das gesellschaftlich zentrale Thema der Arbeitslosigkeit bislang noch zu keinem gewichtigen Diskussionsgegenstand innerhalb des Designdiskurses angewachsen. Es steht auch dahin, ob vom Design aus dieses Thema überhaupt angegangen werden kann.

Vor einigen Jahren erstaunte Ettore Sottsass das überwiegend amerikanische Publikum auf dem Designkongress in Aspen (1989) mit der Selbstcharakterisierung als ‹intellektueller Operator›. Für eine intellektfeindliche Gesellschaft mag diese Interpretation des Designer schwer verständlich sein. In dem reichen italienischen Designdiskurs aber ist das durchaus keine skurrile Ausnahme, vielmehr stützt sie sich insbesondere auf Antonio Gramscis Unterscheidungen, die Tomás Maldonado in seinem Buch *Was ist ein Intellektueller?* wieder aufgenommen und erweitert hat.(7) Maldonado unterscheidet zwischen einem ‹*pensiero operante*› – also einem handelnden oder instrumentellen Denken – und einem ‹*pensiero discordante*›, also einem Querdenken sowie deren dialektischem Spiel. Praxis ohne ‹*pensiero discordante*› schlummert vor sich hin. Theorie ohne Bezug zum ‹*pensiero operante*› versteigt sich ins Überhöhte.

Werden heute noch Sinnfragen gestellt? Können heute noch Fragen nach sozialer Relevanz gestellt und verstanden werden? Zweifel kommen mir, wenn ich mir die Folgen des selbstreferenziellen Gestaltungshabitus aus den 1980er Jahren und die Verlagerung des Entwurfsakzents auf *Lifestyle*-Design anschaue. Was also ließe sich tun? Es wäre dafür zu plädieren, die Domäne des Design als zentrale Kategorie der Modernität aufzufassen. Wir befinden uns noch in der Vorgeschichte des Design, trotz der medialen Aufplusterei dieses Wortes. Eine Kulturtheorie und eine kulturelle Debatte, die das Design nicht als eine wesentliche Facette menschlicher Praxis in der Gesellschaft begreifen, leiden unter Engstirnigkeit. Eine Reinterpretation der Kultur aus der Perspektive des Entwurfs steht noch aus.

Eine Designtheorie kann es schwerlich allen recht machen und von allen Seiten einhellig gutgeheißen werden. Seitens der exakten Wissenschaften genügt sie nicht den Kriterien formalakademischer Requisiten. Seitens der technologischen Wissenschaften beschäftigt sie sich mit einer Domäne, die sich dem Begriffsinstrumentarium der Ingenieursdisziplinen entzieht. Seitens der Kunst- und Geisteswissenschaften ist Design zu sehr mit den Kontingenzen des Marktes und der Industrie verwickelt, als dass es sich als hehres Studiengebiet eignet. Designtheorie leidet somit unter dem Stigma des Mangels, da es sich den etablierten Taxonomien kognitiver Wertigkeit entzieht.

Die Designer selbst haben sich weitgehend vom Designdiskurs ferngehalten. Das ist verständlich, wenn man berücksichtigt, dass Designer primär in einer nicht diskursiven Domäne arbeiten, die durch die Dominanz der Visualität gekennzeichnet ist. Freilich ist die Lage nicht so grau. Der unsere Ausbildungsstätten durchziehende Bruch zwischen Diskursivität und Visualität kann überbrückt werden dank einer technologischen Neuerung, und zwar der der digitalen Medien, sei es offline in Form von CD-ROMs,

(7) Maldonado, Tomás, *Che cos'è in intellettuale? – Avventure e disavventure di un ruolo*, Giangiacomo Feltrinelli, Mailand 1995.

sei es online im World Wide Web. Es bieten sich neue Möglichkeiten, das Wechsel-spiel zwischen Text und Sprache, Bild, Bewegung, Ton und Musik in den interaktiven Medien auszuloten. Von da aus lässt sich eine Brücke zu Theater, Performance und den Wissenschaften schlagen, wobei Kommunikationsdesigner dann angehalten sind, sich auch intensiv mit den in Arbeit befindlichen Inhalten auseinanderzusetzen.

In ulm wurde versucht, Gestaltung zu den Wissenschaften in Beziehung zu set-zen, was bisweilen missverstanden worden ist als ein Bemühen, aus dem Design eine Wissenschaft machen zu wollen. Es herrschte in Ulm neben dem wissenschaftstheore-tischen Interesse ein instrumentelles Interesse an der Wissenschaft. Vielleicht ist heute der Augenblick gekommen, der visuellen Wende der Wissenschaften entsprechend eine Verbindung zur Domäne des Gestaltens herzustellen, zumal was die Transparenz von In-formationen betrifft, und Design in Beziehung zur kognitiven Innovation zu stellen. Wis-senschaften zielen auf die Produktion wahrer Sätze ab. Das Entwerfen dagegen arbeitet an der Änderung von Alltagspraktiken, soweit sie durch materielle, immaterielle und zei-chenhafte Artefakte vermittelt und ermöglicht werden. Diese Domäne ist bislang kaum erforscht. Obwohl das Design in die kapillaren Verästelungen der Alltagspraxis reicht, hat sich bis heute eine Designforschung noch nicht in ausreichendem Maße institutionalisiert. Weitere Anstrengungen auf dem Gebiet des *institution building* sind erforderlich.

Abschließend sei die Frage gestreift: Wozu Theorie? Zumal Designtheorie? Sicher-lich nicht als Legitimationsgirlande zur sonntäglichen Staffage von Praxis. Wohl aber, wenn man sie als Domäne begreift, in der *pensiero discordante* kultiviert werden kann. Freilich, der Status von Theorie ist prekär. Schließlich trägt sie nicht zur Hebung des Bruttosozialprodukts bei. Ausgehend von dem Zitat von Gayatri Spivak über die enge Durchdringung und Abhängigkeit von Theorie und Praxis, kann theoretische Tätigkeit durch folgenden Satz legitimiert werden: Was tut Theorie? Theorie macht explizit, was implizit bereits in der Praxis steckt. Das ist kein bescheidener Anspruch.

Bibliographie

Alexander, Christopher, *Notes on the Synthesis of Form*, Harvard University Press, Cambridge Mass. 1964.

Betts, Paul, *The Authority of Everday Objects – A Cultural History of West German Industrial Design*, The University of California Press, Berkeley, Los Angeles, London 2004.

Korrek, Norbert, *Die Hochschule für Gestaltung Ulm*, Dissertation an der Hochschule für Architektur und Bauwesen, Weimar 1985.

Maldonado, Tomás, *Che cos'è in intellettuale? – Avventure e disavventure di un ruolo*, Giangiacomo Feltrinelli, Mailand 1995.

Selle, Gert, «Ulmer Hocker», in: *Design im Alltag*, Campus Verlag, Frankfurt, New York 2007, S. 128–136.

Spivak, Gayatri Chakravorty, *The Post-Colonial Critic: Interviews, Strategies, Dialogues*, herausgegeben von Sarah Harasym, Routledge, New York, London 1990.

Militanter Rationalismus in einem Labor kultureller Innovation

- KONTEXT DER DESIGNAUSBILDUNG IN DEN 1950ER JAHREN
- DIE HFG ULM
- DISTANZ ZUM DIGITALEN ROKOKO
- AKZENTVERSCHIEBUNG ZENTRALER THEMATIKEN
- ENTWURFSVERGESSENHEIT
- FORMALÄSTHETISCHE SENSIBILISIERUNG
- MODERNITÄT UND RETROMODERNITÄT
- ANZIEHUNGSKRAFT UND IRRITATION
- GESTALTUNG UND MACHT

Der brasilianische Schriftsteller Carlos Drummond de Andrade beschrieb den Dichter als eine Person, die mit der Wirklichkeit, so wie sie ist, nicht einverstanden ist. Man könnte auf den ersten Blick geneigt sein, in dieser Einstellung eine Ähnlichkeit mit der Einstellung des Entwerfers zu sehen. Bei näherem Hinsehen allerdings zeigt sich, dass dieses Verhalten, auf den Bereich des Entwerfens übertragen, Gefahr läuft, sich dem Vorwurf der Weltfremdheit auszusetzen. Denn der Entwerfer hat zunächst einmal die Wirklichkeit zu akzeptieren, was nicht bedeutet, sich konformistisch mit dem Gegebenen abzufinden. Im Gegenteil, vielmehr bildet dieser Ansatzpunkt die Voraussetzung für eine kritische Einstellung zur Entwurfspraxis.

Diese kritische Einstellung gegenüber der Entwurfspraxis, so wie sie ist, kennzeichnete die intellektuelle Atmosphäre der hfg ulm. Ein Blick auf die noch ungeschriebene Geschichte der Designausbildung im 20. Jahrhundert registriert eine Reihe von paradigmatischen Designausbildungsstätten mit internationaler Auswirkung, zu denen auch die hfg ulm gehört.(1) Unterschiede in der Wirkungsgeschichte der Designschulen hängen von der je einmaligen Konstellation ab und sind der soziokulturellen Dynamik unterworfen, die sich über die Köpfe der Protagonisten hin entfaltet.(2) Heute allerdings werden Wirkung und Auswirkung einer Designschule nicht mehr allein von diesem kontingenten Zusammenspiel bestimmt, sondern möglichst in eigene Regie übernommen, und zwar insofern, als sich die Institutionen über Marketinginvestitionen einflussreiche Positionen

[Revidierte und erweiterte Fassung eines unter dem Titel «Die Aktualität der hfg ulm» veröffentlichten Beitrags für den Ausstellungskatalog der hfg ulm *ulmer modelle – modelle nach ulm / hochschule für gestaltung 1953–1968*, Hatje Cantz Verlag, Ostfildern-Ruit 2003.]

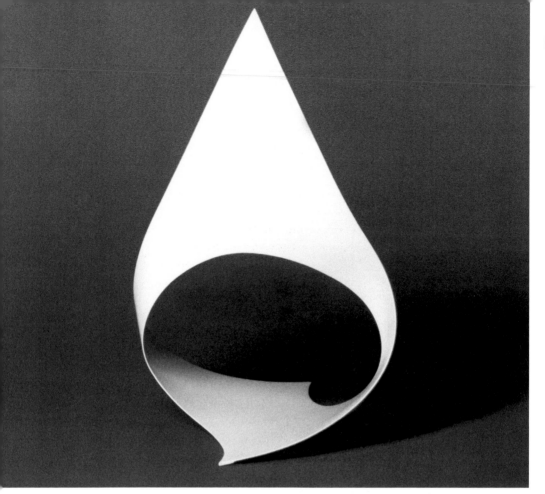

und mediale Präsenz erwerben können – eine Tendenz, die sich vor allem im Zuge der
Privatisierung der Hochschulausbildung in Form des Eindringens betriebswirtschaftli-
chen Denkens in den Ausbildungssektor wohl verstärken wird.(3)

Das Fehlen systematischer umfassender Untersuchungen über die Designausbildung der hfg ulm und über den Wandel ihrer Ausbildungskonzepte hat einer leb-
haften Legendenbildung Vorschub geleistet, und zwar positiver wie auch negativer
Legenden.(4) Dass Positionen, die bisweilen mit radikalem Gestus eine systematische
Ambiguität vertreten, am rationalen Ansatz der hfg ulm keinen Gefallen fanden – und
auch nicht finden können –, dürfte nicht überraschen. Warum konnte die hfg ulm
eine so starke Ausstrahlungskraft erlangen? Warum erreichte sie ‹Modellcharakter›,
wenngleich dieser Begriff wegen seiner normativen, eurozentristischen und universalis-
tischen Konnotationen besser zu meiden wäre? Um diese Frage zu beantworten, muss
der facettenreiche Kontext der 1950er Jahre beleuchtet werden, der folgendermaßen
charakterisiert werden kann:

1. Es gab kein präzises Berufsbild dessen, was später ‹Industriedesign› genannt wurde.
   Im deutschen Sprachbereich herrschte der Begriff ‹Formgeber› vor.

   Ebenso wenig gab es ein Berufsbild dessen, was heute als ‹Informationsdesign›
   bezeichnet wird. Man sprach von ‹Gebrauchsgraphik› und ‹Angewandter Graphik›.

(1) Diese kritische Einstellung war nicht nur an der hfg ulm
oder unter den ulmern üblich. Neben anderen Beispielen
einer reflektierenden Entwurfspraxis in England kann Norman
Potter (1923–1995) genannt werden, dessen Empfehlungen
für Designlektüre ihre Aktualität bewahrt haben. Siehe Potter,
Norman, «Reading for Design», in: *What is a designer: things.
places. messages*, Hyphen Press, London 2002 (1. Auflage
1969), S. 76–93. Potter formuliert einen Wunsch in Bezug auf
angehende Designdozenten (S. 76): «Es wäre fein, wenn sie
zwischen William, Henry und Charles Morris unterscheiden
könnten und vielleicht wissen würden, dass Black Mountain
eine Designschule (und obendrein eine gute) war.» Angesichts
der Änderungen des Designberufs zwischen der ersten und
der späteren revidierten Auflage äußerte der Autor, dass es
vielleicht angebracht wäre, den Titel zu ändern in *What was
a designer*.

(2) Besonders in Lateinamerika ist das ulmer Ausbildungs-
konzept schon früh in den 1960er Jahren rezipiert worden.
Siehe: Fernández, Silvia, «Der Einfluss der hfg ulm auf die
Designausbildung in Lateinamerika», in: *ulmer modelle –
modelle nach ulm / hochschule für gestaltung 1953–1968*,
herausgegeben von Ulmer Museum | HfG-Archiv: Dagmar
Rinker, Marcela Quijano, Brigitte Reinhardt, Hatje Cantz
Verlag, Ostfildern-Ruit 2003, S. 118–123. Weiterhin Bozzano,
Jorge Néstor, *Proyecto: Razón y Esperanza – Escuela Superior
de Diseño de Ulm*, Eudeba – Universidad de Buenos Aires,
Buenos Aires 1998. Freilich ging bei der wörtlichen Überset-
zung des Namens ‹hfg ulm› ins Spanische und brasilianische
Portugiesisch ein begriffliches Detail verloren, dass nämlich
die Bezeichnung ‹Hochschule› im Deutschen als Oberbegriff
für alle Ausbildungsstätten der tertiären Stufe dient, also
für Universitäten, Fachhochschulen, Akademien für Bildende
Künste und Musikhochschulen.

2. Als Orientierungspunkt fungierte die ‹Gute Form› mit ihren soziopädagogischen Absichten ästhetischer Erziehung.

3. Gestaltungsberufe wurden an Werkkunstschulen ausgebildet, mit oftmals aus dem 19. Jahrhundert stammendem künstlerischem Selbstverständnis (‹angewandte› Kunst). Dem Projektunterricht, insbesondere der Arbeit an komplexen Projekten, wurde nicht die zentrale, ihm gebührende Rolle zugewiesen.

4. An der hfg ulm wurde unmissverständlich zwischen Gestaltung und Kunst unterschieden. Ein Untertitel für ein Designbuch wie «Die Eroberung des Alltags durch die Kunst» wäre an der hfg ulm inakzeptabel gewesen; denn Gestaltung hat nichts mit ‹Verkunstung› des Alltags zu tun. Design ist Design – und sonst nichts.**(5)**

5. Es gab keinen Lehrplan, der explizit die wissenschaftlichen Disziplinen einbezog und diesen einen zentralen Stellenwert beimaß. Designforschung existierte nicht einmal als Begriff.

6. Die Gründung der hfg ulm fiel in die Phase des Wiederaufbaus eines Landes, dessen Infrastruktur durch den Zweiten Weltkrieg zerstört war. Zudem muss man die Gründung der hfg ulm auch als eine Reaktion auf das Trauma des Nazismus verstehen.

7. Die weltpolitische Lage wurde durch die Polarisierung zwischen den beiden Blöcken (sozialistischer und kapitalistischer Länder) bestimmt.

Zwei Generationen später haben sich einerseits die Thematiken und Akzentsetzungen verschoben, andererseits sind neue Fragen aufgetaucht und ins Zentrum der Aufmerksamkeit gerückt:

1. Die Ost-West-Konfrontation ist durch eine Nord-Süd-Konfrontation ersetzt worden, welche teilweise eng verwoben ist mit einer explosiven Mischung aus fundamentalistisch-religiösem Missionieren und unverhohlener Gier nach natürlichen Ressourcen, wobei internationales Recht je nach Konvenienz behandelt und dementsprechend beiseitegeschoben wird, wenn es die Wirtschaftsraison – oder Unvernunft – verlangt.

2. Es wurden die Europäische Union und ähnliche Wirtschaftsblöcke in anderen Regionen geschaffen. Parallel dazu etablierten sich neben den bereits bestehenden international wirkenden Institutionen (Internationaler Währungsfonds, Weltbank) neue

---

(3) Ob die Einführung der Techniken des *benchmarking*, das Schwärmen von Kompetenzzentren, die Auflage an akademische Einheiten, sich als *profit centre* zu profilieren, sowie die an außerakademische Beratungsfirmen delegierte Evaluation der Hochschulen nicht kontraproduktive Folgen zeitigen wird, diese Fragen scheinen im Klima geschäftigen Reformierens übersehen zu werden. Die im Rahmen neoliberaler Wirtschaftspolitik forcierte Merkantilisierung und Privatisierung der Hochschulausbildung in Lateinamerika wird kritisch mit dem Ausdruck «Wandtafel-McDonalds» bezeichnet. Siehe Cuevas Molina, Rafael, «Universidad, cultura y democracia en América Latina: La era neoliberal» in: http://www.rebelion.org/noticia.php?id=82625. (Zugriff am 21. März 2009.)

(4) Eine kompakte Interpretation der politischen Hintergründe, die zur Schließung der hfg führten, schrieb einer der ehemaligen Dozenten der Hochschule: Schnaidt, Claude, «Ulm 1955–1975», in: *archithese*, Nr. 15, 1975, S. 5–16.

(5) Freilich ist dieser Fehlgriff eines offenbar kunstverliebten Redakteurs oder Marketingspezialisten nicht der Autorin anzulasten, die ihr Buch unmissverständlich betitelt hat: Sparke, Penny, *A Century of Design: Design Pioneers of the 20th Century*, Mitchell Beazley, London 1998. Da ist nicht von Kunst die Rede. Anscheinend lebt das Liebäugeln mit dem Design als einer künstlerischen Tätigkeit ungebrochen fort, was sich wohl auch dadurch erklären lässt, dass die geheimnisvolle Aura der künstlerischen Kreativität anziehend auf kuratorische, museale, kunsthistorische, publizistische und mediale Eventinteressen wirkt. Der daraus folgenden Distanzierung des Design von der Industrie entspricht dessen kulturelle Aristokratisierung. Das Pendant zu diesem Phänomen im Bereich des Design selbst bildet das Aufblühen des digitalen Rokoko oder digitalen Manierismus vor allem im Graphikdesign.

einflussreiche Machtzentren wie die Welthandelsorganisation, von deren Beschlüssen die Mehrheit der Bevölkerung vor allem in den peripheren Ländern betroffen ist, ohne dass ihr die Möglichkeit einer demokratischen Kontrolle eingeräumt wird.

3. Die heute unter dem Begriff ‹Liberalisierung› gebündelten drei Freiheiten – Freiheit der Kapitalflüsse, Handelsfreiheit, Investitionsfreiheit – erfordern ein Überdenken dessen, was heute Autonomie – Entwurfsautonomie allzumal – noch meinen kann, ohne als Überbleibsel einer verklärten präglobalen Epoche bagatellisiert oder belächelt zu werden.

4. Die Globalisierung hat die Frage nach der Rolle des Design in der (zentralen) Industriegesellschaft verdrängt. Die Mischung aus deklarierter Liberalisierung aller Märkte, einschließlich der Dienstleistungen in Form von Entwurfstätigkeiten kontrastiert mit der Praxis restriktiver Abschirmung eigener Märkte, worin zentrale Länder es zur Meisterschaft gebracht haben.

5. Fragen der Ressourcenschonung und Umweltbelastung (‹ökologische Rucksäcke›, *ecological footprints*, nachhaltiges Wachstum) haben den Platz der Steigerung der Produktivität eingenommen.

6. Während sich die hfg ulm auf die Materialität der Objekte konzentrierte, ließ sie die symbolisch-kommunikative Dimension der Gegenstände beiseite, oder zumindest wies sie ihr nicht eine derart zentrale Rolle zu, wie es später geschah.

7. Die radikale technologisch-industrielle Innovation in Form der Digitalisierung und die damit verbundene Computerindustrie tangieren alle Lebensbereiche in zunehmendem Maß; sie beeinflussen die Entwurfstätigkeit sowohl inhaltlich wie methodologisch und tragen zum Entstehen neuer Berufsbilder und Tätigkeitsfelder im Bereich der Gestaltung bei.

8. An die Stelle des Wettbewerbs ist die Auseinandersetzung um die Hegemonie des Marktes gerückt, gegebenenfalls unter Einsatz militärischer Drohungen oder Interventionen.

9. Anstelle von Lösungen seitens des Designer werden heute Strategien für Lösungen erwartet, wozu Designer durchaus beitragen können.

10. Außerdem hat sich das Ausbildungsangebot im Design stark differenziert, sodass heute eine breite Auswahl von programmatisch unterschiedlichen Studiengängen zur Verfügung steht. Die Designausbildung hat sich konsolidiert, was nicht heißt, dass alle damit verbundenen Fragen gelöst seien. Vor allem, was die Designtheorie und Designforschung angeht, bestehen noch arge Defizite; und was die Frage der Grundlagen des Entwerfens betrifft, ihrer Inhalte und Vermittlung, bestehen erhebliche Divergenzen.

Vor dem Hintergrund dieses tief greifend veränderten Kontextes stellt sich die Frage: Was machte die hfg ulm modern? An der Beantwortung dieser Frage scheiden sich die Positionen – schließlich geht es um Wichtigeres als die Vorliebe für abgerundetgeschwungene Formen gegenüber geraden Kantenverläufen.

Die hfg ulm akzeptierte die Industrie als Substrat der zeitgenössischen Gesellschaft und wertete Industrie und Technologie als kulturelle Phänomene.

Die hfg ulm thematisierte die durchaus nicht widerspruchsfreie Beziehung zwischen Entwerfen und Gesellschaft.

|03| Bionische Studien zur Flächenstabilisierung. Detail des ‹Greifers› einer Baumwollkapsel.
Zemp, Werner, «*Naturstudien und Abstraktionen*».
Theoretischer Teil einer Diplomarbeit in der Abteilung Produktgestaltung, hfg ulm, 1967.

|04| Formal-mathematische Rekonstruktion (Geometrisierung) der Flächenverläufe.
|05| Skizzen für eine technische Umsetzung des Details.
|06| Schnitto durch die Baumwollkapsel zur Ermittlung der Profilverläufe.

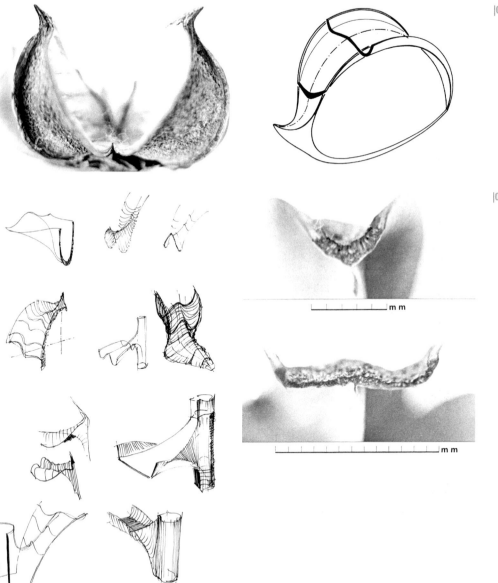

|03| |04|

|05| |06|

|07| Modell der Umsetzung: Übergang von einem Profil in eine Fläche.

|08| |09| Modell der Umsetzung: Aufsicht und Unteransicht.

|07|

|08| |09|

|10| Bionische Studien über morphologische Details am Dorn einer Heckenrose. Skizzen zur Geometrisierung und mathematisch kontrollierten Nachkonstruktion.

|11| Makrophotographie des Rosendorns.
|12| Geometrisierung der Flächenverläufe, deren Umsetzung zu einer äußerst biegesteifen Form führt.

|10|

|11|

|12|

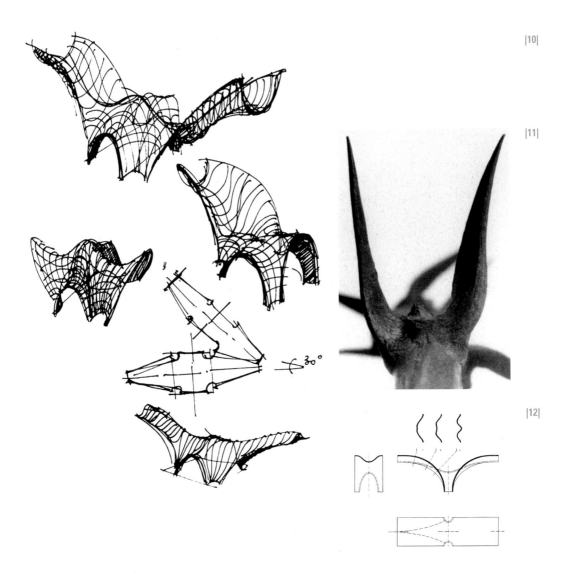

|13| |14| Modell der Umsetzung.

|13|

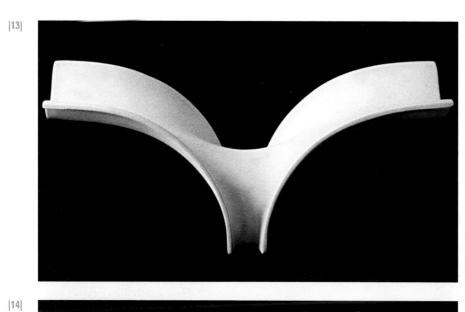

|14|

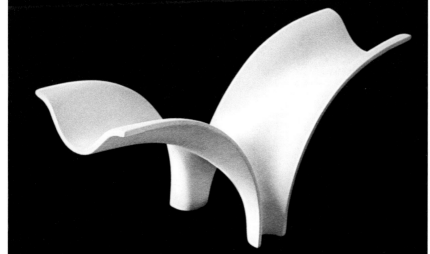

|15| Bionische Untersuchung der Wendelfläche einer
Pflanze (Wolfsmilchgewächs).
|16| Skizzen des generativen Prinzips für die Erzeugung
der Wendelfläche.

|17| Modell einer aus isometrischen Elementen zusam-
mengesetzen Wendelfläche.
|18| Bausteine mit Links- und Rechsdrehung.

|15| |16|

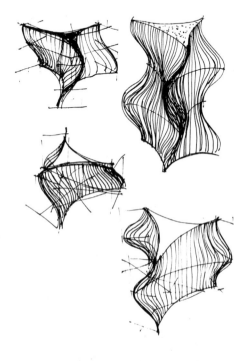

|17| |18|

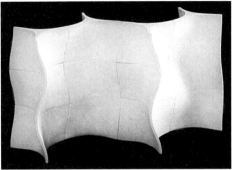
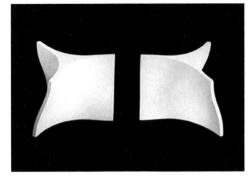

|19| |20| Formale Studien für Übergänge zwischen
Schalen und Knoten einer Straßenbeleuchtung.
hfg ulm, Abteilung Produktgestaltung, 3. Studienjahr,
1965/1966. Dozent: Walter Zeischegg. Studenten: Peter
Hofmeister, Thomas Menzel, Werner Zemp.

|19|

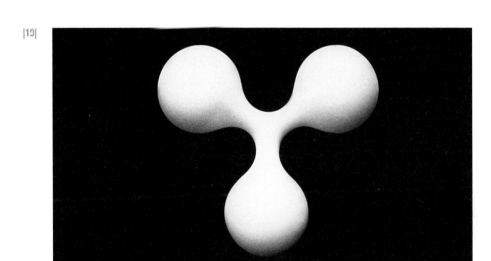

|20|

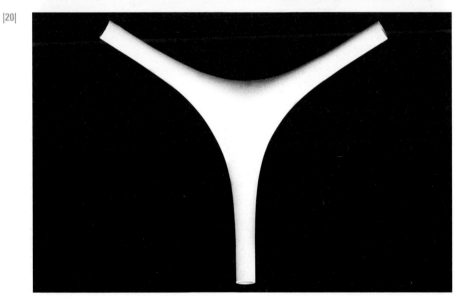

Die hfg ulm akzeptierte die Wissenschaften als einen zentralen Bezugspunkt für das Entwerfen und die Designausbildung. Zudem insistierte die hfg ulm auf Forschung, experimentell angelegter allzumal, auf dem Gebiet der Gestaltung, um einen fachspezifischen Wissensfundus zu schaffen.

Die hfg ulm bestand darauf, das Entwerfen als eine eigenständige Disziplin zu konstituieren, und verwahrte sich gegen Versuche, das Entwerfen von anderen Handlungsbereichen vereinnahmen zu lassen oder als deren Subkategorie zu fungieren.

Die hfg ulm fixierte sich weniger auf Einzelobjekte als auf Objektsysteme und Entwurfsprogramme, also nicht auf die neueste Lampe des Stardesigners, sondern auf die Frage der Beleuchtung.

Die hfg ulm verharrte nicht auf der Seite der Probleme, sondern schlug sich auf die Seite der Lösungen, versagte sich also einem rein diskursiven, reflektierenden Um-die-Probleme-Herumtänzeln, also dem, was man als ‹Klugschwätzerei› bezeichnet.

Wenngleich die hfg ulm die Semiotik als grundlegende Disziplin der Designausbildung betrachtete und auch Untersuchungen auf diesem Gebiet initiierte, hätte sie sich einer Überbewertung, wenn nicht gar Verselbstständigung dieser Dimension – was das Design betrifft – widersetzt. Wie bekannt, errang der Zeichencharakter der Produkte im Laufe der 1980er und 1990er Jahre nachgerade Primadonnen-Status. Im Zuge der warenästhetischen Popularisierung des Design wurde dieses auf das Zeichenhaft-Symbolische verengt, auf *fun*, ‹Erlebnis› (*experience*), *coolness* und *sexy look*. Dabei wurde das Design vom Marketing vereinnahmt und auf das *branding* im Sinne des Schaffens von symbolischem Kapital zurechtgestutzt. Den Höhepunkt fand dieser Prozess in der Boutiquisierung des Design. Hier liegt auch einer der Gründe für die Vorliebe, die Gestaltung als reines Überbauphänomen in den Rahmen kunsthistorischer und kunsttheoretischer Kategorien einzubetten. Der daraus resultierende Designdiskurs kommt dann über eine Decodierung von Zeichen schwerlich hinaus. Dass Design mit Technik, Industrie und Wirtschaft zu tun hat, also harter Materialität, verschließt sich diesem Typus theoretischen Blicks. Was die Berufspraxis angeht, förderte die Reduktion auf das Zeichenhaft-Symbolische das Image des Designer als eines kreativ-inspirierten Outsiders der Industrie, eines Verhübschers industrieller Hässlichkeiten, eines modernen Zeichengebers anstatt des einstigen Formgebers und vor allem das Image des Erschaffers einer neuen separaten Kategorie von Objekten: der ‹Designobjekte› – teuer, ausgefallen, elitär, eben ‹*designed*›.

Auch in der Designausbildung fand diese Tendenz ihren Niederschlag und ließ das Klischee des Design als eines leichten und verspielten Studiengangs *à la mode* mit viel Hip und Hop entstehen, der die Studierenden von Anforderungen, den Anstrengungen des Begriffs zumal, verschont. Dieser Prozess wurde von Designern immer dann flankiert, wenn sie sich ihm affirmativ andienten, den Designdiskurs delegierten und somit zur Selbstentmündigung beitrugen. Diese kritische Anmerkung ist nicht dahin zu missdeuten, dass der Designdiskurs den Designern vorbehalten bleiben sollte oder dass von entwurfsfernen Ansätzen keine aufschlussreichen und wertvollen Beiträge zum Designdiskurs geleistet worden sind und geleistet werden können. Nur: Wenn diese sich normativ aufspreizen, werden sie zurecht nach ihrer Legitimationsbasis befragt, ganz besonders da, wo sich hinter der Fassade der Kanonfreiheit ein neuer Kanon verbirgt, eben der Kanon des Pluralismus der Beliebigkeit, der bisweilen so weit geht, das Unbeliebige mit dem Verdacht des Autoritären zu überziehen.

Zwar hat sich der Designdiskurs in den vergangenen fünf Jahrzehnten erweitert, was an der Zahl der Veröffentlichungen ablesbar ist. Doch die Diskurse, die sich mit der Thematik der Modernität aus verschiedenen Sichtweisen beschäftigen, haben die Entwurfsdimension im Abseits liegen lassen, sodass man von einer Entwurfsvergessenheit sprechen kann. Im Chor der Diskurse ist der Entwurf der große Abwesende, eine Leerstelle, überdeckt vom Mantel kollektiver Gleichgültigkeit. Der Entwurf ist nicht Teil der akkreditierten Themata in der kulturellen Debatte, wie es vergleichsweise Braudel angesichts der Veröffentlichungen über die traditionelle Geschichte bemerkte: «... denn wie Sie wissen, ist in den traditionellen Geschichtsbüchern nie davon die Rede, dass der Mensch auch ißt oder trinkt.»(6) Selbst in den Texten der Handlungstheorie wurde bislang nicht die Frage erhoben, welche Kräfte das Arsenal der gegenständlichen und kommunikativen Artefakte formen, sodass sie so werden, wie sie sind. Offenbar werden sie als gegeben vorausgesetzt und nicht hinterfragt, als ob sie gleichsam in einem selbstverständlichen Zauberakt in die Welt springen.

Seit den 60er Jahren des letzten Jahrhunderts breitete sich eine Welle der Rhetorik des Retrostils aus, die mit dem wohl ersten postmodernen Manifest von Robert Venturi *Complexity and Contradiction in Architecture*(7) einsetzte und mit dem Folgeband von Venturi, Brown und Izenour *Learning from Las Vegas* fortgesetzt wurde – Schriften, die wegen ihres sozial konservativen und populistischen Ansatzes konträr zur Position der hfg ulm standen. Die grundlegende Differenz zwischen einem radikalen Modernismus, wie ihn die hfg vertrat, und seinen Kontrahenten kann auf folgende Weise beschrieben werden: Wenngleich die Vertreter des radikalen Modernismus die Ungleichzeitigkeiten, Widersprüche und Aporien des Projekts der Moderne durchaus nicht meiden oder unterdrücken, sind sie umgekehrt auch nicht bereit, die Einheit des Projekts aufzugeben. Radikaler Modernismus – und darin besteht die Logik der Konsequenzen – postuliert die Abbildung (*mapping*) der Entwurfsvernunft auf gesellschaftlich-politische Vernunft, fordert also eine Entsprechung zwischen diesen beiden Grundbereichen, zumindest dem Ansatz nach. Bekanntlich ist dieses Prinzip der intendierten Konkordanz ein rotes Tuch für die Anhänger des Retromodernismus in seinen vielfältigen Erscheinungsformen. So ist es auch folgerichtig, dass bestimmte Manifestationen des postmodernen Graphikdesign von der Position der hfg ulm aus als Ausdruck eines antiintellektuellen Ressentiments, einer manifesten Text- und Lesefeindlichkeit und damit letzthin Denkfeindlichkeit erscheinen. Anders ist das Unternehmen, einen Text mit sechs Punkt Schriftgröße in rosa Farbe auf silbernem Hintergrund zu drucken, schwerlich zu erklären. Auch dieses Urteil mag den sprachlosen Bewunderern dieser Form von Graphik und Typographie sicherlich nicht zusagen.

Die Positionsbestimmung der hfg ulm, die in den 1950er und 1960er Jahren Avantgarde- und Outsidercharakter besaß, ist – wie bereits erwähnt – heute weitgehend

(6) Braudel, Fernand, *Die Dynamik des Kapitalismus*, Klett-Cotta, Stuttgart 1986, S. 19 (französische Originalausgabe 1985).

(7) Venturi, Robert, *Complexity and Contradiction in Architecture*, The Museum of Modern Art, New York 1966.

in die Ausbildungs- und Berufspraxis aufgenommen worden, sodass man nicht mehr großes Aufheben um sie machen muss. Konturen haben sich verwischt, einstige Gegensätze haben sich verschliffen. Angesichts dieser in vielfältigen Varianten affirmativen Positionen könnte man die grundsätzliche Frage stellen: Was kann die Moderne, wenn denn überhaupt, noch an Attraktivität bieten? Wenn diese Frage noch als Frage akzeptiert und nicht mit lässiger Geste abgetan wird, lautet die Antwort darauf wie je: Es geht um das Versprechen von selbstbestimmtem Handeln, von Minderung der Fremdbestimmtheit, von Reduktion der Herrschaft, egal in welcher Form, imperialer und anderer; denn auch über das Design kann Herrschaft ausgeübt werden – und wird Herrschaft ausgeübt. Ideengeschichtlich betrachtet, bewegte sich die hfg ulm in der Tradition der Aufklärung, die an Relevanz nichts eingebüßt haben dürfte. Um sich davon zu überzeugen, genügt ein Blick auf die derzeitige weltpolitische Lage. Die gegenwärtige Epoche leidet nicht an einem Zuviel, sondern an einem Zuwenig an Aufklärung.

Auf gesellschaftspolitischer Ebene hat das Konzept der hfg ulm seine Aktualität bewahrt, solange man nicht die Vernunft zu Grabe tragen will.**(8)** Hinsichtlich der Entwurfsinhalte bietet sich heute dagegen ein erheblich breiteres Panorama, was in erster Linie auf die Digitalisierung zurückzuführen ist. Informatik und Computerindustrie stellen nicht nur neue Instrumente zur zügigen Visualisierung von Entwurfskonzepten und nahtlosen Umsetzung in dreidimensionalen Modellen bereit (*rapid prototyping*), sondern eröffnen auch neue Gestaltungsbereiche, insbesondere im Bereich der Neuen Medien. Unter anderem ermöglichen sie es, Design als kognitives Werkzeug für Wissensdarstellung und Wissensvermittlung, möglicherweise in Zukunft sogar auch für Wissenserzeugung einzusetzen; denn die Qualität einer Forschung hängt nicht nur von den Antworten ab, die erarbeitet werden, sondern auch von der Perspektive der Fragen, die gestellt werden. An derlei Visionen war vor fünfzig Jahren nicht in kühnsten Träumen zu denken.

In einer zukünftigen Designgeschichte wird wohl die Zäsur zwischen prädigitaler und digitaler Phase eigens untersucht werden. Die hfg ulm gehört in die prädigitale Phase der Designgeschichte, wenngleich *in nuce* starke Affinitäten zur digitalen Phase festgestellt werden können – hiermit soll aber nicht im Nachhinein eine Vorwegnahme digitaler Technologien suggeriert werden. Die Affinitäten zeigen sich in erster Linie in den Grundkursübungen, bei denen es gestalterisch unter anderem um die Erzeugung kontinuierlicher Figuren aus diskontinuierlichen Elementen ging. Den damaligen in Rasterübungen verwendeten Elementen entsprechen heute Pixel. Die seinerzeit noch

(8) In der anlässlich des 90. Gründungsjubiläums des Bauhauses am 1. April 2009 in Weimar gehaltenen Festrede mit dem Titel «Ist das Bauhaus aktuell?» gab Tomás Maldonado eine klare Antwort auf die Frage nach der Aktualität des Bauhauses: «Persönlich bin ich mehr und mehr überzeugt, dass der Moment gekommen ist, ohne Nostalgie und ohne vorgetäuschtes Bedauern die Tatsache anzuerkennen, dass das Bauhaus als institutionelles Modell seine Aktualität eingebüßt hat, und das aus dem einfachen Grunde, dass es sich nicht mehr eignet, Antworten auf die drängenden und drohenden Anforderungen unserer Zeit zu liefern.» Dieses klare Urteil dürfte auch für die hfg ulm als institutionelles Modell gelten, was keineswegs bedeutet, Wasser auf die konservativen Mühlen jener zu gießen, die nicht müde werden, die Litanei vom vermeintlichen Überholtsein der hfg gebetsmühlenartig zu wiederholen. Strittig ist die Frage, welche Ausbildungsstätte für Design *heute* beanspruchen kann, inhaltlich und institutionell eine Antwort auf die Anforderungen unserer Zeit zu liefern.

hohen Zeitaufwand erfordernden Entwürfe lassen sich heute digital erheblich schneller erstellen. Mit dieser Feststellung wird nicht impliziert, dass die Beschleunigung in der Umsetzung der Entwürfe heute auch zu einer Beschleunigung in der Bildung visueller Intelligenz führen müsse. Die Digitalisierung hat auch in den zeitbasierten digitalen Medien faszinierende Perspektiven für die Gestaltung aufgetan, beispielsweise interaktive Animationen und die Visualisierung von Prozessen. Somit wäre heute ein Übungskatalog im Rahmen eines Grundkurses – wenn man denn an diesem Begriff festhalten wollte – zur Bildung des Detailbewusstseins und der Kompetenz im Umgang mit generativen Verfahren zur Formenbildung – also Entwurfsalgorithmen – reichhaltiger als zu prädigitalen Zeiten.

Die hfg ulm hat mit verschiedenen Grundkurskonzepten experimentiert. Die anfänglich einjährige Grundlehre, die noch für alle vier Abteilungen (Produktgestaltung, Visuelle Kommunikation, Industrialisiertes Bauen und Information) verbindlich war, wurde später fachspezifisch ausgerichtet und schließlich als pädagogische Einheit aufgelöst. Nie aber wurde die Legitimität der Bildung formalästhetischer Kompetenz im Bereich der Gestaltung mit eigens dafür erfundenen Entwurfsübungen angezweifelt. Bislang ist auch kein Ausbildungskonzept ersonnen worden, das um die Materialität des Ästhetischen herumkommt, wenngleich gerade dieser Domäne seitens deduktivwissenschaftlicher Disziplinen oftmals mit tiefem Misstrauen oder naiver Gleichsetzung mit Kunst und Kreativität begegnet wird.

Bekanntlich bot die hfg ulm einen Diplomstudiengang an und keinen Masterstudiengang, von einem Doktorandenprogramm ganz zu schweigen. Der in Europa im Zuge des Bologna-Protokolls zu beobachtende formale Angleichungsprozess an das angelsächsische Modell 3-5-8 (drei Jahre bis zum Bachelor, fünf Jahre bis zum Master und acht Jahre bis zum Doktor) wird die strittige Frage der Spezialisierung der Designausbildung (Spezialistentum ohne Verengung) weitgehend irrelevant erscheinen lassen. Denn bekanntlich dient ein Masterstudiengang zur Vertiefung einer gewählten Fachrichtung. Glücklicherweise hat sich die einst gehätschelte Vorstellung vom Designer als Koordinator – ihr heutiges Gegenstück ist der *conceptualizer* – im Laufe der Jahre als unhaltbar erwiesen und ist der bescheideneren, aber realistischeren Vorstellung vom Design als integrativer Tätigkeit gewichen.

Durch das Anheben der Entwurfsausbildung auf Fachhochschulstatus während der 1990er Jahre wurden zwar formell-institutionelle und minimale materielle Voraussetzungen geschaffen, um sich theoretisch mit Gestaltungsfragen auseinanderzusetzen und sachbezogene Forschung zu betreiben. Allerdings war für diese Öffnung zu wissenschaftlichen Disziplinen ohne entwurfsempirischen Hintergrund bisweilen ein hoher Preis zu zahlen, insofern das Design der Gefahr ausgesetzt wurde – und wird –, als Spielwiese für freizügige interpretative Exerzitien einer akademischen Kathedergelehrsamkeit zu dienen, der das Entwerfen völlig fremd ist und die diese Fremdheit oftmals mit einer kaum verhehlten Ranküne gegen das Design, seine gesellschaftlichen, technologischen und kulturellen Grundlagen zu kompensieren sucht.

Würde es heute Sinn machen, an eine Neuauflage einer aktualisierten hfg zu denken – selbstverständlich frei von Nostalgie –, und zwar vor dem skizzierten veränderten Hintergrund des politischen und technogisch-industriellen Umfeldes? Wohl kaum, weil eben die politischen Voraussetzungen dafür fehlen; denkbar ist nur eine Ausnahme: dass ein neuer Hochschultyp erfunden wird, in dem der Kategorie des Entwerfens ein angemessener Stellenwert beigemessen wird und der nach Problembereichen und nicht nach Disziplinen organisiert ist. Es ist sicherlich kein Zufall, dass sich zwei der einflussreichsten Ausbildungsstätten für Gestaltung des 20. Jahrhunderts (Bauhaus und hfg ulm) außerhalb etablierter akademischer Strukturen bewegten. Denn Entwurf ist ein Handlungs- und Erkenntnisbereich, der nicht in herkömmliche Hochschulstrukturen mit ihren disziplinorientierten Studiengängen passt und dessen Einreihen in diese Traditionen allenfalls Flickwerk bleibt, brauchbares Flickwerk bisweilen, aber eben Flickwerk, in dem das Potenzial des Entwerfens sich nicht voll entfalten kann. Was den Entwurf als diskurswürdiges Objekt interessant und sperrig macht, ist sein anscheinend paradoxer und hybrider Charakter: Entwerfen als eine Tätigkeit, die zwar mit unverzichtbaren diskursiven Ingredienzien versetzt ist und auf einer impliziten diskursiven Basis beruht, sich aber in einem nicht diskursiven Resultat manifestiert. Ein Entwurf ist diskursiv nicht einholbar – ein Ärgernis und Stein des Anstoßes für ein bloß reflektierendes Bewusstsein, das eben, weil es sich an der reflektierenden Ebene festklammert, den Sprung in die Welt des operativen Bewusstseins nicht schafft.

In einem vom Ballast der traditionellen Institutionen befreiten Umfeld könnte auch die so unabdingliche Designforschung beginnen, und zwar ansetzend aus der Perspektive des Entwerfens, und nicht mit aufgepfropften akademischen Kriterien und somit dehydrierten Interessenlagen. Auch wäre ein neuer Hochschultyp sicherlich nicht auf einen nationalen Rahmen zu beschränken, sondern nur im internationalen Rahmen operabel; denn nur ein Lehrkörper und eine Studentenschaft aus Mitgliedern unterschiedlicher Kulturen können die heute mehr denn je notwendige und anregende kulturelle Vielfalt in einem Lehrprogramm und in einer Lernumgebung bieten. Es war dem ersten Rektor der hfg, Max Bill, hoch anzurechnen, frühzeitig darauf bestanden zu haben, dass ausländische Dozenten, sogenannte ‹Exoten›, an eine deutsche Hochschule berufen wurden; das verlieh der hfg ulm – neben dem hohen Anteil ausländischer Studierender – einen internationalen Charakter und ist wohl auch einer der Gründe für ihren weltweiten Einfluss.

Dass die Anziehungskraft des ulmer Experiments, dieses Labors für kulturelle Innovation, nicht auf das facheigene Terrain beschränkt blieb, lässt sich an der langen Liste der Personen ablesen, die an der hfg ulm entweder gelehrt oder Vorträge gehalten haben. Diese Liste liest sich wie ein *Who is Who* aus Wissenschaft und Kunst der zweiten Hälfte der 50er Jahre bis zum Ende der hfg ulm im Jahre 1968. Im Archiv der hfg ulm befindet sich der Briefwechsel mit den kontaktierten Personen, von denen die Mehrzahl eine Einladung annahm. Die Sichtung dieser Korrespondenz wird es ermöglichen, gleichsam eine intellektuelle Landkarte der hfg ulm anzulegen. Als ein Beispiel sei der Briefwechsel mit Arno Schmidt herausgegriffen, dem im Jahre 1955 ein Angebot gemacht wurde, als Dozent in der Abteilung Information zu lehren.(9) Diesem Ange-

---

(9) Dieses Angebot wurde von Max Bense und Tomás Maldonado befürwortet.

bot war kein Erfolg beschieden. Aus dem Briefwechsel mit Arno Schmidt spricht aber eine Empathie mit dem kulturpolitischen Experiment der hfg ulm, wie sich in einem Brief aus dem Jahre 1957 ablesen lässt, in dem Tomás Maldonado als Vorsitzender des Rektoratskollegiums erneut mit dem Schriftsteller Kontakt aufnahm und versuchte, ihn als Dozent zu gewinnen: «Ich habe mich gefreut zu hören, dass Sie den Begriff der ‹Gestaltung› nun endlich in einem weiteren – also wahren – Sinne fassen, und auch den ganzen sprachlichen Bereich in Ulm experimentell untersuchen wollen […] Ich hatte den Eindruck, dass ich mit Ihnen und den übrigen Herren unschwer würde zusammenarbeiten können.»(10) Wenngleich auch dieses zweite Berufungsangebot offen blieb, so mag doch ein Passus aus dem berühmten, 1957 verfassten Roman *Die Gelehrtenrepublik* dazu dienen, das Interesse des Schriftstellers an dem Projekt der hfg ulm zu veranschaulichen. In diesem zur utopischen Literatur gehörenden Roman beschreibt er eine schwimmende künstliche Insel im Jahre 2008, auf die sich nach einem Atomkrieg, der Europa zerstrahlt hat, die letzten überlebenden Weisen zurückgezogen haben und auf der sie dann eine Republik gründen. Arno Schmidt war der Meinung, dass die deutsche Sprache – und nicht nur die deutsche Sprache, sondern auch das Französische – aussterben würde: «‹Die Amtssprachen›?: Indisch, Chinesisch; Amerikanisch, Russisch; Arabisch. / Die neu=toten Sprachen?: 1 Franzose aus Abidjan war da; 1 Exilpole: Von direkten Deutschen ist Keiner übrig geblieben; höchstens was sich gerade auf Auslandsreisen befand: bis vor einigen Jahren beschäftigten wir 1 aus der kleinen, immer mehr zusammenschmelzenden, argentinischen Kolonie als Übersetzer in der Bibliothek. – Es sind aber ausreichende Bandaufnahmen von allen ehemaligen europäischen Kleinsprachen vorhanden. / Ja, ganz recht: den Kern bildeten die Lehrkräfte der rechtzeitig nach Chubut übergesiedelten ‹Hochschule für Gestaltung›, tja.»(11) Dass einer der führenden Exponenten der deutschen Nachkriegsliteratur die hfg ulm in eine Episode seines Romans einfügt, ist sicher ungewöhnlich; denn schließlich sind Ausbildungsstätten für Gestaltung nicht gerade dafür bekannt, die literarische Phantasie anzuregen. Das Experiment hfg ulm muss also Arno Schmidt interessiert haben; andernfalls hätte er sich kaum dazu herbeigelassen, es in seinem Roman zu erwähnen.

Wenn man sich einmal das stickig-verstockte Klima an deutschen Hochschulen der 1950er und 1960er Jahre vergegenwärtigt, das erst im Zuge der Studentenrevolte 1968 verändert wurde, weiterhin das gesellschaftlich konservative Umfeld, das es nicht – wie es ab 1945 zu erwarten und zu wünschen gewesen wäre – zu einem klaren Bruch mit dem Nazismus kommen ließ (immerhin brachten es Mitläufer dieser Ideologie nach dem Krieg unter anderem bis zu Würden eines Ministerpräsidenten, genau in dem Bundesland, in dem sich die hfg ulm befand), wenn man sich daran erinnert, dass eine Partei 1957 mit dem Slogan «Keine Experimente» eine Bundestagswahl gewinnen konnte, dann wird der Ausnahmecharakter dieser neuen Hochschule verständlich. Verständlich wird auch, dass sie sich wegen ihrer politischen Abhängigkeit – sie war

---

(10) Rauschenbach, Bernd, *Arno Schmidt und Design – Wenn sich eine Briefklammer derart sperrt, daß soll man achten*, Verlag Jürgen Häusser, Darmstadt 1990, S. 31.

(11) Schmidt, Arno, *Die Gelehrtenrepublik – Kurzroman aus den Rossbreiten*, Stahlberg Verlag, Karlsruhe 1957, S. 119.

als private Institution auf öffentliche Zuschüsse des Bundes beziehungsweise des Landes Baden-Württemberg angewiesen – dauernd in einer prekären Situation befand.(12) An der akademischen Unabhängigkeit der hfg mochten die Vertreter des Status quo gar keinen Gefallen finden – sie mussten nur den geeigneten Augenblick abwarten, um diese unbequeme Institution zu gängeln, beispielsweise durch den Vorschlag, sie an eine bestehende staatliche Institution anzuschließen, was das Ende des Experiments und eine dürre Verschulung bedeutet hätte.

Wenn nicht – neben dem dezidierten Antifaschismus und Antimilitarismus – eine Anziehungskraft des Programms der hfg ulm bestanden hätte, dürften sich die Hunderte von Eingeladenen kaum dazu bereit gefunden haben, die Reise in diese kleine Provinzstadt in Schwaben zu unternehmen, um entweder Gastkurse zu geben oder im Rahmen der sogenannten ‹Mittwochseminare› Vorträge zu halten. Anfangs wurden diese Veranstaltungen im Lehrplan mit dem zunächst auf Unverständnis stoßenden Terminus ‹Kulturelle Integration› aufgeführt, der im Rahmen des von den Amerikanern konzipierten *Re-Education*-Programms der deutschen Bevölkerung während der ersten Nachkriegsjahre benutzt wurde. Es war Tomás Maldonado, der diesen Terminus dahingehend erweiterte, dass er gleichsam ein Plädoyer für einen erneuerten Kulturbegriff implizierte und das vorwegnahm, was dann in den 1960er Jahren als ‹Interdisziplinarität› bezeichnet werden sollte. Offensichtlich spürten die Eingeladenen etwas von dem seinerzeit in Deutschland ungewohnten Elan und Klima intellektueller Offenheit und Experimentierens, von einem Potenzial, das den Anstoß zu einer Erneuerung der Hochschulstrukturen hätte geben können. Der Zersplitterung des Kulturbegriffs in Wissenschaft, Technik und Kunst sollte durch das Einbeziehen der Domäne des Entwurfs entgegengewirkt werden. Zumindest war es die Absicht, die engen und beengenden Grenzen des herkömmlichen, zumal deutschen Kulturverständnisses gleichsam osmotisch aufzuweichen oder – besser noch – zu brechen.

Ein derartiger Anspruch mag vermessen klingen, und wenn man sich die Geschichte der Institution und ihrer Folgen anschaut, dann kann man sich dem Urteil nicht verschließen, dass dieses Experiment trotz seiner internationalen Resonanz auf halber Strecke liegen geblieben ist, also unabgeschlossen geblieben ist.(13) Konservative Besserwisser mögen darin in satter Selbstzufriedenheit und Selbstgerechtigkeit ein ‹Scheitern› der hfg ulm sehen. Nach einer anderen Lesart könnte das Experiment hfg ulm als zu verfrüht eingestuft werden. Es verstieß gegen zu viele eingerastete Herrschaftsmodalitäten. Um die Behauptung des Ausnahmecharakters der hfg ulm als einer inhaltlich

---

(12) In einem an Inge Aicher-Scholl und Tomás Maldonado in Ulm gerichteten Brief vom 5.11.1955 aus New York berichtet die Förderin und erste Direktorin des Museu de Arte Moderna in Rio de Janeiro, Niomar Sodré Bittencourt, dass sie Nelson Rockefeller über die hfg informiert hätte, der ein reges Interesse bekundete und Näheres über diese Institution wissen wollte und sogar in Erwägung zog, seinen Sohn zum Studieren dorthin zu schicken. Wäre es dazu gekommen, wären der hfg wahrscheinlich einige finanzielle Nöte erspart geblieben.

(13) 1968 war das Feld der Ausbildung in den Bereichen Produktdesign und Visuelle Kommunikation abgesteckt. Die hfg hätte da einfach fortfahren können, doch ein sich von der Sache her anbietender folgerichtiger Schritt hätte darin bestanden, das Programm der hfg zu einem forschungsorientierten Masterstudiengang zu erweitern, wenngleich es diesen Begriff damals im Bereich des Design noch nicht gab.

und strukturell neuen kulturellen Institution zu stützen, sei eine kleine, repräsentative, keinesfalls vollständige Auswahl der Persönlichkeiten aufgelistet, die der Einladung an die hfg ulm gefolgt sind und die entweder als Dozenten oder Vortragende an dieser Institution gewirkt haben(14) An der Liste lässt sich das breit gestreute Interesse an Themenbereichen ablesen, mit denen sich Dozenten und Studierende an der hfg ulm aus der Perspektive des Entwerfens auseinandersetzten. Diese Themenbereiche haben seit je im Zentrum philosophischen, wissenschaftlichen, kulturellen und politischen Interesses gestanden und sind in der Mehrzahl, wenn nicht sogar alle, in philosophischen und wissenschaftlichen Disziplinen reflektiert worden.

Unvermeidlich wurde dabei auch die Beziehung zwischen Gestaltung und Macht angesprochen, weshalb diese Institution den Nutznießern der Macht ganz und gar nicht geheuer sein konnte. Auf die Beziehungen zwischen «Wissen und Macht, zwischen Kontemplation und Aktion, zwischen Theorie und Praxis, zwischen Utopie und Wirklichkeit» geht einige Jahre nach der Schließung der hfg einer ihrer Protagonisten ein und fragt, was denn die heterogene Gruppe der Intellektuellen, die in der Geschichte in verschiedenen Erscheinungsformen aufgetreten sind, miteinander verbindet. «(Was) haben die Zyniker, Ketzer, Mystiker, Gnostiker, Schismatiker, Millenarier, Protestanten, Melancholiker, Utopisten, Aufklärer, Anarchisten, Sozialisten miteinander gemein?» Die bündige Antwort darauf lautet: «Was sie gemein haben, ist ihre Heterodoxie.» Er fährt fort: «Unter Heterodoxen sind all jene zu verstehen, die auf die eine oder andere Weise in Gegenposition zu den Dogmen, Doktrinen, Verhaltensmodellen, symbolischen Ordnungen und auch den Statthaltern der Macht handeln.»(15) Diese Neigung zum Dissens macht sie den Statthaltern des *Status quo* ganz und gar nicht sympathisch, weil durch den Dissens die Legitimation von Macht in Frage gestellt wird. Das erzeugt Reibungen und mobilisiert Widerstände, an denen die hfg schließlich zerbrochen ist.

Vielleicht werden sich in Zukunft die Unterschiede zwischen Wissenschaften und Entwurf verwischen; denn es geht nicht, wie noch zu Zeiten der hfg ulm, um eine wie auch immer interpretierte Verwissenschaftlichung des Entwurfsprozesses oder um das Einbeziehen wissenschaftlicher Kenntnisse in den Entwurf komplexer Systeme, sondern eher um eine durch die Kategorie des Entwerfens bereicherte neue Wissenschaft. Anstatt den Entwurf aus der Perspektive der Wissenschaften zu betrachten, könnte man einmal die Sichtweise umkehren und die Wissenschaften aus der Perspektive und mit den Kriterien des Entwurfs angehen. Zugegeben, das ist eine gewagte Spekulation und somit kaum abgesichert; doch das mindert nicht ihre Plausibilität. Auf solch einer

(14) Diese Auflistung impliziert keinerlei Wertung. Bedeutende Namen mögen fehlen. Vielmehr geht es darum, näherungsweise eine Vorstellung über die Vielfalt der Personen mit ihren jeweiligen Fachkompetenzen zu vermitteln, die an der hfg ulm lehrten. Unter den Schriftstellern, Literaturwissenschaftlern, Sozialwissenschaftlern, Psychologen, Historikern, Ingenieuren, Komponisten, Filmregisseuren, Philosophen, Mathematikern, Publizisten, Entwerfern und Architekten finden sich: Hans Magnus Enzensberger, Martin Walser, Käte Hamburger, Walter Jens, Lucius Burckhardt, Ralf Dahrendorf, Helge Pross, Theo Pirker, Nicolaus Sombart, Reyner Banham,

Gillo Dorfles, Josef Rykwert, Alexander Mitscherlich, Harry O. Bahrick, Percy H. Tannenbaum, Alexander Kluge, Edgar Reitz, Jerzy Bossak, Bruce Archer, Rodolfo Bonetto, Wladimiro de Acosta, Richard Buckminster Fuller, Charles Eames, Anthony Frøshaug, Karl Gerstner, Josef Müller–Brockmann, Victor Papanek, Norbert Wiener, Horst Rittel, Abraham Moles, Max Bense, Maurizio Kagel, Joachim Kaiser und Josef Albers.
(15) Maldonado, Tomás, *Che cos'è un intelletuale? – Avventure e disavventure di un ruolo*, Giangiacomo Feltrinelli, Mailand 1995. S. 26.

neuen, gleichsam durch einen institutionellen Quantensprung erreichten Basis könnte dann der Anspruch der hfg ulm, dass der Entwurf in die Nervenzentren der Gesellschaft reichen soll, als erfüllbar betrachtet werden. Denn schwerlich wird man behaupten können, dass dieses Ziel erreicht worden sei, weshalb der jetzigen Phase allenfalls das Prädikat ‹Vorgeschichte des Design› konzediert werden kann.

Bibliographie

Bozzano, Jorge Néstor, *Proyecto: Razón y Esperanza – Escuela Superior de Diseño de Ulm*, Eudeba – Universidad de Buenos Aires, Buenos Aires 1998.

Braudel, Fernand, *Die Dynamik des Kapitalismus*, Klett-Cotta, Stuttgart 1986 (französische Originalausgabe 1985).

Hirdina, Heinz, *Am Ende ist alles Design – Texte zum Design 1971–2004*, herausgegeben von Dieter Nehls, Helmut Staubach und Achim Trebeß, form&zweck Verlag, Berlin 2008.

Maldonado, Tomás, *Che cos'è un intelletuale? – Avventure e disavventure di un ruolo*, Giangiacomo Feltrinelli, Mailand 1995.

Potter, Norman, *What is a designer: things. places. messages*, Hyphen Press, London 2002 (englische Originalausgabe 1969).

Rauschenbach, Bernd, *Arno Schmidt und Design – Wenn sich eine Briefklammer derart sperrt, daß soll man achten*, Verlag Jürgen Häusser, Darmstadt 1990.

Riccini, Raimonda (Hrsg.), *Il contributo del disegno industriale – Note di cultura politecnica*, Politecnico di Milano, Mailand 1999.

Schmidt, Arno, *Die Gelehrtenrepublik – Kurzroman aus den Rossbreiten*, Stahlberg Verlag, Karlsruhe 1957.

Schnaidt, Claude, «Ulm 1955–1975», in: *archithese*, Nr. 15, 1975.

Spitz, René Michael, «*Die politische Geschichte der Hochschule für Gestaltung Ulm (1953–1968) – Ein Beispiel für Bildungs- und Kulturpolitik der Bundesrepublik Deutschland*», Dissertation an der philosophischen Fakultät der Universität Köln, 1997.

Ulmer Museum | HfG-Archiv: Dagmar Rinker, Marcela Quijano, Brigitte Reinhardt (Hrsg.), *ulmer modelle – modelle nach ulm / hochschule für gestaltung 1953–1968*, Hatje Cantz Verlag, Ostfildern-Ruit 2003.

Venturi, Robert, *Complexity and Contradiction in Architecture*, The Museum of Modern Art, New York 1966 (deutsche Ausgabe: Robert Venturi, *Komplexität und Widerspruch in der Architektur*, 1978).

Zemp, Werner, «*Naturstudien und Abstraktionen*». Theoretischer Teil einer Diplomarbeit in der Abteilung Produktgestaltung, Hochschule für Gestaltung Ulm, 1967.

Entwurf und Entwurfsforschung –
Differenz und Affinität

- DIE UNGESICHERTE BASIS DER ENTWURFSWISSENSCHAFT
- DER VERSCHLEISS DES WORTES ‹DESIGN›
- DIE HEUTIGE UNABDINGLICHKEIT DER ENTWURFSFORSCHUNG
- DIE ROLLE DER WISSENSCHAFTEN FÜR DAS ENTWERFEN
- METHODENDEBATTE
- GENERATIVE VERSUS EXPLIKATIVE ENTWURFSMETHODOLOGIE
- ALGORITHMISIERUNG DES ENTWURFSPROZESSES
- KONSTITUTIVE ROLLE DER ÄSTHETIK
- ASEPSIS DER KONSTRUKTIONSÄSTHETIK
- REFLEKTIONSGELEITETES ENTWERFEN
- ENTWERFBARKEIT | ERKENNBARKEIT
- KULTURKRITISCHE FEHLDEUTUNG DES DESIGN
- EINE LANDKARTE DER ENTWURFSFORSCHUNG
- STANDARDPRAKTIKEN STATT GRUNDLAGEN
- VISKURSE UND DISKURSE

Von den Grenzen der Entwurfswissenschaft

Im Jahre 1848 wurde ein schmales Buch mit dem provokant anmutenden Titel *Die Wertlosigkeit der Jurisprudenz als Wissenschaft* veröffentlicht. Autor war der seinerzeit bekannte Jurist Julius Hermann von Kirchmann. In seinem Vortrag untersucht er die Rolle der Rechtswissenschaft für die Besserung der Zustände in der Rechtspraxis. Er gelangt dabei zu einem für die Rechtsvertreter nicht sonderlich erfreulichen Ergebnis. Um von vornherein dem Verdacht vorzubeugen, er wolle lediglich eine nutzlose Polemik vom Zaun brechen, beginnt er seinen Text folgendermaßen: «Das Thema meines heutigen Vortrags kann leicht zu der Vermutung Anlass geben, dass es mir dabei nur um einen pikanten Satz zu tun gewesen sei, unbekümmert um die tiefere Wahrheit der Sache.»(1) Er erläutert dann die Zweideutigkeit des Titels, der zum einen bedeuten kann, dass die Jurisprudenz zwar eine Wissenschaft ist, aber eines Einflusses auf die Alltagspraxis entbehre. Oder aber zum anderen, dass die Jurisprudenz keine Wissenschaft ist, da sie – wie er schreibt – nicht «den wahren Begriff derselben erreicht».

Warum dieser Bezug auf die Rechtswissenschaft und Rechtspraxis? Was haben diese mit dem hier zur Verhandlung stehenden Thema der Dialektik des Entwerfens und der damit verbunden Frage der Entwurfsforschung zu tun? Trotz aller inhaltlichen Verschiedenheit lassen sich Parallelen ziehen. Die Denkfigur von Kirchmanns Äußerung kann – auf das Design und Entwerfen übertragen – meinen, dass die

[Erweiterte Version eines auf dem Symposium des Swiss Design Network, Basel, am 13./14. Mai 2004 gehaltenen Vortrags.]

Designwissenschaft zwar eine Wissenschaft ist, aber auf die Entwurfspraxis keinen Einfluss ausübt, oder aber, dass die Designwissenschaft keine Wissenschaft ist, da sie – wie es in philosophischer Terminologie heißt – nicht den ‹wahren Begriff› derselben erreicht. Aufgabe der Wissenschaft ist es, «ihren Gegenstand zu verstehen, seine Gesetze zu finden, zu dem Ende die Begriffe zu schaffen, die Verwandtschaft und den Zusammenhang der einzelnen Bildungen zu erkennen und endlich ihr Wissen in ein einfaches System zusammenzufassen».(2)

Es sei dahingestellt, ob Wissenschaftler, darin einbegriffen Designwissenschaftler, heute das Ziel der Zusammenfassung ihrer Erkenntnisse in ein einfaches System so vorbehaltlos akzeptieren würden. Hier geht es zunächst darum, einen Freiraum für Reflektion zu schaffen, um sich von voreiligen Zuschreibungen dessen frei zu machen, was Entwurfsforschung und Entwurfswissenschaft sind und leisten sollen. Ein flüssiger Aggregatzustand ist in dieser Situation einem festen Aggregatzustand vorzuziehen.

‹Design› und Entwurf

Bislang wurde das Wort ‹Design› vermieden und stattdessen das Wort ‹Entwurf› oder ‹Entwerfen› benutzt. Zugegebenermaßen ist das umständlicher als die glatt von der Zunge gehende Bezeichnung ‹Design› zu verwenden. Die Distanz zum Begriff ‹Design› hat ihren Grund. Im Zuge der Popularisierung des Terminus ‹Design› im vergangenen Jahrzehnt, im Zuge seiner geradezu inflationären Nutzung ist ‹Design› zu einem Allerweltsbegriff geworden, der sich von der Kategorie des Entwerfens abgekoppelt hat und somit heute ein Eigenleben führt. Jedermann kann sich heute die Bezeichnung ‹Designer› zulegen, zumal nach dem Allgemeinverstand ‹Design› derzeit offenbar mit dem gleichzusetzen ist, was man in Lifestyle-Zeitschriften zu sehen bekommt. Nicht jedermann wird sich aber unversehens die Bezeichnung ‹Entwerfer› (*project maker* im Sinne von Daniel Defoe) zulegen,(3) da sie einen Beiklang von Professionalität hat, den der Designbegriff eingebüßt hat. Man könnte als Alternative an die Bezeichnung ‹Gestaltung› denken, doch hat dieser Begriff zumindest im Deutschen Blessuren erlitten, von denen er sich bis heute nicht erholt hat. Deshalb lässt er sich nur mit Vorbehalten verwenden. Somit werden in diesem Text die Begriffe ‹Entwurf› und ‹Entwerfen› benutzt, mit gelegentlichen Rückgriffen auf das Wort ‹Design›, wenn es die semantischen Nuancen des Begriffs im jeweiligen Kontext nahelegen oder es sich aus diskurspragmatischen Gründen empfiehlt. Zur Veranschaulichung der oftmals negativen Konnotationen des Wortes ‹Design› und seiner semantischen Verengung auf die kommunikativen Aspekte von teuren, unpraktischen und formalästhetisch aufgeputzten Konsumgütern sei ein Zitat eingefügt: «Über unsere Anschaffungen hinaus sind seit einiger Zeit das Design und die Designer über uns hereingebrochen, die, wohl wissend, dass die Ware sich nicht in einer einzigen Dimension erschöpft, alles daransetzen, sie nicht allein auf den Nutzen zu beschränken. [...] Die materiellen Güter als Signalgeber von Geschmack

(1) Kirchmann, Julius Hermann von, *Die Wertlosigkeit der Jurisprudenz als Wissenschaft*, Manutius Verlag, Heidelberg 2000 (1. Auflage 1848), S. 7.
(2) *Op.cit.*, S. 12.

(3) Maldonado, Tomás, «Das Zeitalter des Entwurfs und Daniel Defoe», in: *Digitale Welt und Gestaltung*, Birkhäuser Verlag, Basel, Boston, Berlin 2007, S. 257–268.

und *life style* werden eher als Kommunikationsgegenstände denn als Gebrauchsgegenstände benutzt.»(4)

Das Aufkommen der Entwurfswissenschaft

Schaut man sich die Beziehung zwischen Entwurfsausbildung und Entwurfswissenschaft an, stellt man fest, dass sie seit den 20er Jahren des vergangenen Jahrhunderts nahezu gleichzeitig auftreten, und zwar in der holländischen De-Stijl-Bewegung und am Bauhaus. Nach dem Ende des Zweiten Weltkriegs begann sich dann schrittweise die Entwurfsforschung zu etablieren, wofür verschiedene Gründe verantwortlich sind, die später erläutert werden. 1981 charakterisierte Bruce Archer, der durch die Veröffentlichung *Systematic Methods for Designers* bekannt wurde, die Entwurfsforschung (*design research*) als systematische Untersuchung mit dem Ziel, Wissen zu erzeugen über die Ausprägung von Gestalt, Gliederung, Struktur, Zweck, Wert und Bedeutung der vom Menschen hergestellten Dinge und Systeme. Diese Definition von Entwurfsforschung ist eindeutig auf das Industrial Design zugeschnitten, tangiert also nicht den Bereich des Kommunikationsdesign. Archer erläutert dann diese Definition und endet mit der plausiblen Feststellung, dass Designforschung die systematische Suche und Gewinnung von designbezogenem Wissen ist. Darüber dürfte wohl Einigkeit bestehen, zumal die Feststellung nahe an eine Tautologie herankommt.

Besonders im angelsächsischen Sprachraum kamen die Hauptvertreter der Designforschung aus dem Bereich der Ingenieurswissenschaften und der Architektur. Entsprechend richtete sich das Interesse auf die Entwicklung von rationalen Entwurfsmethoden sowie auf Evaluationsverfahren von Bauten und Produkten. Graphikdesign wurde kaum thematisiert. So ist es nicht verwunderlich, dass praktizierenden Industrial Designern und Graphikern die Veranstaltungen über Designmethoden und Designwissenschaft mit den damit verknüpften Publikationen, wenn sie denn diese überhaupt registrierten, als esoterische Glasperlenspiele in akademischen, von den Zwängen und Nöten der Berufspraxis abgeschirmten Schutzreservaten erschienen, ohne nennenswerten Einfluss auf die Entwurfspraxis. Der designwissenschaftliche Diskurs geriet dann – zu Recht oder Unrecht – in ein schiefes Licht, insofern der Eindruck einer Überfremdung durch ein Begriffsnetz hervorgerufen wurde, das für die Entwurfspraxis irrelevant ist. Das mag unter anderem daran liegen, dass die Forschungen unter der Ägide von Systemtheoretikern, Computerwissenschaftlern, Operations-Research-Spezialisten, und Maschinenkonstrukteuren standen, deren kategoriale Begriffssysteme am Industrial Design und Graphikdesign vorbeigingen. Das lässt sich beispielsweise an einer Publikation zur Theorie der Technikwissenschaften zeigen.(5) Das in dieser Veröffentlichung durchscheinende Technikverständnis spiegelt exemplarisch die von den Naturwissenschaften geprägte Sichtweise der Ingenieurswissenschaften wider. Entwerfen und Gestalten werden gleichgesetzt mit Konstruieren und Entwurfshandeln mit Konstruktionshandeln. Von daher

(4) Bruera, Matías, «Políticas del consumo, progresía y populismo», in: *pensamiento de los confines*, Nr. 22, 2008, S. 51–56.

(5) Banse, Gerhard, Armin Grunwald, Wolfgang König und Günter Ropohl (Hrsg.), *Erkennen und Gestalten – Eine Theorie der Technikwissenschaften*, edition sigma, Berlin 2006.

ist es schwierig, zu einem erweiterten Technikverständnis zu gelangen, das den Nutzer der Technik ins Zentrum der Betrachtungen stellt, statt einen physikalisch und mathematisch orientierten Funktionsbegriff zu verwenden, von dem aus betrachtet der Nutzer bestenfalls als Randerscheinung auftritt. ‹Industrial Design› – dieser Begriff taucht in dem Buch, soweit ich feststellen konnte, nicht ein einziges Mal auf – wird als ‹Design› (in einer Fußnote, S. 100) auf ästhetische und ergonomische Aspekte beschränkt, wobei übersehen wird, dass der Gebrauch erheblich mehr umfasst als ergonomische Aspekte. Dass heute Industrial Design *eine* der Facetten der Technik darstellt, von der man schwerlich absehen kann, wenn es um über das Fachspezifische hinauszielende Erörterungen der Technik geht, diese Einsicht findet sich leider nicht in dieser Sammlung von Beiträgen. Die vage Vermutung, dass das Konstruktionsentwerfen, soweit es sich um sinnlich erfahrbare Objekte handelt, unvermeidlich eine ästhetische Dimension berührt, schlug sich noch in den Lehrplänen der TH Berlin um 1880 nieder, in denen die Zeichnungsübungen der Ingenieure auch das Ornamentzeichnen umfassten – mochte dieser Ansatz auch völlig missgeleitet sein, wie sich an der Empfehlung selbst eines so überragenden Konstrukteurs wie Franz Reuleaux, den Maschinenbaustil an historisierende Architekturformen anzulehnen, ablesen lässt.[6] Auch im technischen Zeichnen, in dem im Interesse überindividueller Verbindlichkeit und einer von den Schlacken der Subjektivität befreiten Sachlichkeit die ästhetische Dimension eskamotiert ist, brechen ästhetische Kanons durch, die zu reflektieren allerdings eine Bereitschaft zur Relativierung dieser zu Standardpraktiken geronnenen und heute in CAD-Programmen festgeschriebenen Algorithmen voraussetzt. Zurückkommend auf die Methodenforschung, motivierte deren Verselbstständigung bereits recht früh Christopher Alexander (1971) dazu, sich von derlei Forschungsvorhaben wie der Entwurfsmethodologie zu distanzieren, weil sie das Ziel, zu besseren Entwürfen zu führen, entweder vergessen hatten oder verfehlten.[7]

Debatte über Designmethoden

Die Beziehung zwischen Design (im Sinne von Entwurf) und den Wissenschaften besitzt heute nicht mehr die Brisanz, wie es in den 1960er Jahren der Fall war, als die Debatte über Entwurf und Wissenschaften den Designdiskurs prägte und bisweilen mit polemischer Schärfe geführt wurde. Seinerzeit nahm die Debatte über Designmethoden eine Vorrangstellung ein, da Designmethoden die Brücke zwischen diesen beiden Welten schlugen, den Entwurfsprozess strukturieren und von subjektiven Velleitäten befreien sollten.

(6) König, Wolfgang, *Künstler und Strichezieher – Konstruktions- und Technikkulturen im deutschen, britischen, amerikanischen und französischen Maschinenbau zwischen 1850 und 1930*, Suhrkamp Verlag, Frankfurt 1999, S. 66 und 83. Siehe auch Pircher, Wolfgang, «Die Sprache des Ingenieurs», in: *Bilder der Natur – Sprachen der Technik*, herausgegeben von David Gugerli, Michael Hagner, Michael Hampe, Barbara Orland, Philipp Sarasin, Jakob Tanner, diaphanes, Zürich, Berlin 2005, S. 83–108.

(7) Alexander, Christopher, «The State of the Art in Design Methods», in: *Developments in Design Methods*, herausgegeben von Nigel Cross, John Wiley & Sons, Chichester 1984, S. 309–327.

Es gab – und gibt – eine Reihe von Gründen dafür, Design und Designausbildung zu den Wissenschaften in Bezug zu setzen:

- Wissenschaften entwickeln sich in einem kumulativen Prozess und erzeugen ein wachsendes Reservoir an Wissen;
- Wissenschaften verfügen über einen je spezifischen Methodenkanon, wenngleich keine Einigkeit über die Allgemeinverbindlichkeit dieser Standardpraktiken unter den Vertretern der wissenschaftlichen Disziplinen besteht;
- Wissenschaften beanspruchen, als Grundlage für technische und industrielle Entwicklung zu dienen;
- Wissenschaften genießen eine unangefochtene Stellung in den Institutionen der Hochschulausbildung;
- Wissenschaften werden gefördert in Forschung und durch Publikationen.

Damit verglichen schneiden Design und Designausbildung kläglich ab. Sie verfügen nicht über einen vergleichbar rigorosen Methodenfundus, sie können kaum Grundlagen vorweisen – deren Möglichkeit und Wünschbarkeit wird in manchen Fällen sogar bestritten –, sie besitzen nur geringe akademische Glaubwürdigkeit. Designforschung wird in kaum nennenswertem Umfang gefördert. Design erscheint als Tätigkeit, die keine besonderen kognitiven Anforderungen stellt und die somit als kognitive Nichtigkeit abgetan werden kann.

Aus einer solchen ungünstigen Konstellation heraus bestand eine starke Versuchung, den Entwurfsprozess nach dem Muster wissenschaftlichen Vorgehens zu prägen und das Entwerfen danach zu bemessen, inwieweit es den Standardpraktiken zumal der Naturwissenschaften nachkommt. Ergebnis dieser Ansätze, den Entwurfsprozess zu strukturieren, waren zahlreiche Veröffentlichungen über Entwurfsmethodologie, die sich auf Beiträge der Entscheidungstheorie, der Problemlösung und der Künstlichen Intelligenz stützten. Es war Herbert Simon, ein herausragender Vertreter der Designwissenschaft, der verschiedene Thematiken eines für alle Disziplinen gültigen Lehrplans auflistete. Er adressierte seine Vorschläge an die Ingenieursdisziplinen, die er drängte, die Phase des Handwerkelns hinter sich zu lassen. Er schrieb: «Die auf berufliche Bildung hin angelegten Programme werden ihre Verantwortung für die Berufsausbildung wieder in dem Maße übernehmen können, als es ihnen gelingt, eine Designwissenschaft aufzubauen – eine intellektuell anspruchsvolle, analytische, zum Teil formalisierbare, zum Teil empirische und lehrbare Doktrin über den Entwurfsprozess.»[8]

Einige Aspekte dieser programmatischen Erklärung dürften kaum an Relevanz verloren haben, wenngleich im Falle einer Übertragung auf die Designausbildung die Vorherrschaft der Naturwissenschaften revidiert werden muss. Insbesondere dem Anspruch, den Entwurfsprozess zu formalisieren, wird heute mit Vorbehalten begegnet, und zwar wegen allzu optimistischer Versprechen einer orthodoxen (*hard core*) KI (Künstliche Intelligenz). 1970 verstieg sich Marvin Minsky zu folgender triumphalistischen

(8) Simon, Herbert A., *The Sciences of the Artificial*, MIT Press, Cambridge Mass. 1996 (1. Ausgabe 1969), S. 132.

Voraussage: «In drei bis acht Jahren werden wir eine Maschine mit dem allgemeinen Intelligenzpegel eines Durchschnittsmenschen haben. Ich meine eine Maschine, die in der Lage ist, Shakespeare zu lesen, einen Wagen zu schmieren, Büropolitik zu machen, einen Witz zu erzählen, einen Kampf durchzustehen. An diesem Punkte wird die Maschine mit phantastischer Geschwindigkeit zu lernen beginnen. In wenigen Monaten wird sie das Intelligenzniveau eines Genies erreicht haben, und einige Monate später wird ihre Macht ins Unermessliche gestiegen sein.»**(9)**

Man mag sich fragen, ob Minsky seine Voraussage ernst gemeint hat oder ob er durch seinen technologischen Optimismus insbesondere die Vertreter der *soft sciences* provozieren wollte. Wie dem auch sei, nach mehreren Jahrzehnten seit Formulierung dieser Prophezeiung hat die KI noch keinerlei Roboter vorzuweisen, der einem menschlichen Wesen in seiner alltäglichen Lebenspraxis ähnelt. Nicht zu leugnen sind die faszinierenden Perspektiven, die ein weniger orthodoxer Ansatz der KI eröffnen kann, um den Entwurfsprozess besser zu verstehen. Denn er geht von der plausiblen Hypothese aus, dass das Entwerfen wesentlich ein kognitiver oder wissensintensiver Prozess ist.**(10)** Allerdings wäre von einem weniger anspruchsvollen Ansatz auszugehen, denn es sind Zweifel an den Bemühungen der KI angebracht, den Entwurfsprozess zu algorithmisieren. Es ist gerade eines der Kennzeichen des Entwurfsprozesses, dass er sich der Algorithmisierung entzieht. Die Grundannahme Simons, dass der Entwurfsprozess im Rahmen einer rationalen Problemlösung verstanden werden kann, darf in Frage gestellt werden, zumal der Entwurfsprozess auch ein Prozess der Problementdeckung ist und die Erzeugung von Entwurfsalternativen keine befriedigende Antwort im Bezugsrahmen der Problemlösung gefunden hat.

Diese Anmerkungen sollten nicht als eine Rückkehr zu überholten Modellen individueller Kreativität und als Ausdruck einer antiwissenschaftlichen Einstellung missverstanden werden. Das Entwerfen bedarf der Grundlagen; diese werden nur durch Forschung und systematisches Experimentieren aufgedeckt. Dies ist eines der stärksten Argumente für eine Designwissenschaft. Während früher angenommen wurde, dass es eine wissenschaftliche Methode gäbe, die in den Entwurfsprozess zu integrieren wäre, werden heute differenziertere Betrachtungen angestellt. Der Wissenschaftstheoretiker Aharon Kantorovich, der eine Theorie der wissenschaftlichen Entdeckung entwickelte, wobei diese nicht als logischer Prozess, sondern als natürliches Phänomen eigener Art verstanden wird, gelangte im Vergleich zu Herbert Simon zu einem gegensätzlichen Schluss: «Wissenschaft ist ein Prozess blinder Variation und Selektion, der unsere sensomotorischen Organe und unsere kognitive Ausstattung erweitert.»**(11)** Diese Inter-

(9) Zitiert in Roszak, Theodore, «The Virtual Duck and the Endangered Nightingale», in: *Digital Media*, Juni 5, 1995, S. 68–74.

(10) Friedman, Ken, «Design Science and Design Education», in: *The Challenge of Complexity – 3rd International Conference on Design Management*, herausgegeben von Peter McGrory, University of Art and Design UIAH, Helsinki 1997, S. 54–72.

(11) Kantorovich, Aharon, «Scientific discovery as an evolutionary phenomenon», Vortrag auf dem *International Congress on Discovery and Creativity*. Die Zusammenfassung ist im Netz nachzulesen: http://users.ugent.be/~jmeheus/abstracts/kantorovich.doc.
Eine detaillierte Analyse der Begrenzungen des traditionellen Verständnisses von wissenschaftlicher Methode hat Thomas Nickles geliefert: «The Fall and Possible Rise of Methodology of Discovery», University of Nevada, Philosophy Department, Reno 1999. Unveröffentlichtes Manuskript.

pretation wissenschaftlichen Entdeckens und wissenschaftlicher Innovation führt nicht zu einer ‹Logik› oder einer ‹Methode›, vielmehr wird der innovative Wissenschaftler als ein Bastler (*tinkerer*) und Opportunist gekennzeichnet, der bestehende Werkzeuge für neue Zwecke nutzt. Kantorovich betont weiterhin die Rolle der *serendipity* (des glücklichen Zufalls) und schreibt: «Unter der Herrschaft des logischen Empirismus im 20. Jahrhundert bezog sich der Ausdruck ‹wissenschaftliche Methode› in erster Linie auf Verfahren der Begründung oder Bewertung der Ergebnisse wissenschaftlicher Entdeckungen und weniger auf die Methoden, wie man zu Entdeckungen gelangt.»(12)

Diese Änderung in der Blickrichtung bezeugt eine engere Affinität mit dem Entwerfen, denn wenn eine Methode, ob wissenschaftlich oder nicht, irgendwelchen Nutzen beansprucht, sollte sie Studierenden und Entwerfern bei der Entwicklung von innovativen Entwurfsvorschlägen helfen, also eine generative Funktion ausüben, wogegen in früheren Ansätzen zur Designmethodologie der Nachdruck eher auf der Begründung eines Entwurfs im Nachhinein lag als in der Erzeugung neuer Vorschläge. Somit diente sie eher einer nachholenden Rationalisierung und erfüllte damit im Unterschied zur generativen Funktion eine legitimative Funktion. Was die Frage der fallorientierten Methodologie gegenüber einer regelorientierten Methodologie angeht, zeichnen sich zwei konfligierende Positionen ab. Der problemorientierte Ansatz präsentiert den Studierenden während ihrer Ausbildung eine Reihe von Fallstudien. Der prozessorientierte Ansatz dagegen bildet die Studierenden in der Handhabung inhaltsunabhängiger Methoden aus, die sich auf eine große Zahl von Problemen anwenden lassen. Der erste Ansatz läuft Gefahr, in einem Sammelsurium von *Ad-hoc*-Aufgaben zu enden, während der zweite Ansatz Gefahr läuft, in eine Sammlung von Kochbuchrezepten zu verflachen. Es besteht kein Konsens darüber, was Entwurfsgrundlagen sind. Bislang ist nicht bewiesen, dass das Entwerfen eine grundlagenlose Tätigkeit ist, also eine Disziplin ohne Disziplin, oder ob das Entwerfen auf Grundlagen steht. Diese Frage zu klären ist eine der Aufgaben der Designforschung.

Komplexität der Entwurfsprobleme

Warum erlangte das Thema Entwurfsforschung und Entwurfswissenschaft in zunehmendem Maße Bedeutung, und zwar über den akademischen Bereich hinaus? Dafür lassen sich zwei Gründe als Erklärung anführen:

Erstens: Komplexe Entwurfsprobleme lassen sich heute ohne vorgeschaltete oder parallel laufende Forschungstätigkeit nicht mehr bearbeiten. Dabei ist festzuhalten, dass Entwurfsforschung nicht gleichgesetzt werden kann mit Verbraucherforschung oder deren Variante in Form von Ethnomethodologie, also einer empirischen Wissenschaft, die das Verhalten von Konsumenten in der alltäglichen Lebensumwelt untersucht und somit von Laboruntersuchungen absieht. Ob man dieser entwurfsbegleitenden Tätigkeit das Attribut ‹Forschung› zugesteht oder nicht, ist eine Ermessensfrage und hängt

(12) Kantorovich, Aharon, *Scientific Discovery: Logic and Tinkering*, State University of New York, New York 1993, S. 53.

von den Kriterien ab, die man an Forschung stellt. Es ist nicht von vornherein auszuschließen, dass die Entwurfstätigkeit Fragestellungen veranlasst, deren Beantwortung neues, durch Forschung erbrachtes Wissen zeitigt.

Zweitens: Die Konsolidierung der Entwurfsausbildung in den Hochschulen erzeugt einen Druck, sich akademischen Strukturen und Traditionen anzupassen. Wer eine akademische Karriere anstrebt, ist dazu angehalten, entsprechende Qualifikationen und Akkreditierungsembleme in Form eines Master- oder Doktortitels zu erwerben. Ohne den Besitz dieses symbolischen Kapitals ist es verwehrt, Schlüsselpositionen in hierarchisch strukturierten Institutionen zu besetzen und über sie hinaus Einfluss ausüben zu können. Es lassen sich also zwei Ursachen für das Aufkommen von Entwurfsforschung feststellen: Ein an die Berufspraxis gekoppeltes Motiv und ein an die akademische Praxis gekoppeltes Motiv, womit ein Spannungsverhältnis benannt ist, das zu Kontroversen und Divergenzen führen kann und führt.

Das Entwerfen existiert zunächst einmal frei und unabhängig, unbekümmert um die Existenz der Entwurfswissenschaft. Doch dieser Existenz des Entwerfens haftet ein vorläufiger Charakter an. Es kann durchaus dazu kommen, dass die Entwurfspraxis in zunehmendem Maße von der Existenz einer Entwurfswissenschaft abhängen wird. Mit anderen Worten, dass Entwurfswissenschaft zur Vorbedingung von Entwurfspraxis wird. Selbstredend wird diese Tendenz erhebliche Folgen für die Studiengänge der Entwurfsdisziplinen mit sich bringen, insbesondere für Industrial Design und Kommunikationsdesign, darin inbegriffen alle durch die Digitalisierung entstandenen und entstehenden neuen Studienbereiche wie zum Beispiel Interactiondesign und Informationsdesign.

Entwerfbarkeit | Erkennbarkeit

In der Regel – und zu Recht – werden wissenschaftliche Tätigkeit und Entwurfstätigkeit voneinander unterschieden. Denn es geht um je eigene Interessenlagen gegenüber der Welt, wie bereits im Kapitel «Demokratie und Gestaltung» erwähnt wurde. Der Entwerfer beobachtet die Welt aus der Perspektive der Entwerfbarkeit. Der Wissenschaftler hingegen betrachtet die Welt aus der Perspektive der Erkennbarkeit. Es handelt sich um unterschiedliche Sichtweisen mit eigenen Inhalten der Innovation: Der Wissenschaftler, der Forscher, erzeugt neue Kenntnisse. Der Entwerfer erzeugt oder ermöglicht neue Erfahrungen in der alltäglichen Lebensumwelt der Gesellschaft, Erfahrungen im Umgang mit Produkten, Zeichen und Serviceleistungen, darin inbegriffen Erfahrungen ästhetischen Charakters, die ihrerseits einer soziokulturellen Dynamik unterliegen.

Hier wird das Spannungsverhältnis zwischen kognitiv orientierter Tätigkeit (Forschung) und nicht kognitiv orientierter Tätigkeit (Entwerfen) sichtbar, wobei aber, um eventuelle Missverständnisse zu vermeiden, sogleich betont werden soll, dass die Entwurfstätigkeit in zunehmendem Maße kognitiv durchwoben ist. Angesprochen wird damit auch das Problem der Vermittlung zwischen diesen beiden Bereichen, die seit den 20er Jahren des letzten Jahrhunderts mit unterschiedlichem Erfolg realisiert wurde. Die heute anstehende, unumgängliche Revision und Aktualisierung herkömmlicher Studiengänge im Bereich des Entwerfens sieht sich mit der Frage konfrontiert, wie man die kognitive Kompetenz der Studierenden fördern kann, wobei unter anderem die damit eng verknüpfte Rolle der Sprache für und im Entwurfsunterricht thematisiert wird.

Trotz der Verschiedenheit zwischen Entwurf und Wissenschaft gibt es aber eine untergründige Affinität und strukturelle Ähnlichkeit im Vorgehen des innovativen Wissenschaftlers und des innovativen Entwerfers: Beide betreiben, wie es der bereits erwähnte Philosoph Kantorovich genannt hat, sogenanntes ‹tinkering›; beide probieren aus nach dem Motto: Mal schauen, was passiert, wenn man dies oder jenes tut. Beide gehen experimentell vor. Im Deutschen könnte man das Wort ‹tinkering› ohne abwertende Intention mit dem Wort ‹zielgerichtetes Basteln› oder ‹zielgerichtetes Probieren› übersetzen.

Ein Blick auf die heutigen Entwurfsproblematiken macht deutlich, dass die kognitiven Anforderungen an das Entwerfen gestiegen sind. Deshalb kommen weder die Entwurfsausbildung noch die Entwurfspraxis um die Wissenschaften und um die Forschung herum. Ein Beispiel kann zur Veranschaulichung dienen: Wenn heute ein Industrial Designer von einem Kunden damit beauftragt wird, eine nachhaltige Verpackung für Milch zu gestalten, dann wird er nicht umhin kommen, auf wissenschaftliche Kenntnisse über Energieprofile und sogenannte ökologische *foot prints* oder ökologische Rucksäcke zurückzugreifen und gegebenenfalls mit systematischen Experimenten über Materialkombinationen eine verlässliche Basis für seine Entwurfstätigkeit zu schaffen. Eine derartige Aufgabe kann man nicht mehr intuitiv angehen. Oder ein Beispiel aus dem Bereich des Kommunikationsdesign: Die Entwicklung eines Interface für Lernsoftware kann auf themenbezogene Forschung nicht verzichten. Wer sich da allein auf seine Innerlichkeit und vermeintliche Kreativität verlässt, gerät bald unter die Räder und wird scheitern.

Ein Beispiel für reduktionistisches Designverständnis

Um die Schwierigkeiten bei der Annäherung zwischen empirischer Wissenschaft und Entwurf zu veranschaulichen, sei ein Beispiel aus dem Bereich der *usability studies* angeführt. Es erstaunt, dass die Untersuchungen über *usability*, die unter dem Banner von *usability engineering* laufen, oftmals einen undifferenzierten Begriff von Gebrauch erkennen lassen, der die Aussagerelevanz der Untersuchungen erheblich einschränkt. Wenngleich die Definitionen dessen, was ‹Design› ist, bisweilen stark voneinander abweichen, so dürften doch zumindest zwei Konstanten allgemein akzeptiert werden: Auf der einen Seite die Sicht auf Gebrauchsqualität, auf der anderen Seite die Sicht auf formalästhetische Qualität (darin eingeschlossen das Spielen). Es sind die Sicht auf und die Sorge um den Benutzer von einem integrativen Ansatz aus, die den Unterschied zu anderen Disziplinen markieren, einschließlich der Ergonomie und der kognitiven Wissenschaften. Weiterhin schiebt ein umfassender Entwurfsansatz die Ästhetik nicht in Quarantäne, sondern bezieht die Ästhetik als konstitutiven Aspekt des Gebrauchens mit ein. Ästhetik ist nicht ein *add-on*, das man einem Entwurf hinzufügen kann – oder auf das man nach Belieben verzichten könnte. Diese Interpretation des Gebrauchs steht konträr zu der nachfolgenden Auffassung eines Vertreters der kognitiven Wissenschaften und des *usability engineering*: «Es gibt wesentlich zwei Grundansätze Design: Das künstlerische Ideal des Selbstausdrucks und das Ingenieursideal, ein Problem für einen Kunden zu lösen.»(13)

In dieser Dichotomie zwischen Kunst und wissenschaftsbasiertem *engineering*, zwischen einem ichzentrierten Ansatz und einem kundenzentrierten Ansatz tritt das Design gar nicht auf. Es verdampft in den Status einer Nichtidentität. Man kann nach den Gründen fragen, die zur Formulierung dieser Dichotomie führten. Vielleicht rührt sie von der durchaus verständlichen Reaktion auf das *cool design* mit entsprechenden Webseiten her, die wenig *user friendly*, wenn auch ästhetisch anziehend wirken – die sogenannten *killer sites*. Doch das steht nicht zur Frage, wohl dagegen eine unkritische Interpretation der Brauchbarkeit (*usability*)(14), die diesen Begriff als gegeben akzeptiert. Brauchbarkeit scheint das zu sein, was *usability engineering* messen kann. Kein Designer wird die Notwendigkeit des Testens eines Entwurfs leugnen, doch eine Deutung des Gebrauchs unter Ausschluss der ästhetischen Dimension wird zu einem blinden Opfer ästhetischer Entscheidungen – oder Nichtentscheidungen –, die ohnehin und zwar automatisch gefällt werden. Im Prozess einer Selbstzensur wird ein wesentlicher Bestandteil des Gebrauchs und des alltagspraktischen Umgangs mit Artefakten eskamotiert. Die Sorge um ästhetische Qualität kann nicht als Auslieferung an Oberflächenglitzer abgetan und unter den Teppich gekehrt werden, nur weil die ästhetische Qualität schwierig zu fassen ist – sie fällt durch den Kriterienraster des *usability engineering*. Der Anspruch, dass «… der Weg zu *angemessenen* Entwurfsideen (und nicht nur gute Ideen für ein *cool design*, das niemand benutzen kann) darin besteht, Benutzer zu beobachten und zu sehen, was sie mögen, was sie als leicht beurteilen und wo sie stolpern», ist wahrlich nicht neu – es ist das, was Entwerfer ohnehin tun.(15) Außerdem erklärt dieses Zitat nicht, wie es denn zu *angemessenen* Innovationen im Design kommt. Nachdem die Welt in zwei entgegengesetzte Bereiche aufgespalten ist – also das Design wegerklärt worden ist –, werden innovative Lösungen erklärt unter Rekurs auf den *deus ex machina* in Form der ‹Inspiration› und ‹Kreativität›. *Usability* aus dieser verengten Sicht mit wissenschaftlichen Methoden anzugehen gleicht Untersuchungen über die Physiologie des Atmens unter Ausklammerung des Sauerstoffs. Das führt nicht weit.

Reflektion oder Theorie und das Entwerfen

Im Rahmen der Eingliederung der Entwurfsausbildung in Fachhochschulen wird von den Lehrprogrammen gefordert, die Bildung der Reflektionsfähigkeit bei den Studierenden zu fördern. Studierende der Entwurfsdisziplinen sollen also Denken lernen – eine Forderung, die selbstverständlich klingt, aber längst nicht erfüllt ist. Ein amerikanischer Graphikdesigner schreibt dazu: «Design hat keine Tradition im Bereich der Kritik oder in der Anerkennung des Werts der Kritik. Ausbildungsprogramme des Design betonen weiterhin das visuelle Ausdrucksvermögen, nicht aber sprachliches oder schriftliches Ausdrucksvermögen. Das Ziel besteht darin, einem Kunden oder hypo-

(13) Nielsen, Jacob, *Designing Web Usability*, New Riders Publishing, Indiana 1999, S. 11.
(14) Die Übersetzung des Begriffs ‹usability› mit ‹Brauchbarkeit› oder ‹Gebrauchstauglichkeit› gibt nicht genau eine Nuance wieder: Es geht weniger um die Brauchbarkeit einer Software – Brauchbarkeit im Sinn von Nützlichkeit und

Zweckdienlichkeit – als um die Art und Weise, *wie* Menschen mit Software umgehen. Beim Begriff Brauchbarkeit liegt der Nachdruck auf den inhärenten Eigenschaften der Software, ist also softwareorientiert, bei *usability* hingegen steht die Gebrauchsweise im Vordergrund, ist also nutzerorientiert.
(15) Nielsen, *op.cit.*

thetischen Publikum eine Entwurfsidee zu verkaufen. Selten wird Design in Bezug auf Kultur und Gesellschaft thematisiert.»(16)

Unter reflektiertem Verhalten ist ein diskursiv geprägtes Denken zu verstehen, also ein in Sprache sich manifestierendes Denken. In der Entwurfsausbildung geht der Ansatz, Sprache in das Lehrprogramm einzubeziehen, zwar bis auf die 50er Jahre des letzten Jahrhunderts zurück, allgemein aber besteht in den Ausbildungsprogrammen, was Sprache und Texte angeht, vor allem im Bereich der visuellen Kommunikation, erheblicher Nachholbedarf. Denn die antidiskursive Tradition und antidiskursive Prädisposition der Entwurfsausbildung wirken selbst heute noch stark nach. Man muss zugeben und anerkennen, dass das Image des ‹Design› – und hier ist die Verwendung des Begriffs gerechtfertigt – häufig eine trügerische Anziehungskraft ausübt. *Hip* und *hop* und *cool* sind eben Attribute, auf die sich das Design – glücklicherweise – nicht reduzieren lässt.

Was heißt Reflektieren? Reflektieren heißt Distanz schaffen zum eigenen Tun; seine Verflechtungen und Widersprüche, auch gerade gesellschaftlicher Art, thematisieren. Theorie weist über das je Vorhandene hinaus. Was den Bezug zur Entwurfsforschung angeht, ist festzuhalten, dass für theoretische Tätigkeit ein Freiraum reserviert bleiben sollte; denn wer nur auf unmittelbare Anwendung schielt, leidet an Horizontverengung und Verkümmerung spekulativen Bewusstseins. Gadamer verweist in seinem Text *Lob der Theorie* auf «…die Nähe der Theorie zum bloßen Spiel, zum bloßen Beschauen und Bestaunen, fern von allem Brauchen und Nutzen und ernsten Geschäften». Weiterhin setzt er Theorie in Bezug zu «Dingen […], die ‹frei› von allem Kalkül des Brauchens und Nutzens sind».(17) Mit theoretischen Unternehmungen im Bereich des Entwerfens ist freilich nicht die Ausstellung eines Freibriefs für entwurfsfremdes Drauf-los-Spekulieren über Entwerfen und Entwurf gemeint, so wie es etablierten Disziplinen als willkommenes Vehikel dient, nämlich sich anhand des Forschungsgegenstands Design akademisch zu profilieren, nachdem man ihn lange Zeit keiner Aufmerksamkeit für würdig befunden hat. Die Versuchung dazu ist recht groß, da die Thematik des Entwerfens mit ihren vielseitigen Verflechtungen und Querverbindungen ein unbeackertes Feld für wissenschaftliche Tätigkeit darstellt. Es scheint aber leicht vergessen zu werden, dass das Reden über einen Gegenstand ein Minimum an Sachkenntnis voraussetzt, das nicht durch spekulativ-theoretische Studien, so wohlgemeint sie auch sein mögen, ersetzt werden kann. Wenn dann noch derartige sachferne, oftmals mit vorgefassten Schemata und Interpretationsmustern durchwobene Diskursbeiträge normativ auftreten, also unter dem Schutzmantel wissenschaftlicher Würde eine Normierung der Praxis betreiben wollen, dann ist wohl spätestens der Zeitpunkt gekommen, derlei usurpative Anmaßungen in die Schranken zu weisen.

Design als Gegenstand der Kritik

Jahrzehntelang wurde das Design im wissenschaftlichen Diskurs nicht thematisiert. Design war ein Nicht-Thema. Trotz seiner Präsenz in der alltäglichen Lebenswelt

(16) FitzGerald, Kenneth, «Quietude», in: *Emigre*, Nr. 64 (2003), S. 15–32.
(17) Gadamer, Hans-Georg, *Lob der Theorie*, Suhrkamp Verlag, Frankfurt 1991, S. 27.

weckte es kaum das Interesse der wissenschaftlichen Disziplinen, mit Ausnahme der Kunstgeschichte, die aber mit ihrer primär auf Stilphänomene, also morphologische Aspekte gerichteten Sichtweise nur bedingt der Thematik des Design gerecht werden kann. Durch die mediale Aufbereitung des Design allerdings hat sich die Lage verändert, sodass es heute auch an kritischen Erörterungen nicht fehlt. Aus den einschlägigen Veröffentlichungen sei das neueste Buch des Kunsttheoretikers Hal Foster mit dem Titel *Design und Verbrechen* als Beispiel herausgegriffen.[18] Foster argumentiert von einer antikonservativen Position der Kulturkritik aus. Schon der Titel mit seiner Anspielung auf das durch seine Polemik berühmt gewordene Buch von Adolf Loos *Ornament und Verbrechen* ist aufschlussreich.[19] Er schreibt: «Die alte Debatte (Infusion von Kunst in Gebrauchsgegenstände) erzeugt heute eine neue Resonanz, wenn das Ästhetische und das Nützliche nicht nur miteinander vermischt, sondern allseits unter den Kommerz subsumiert werden. Alles – nicht nur Architekturprojekte und Kunstausstellungen, vielmehr alles von Jeans zu Genen (*from jeans to genes*) – scheint als *Design* betrachtet zu werden.»[20] Darauf kann man nur erwidern: All das *ist* Design – oder treffender: All das ist Entwurf. Er schreibt weiterhin: «…das alte Vorhaben, Kunst und Leben zu verbinden, das auf unterschiedliche Weise von der Art Nouveau, dem Bauhaus und vielen anderen Strömungen befürwortet wurde, ist nun verwirklicht, doch gemäß den Medieninteressen der Kulturindustrie, nicht gemäß den Befreiungsabsichten der Avantgarde. Und eine Grundform dieser perversen Versöhnung ist heutzutage das Design.»[21] Die Feststellung einer Diskrepanz zwischen Avantgarde, die auf Autonomie zielt, und Medieninteressen, die das Design als *event* und Spektakel[22] in zunehmendem Maß vereinnahmt haben, mag stimmen. Doch zeugt der zitierte Text von einem verfehlten Designverständnis (Design als Kunst). Unterschwellig wird auch der alte Konflikt zwischen Kommerz (Ware) und Kunst angesprochen, der nun im Design eine perverse Versöhnung gefunden haben soll. Design ist längst nicht mehr Verkunstung des Alltags, wenn es denn derlei je gewesen ist. Schwerlich kommt man dem Design mit kunsttheoretischen und kunstkritischen Begriffen bei. Design bildet eine eigenständige Kategorie. Da es sich an der Schnittstelle zwischen Industrie, Markt, Technologie und Kultur (Lebenspraxis) befindet, eignet es sich für kulturkritische Exerzitien, die sich vorzugsweise an der Zeichenfunktion von Produkten festmachen. Foster übernimmt das von Baudrillard formulierte Theorem, dass sich Design im Wesentlichen auf die zeichenhafte Dimension von Objekten beschränkt, auf die «politische Ökonomie des Zeichens». Design wird damit entmaterialisiert und zum Zeichentauschwert (*sign exchange value*) verdünnt. Gerade Positionen, die sich selbst als antikonformistisch verstehen, zeitigen eine eigenartige Tendenz, das moderne Design mit einem totalen Ideologieverdacht zu überziehen. Es gab Zeiten, in denen zwischen Avantgarde-Positionen der Philosophie (zum Beispiel dem Wiener Kreis) und der modernen Gestaltung eine wechselseitige Wertschätzung bestand.[23] Derlei wird man heute vergebens suchen. Design fungiert

(18) Foster, Hal, *Design and Crime*, Verso, London 2002.
(19) Loos, Adolf, «Ornament und Verbrechen», in: *Trotzdem. Gesammelte Schriften 1900–1930*, Prachner Verlag, Wien 1997 (erste Auflage 1908), S. 78–88.
(20) Foster, *op.cit.*, S. 17.
(21) *Op.cit.*, S. 19.

(22) Debord, Guy, *Die Gesellschaft des Spektakels*, Verlag Klaus Bittermann, Berlin 1996 (französische Originalausgabe 1967).
(23) Thurm-Nemeth, Volker und Elisabeth Nemeth, *Wien und der Wiener Kreis – Orte einer unvollendeten Moderne*, Facultas Verlag, Wien 2003.

heute als simpler und willkommener Strohmann für Kritik an der Warengesellschaft, für Kritik am Pankapitalismus.

Forschung im Unterricht

Wann und wie sollte nun den Studierenden die Fähigkeit des Reflektierens und Forschens vermittelt werden? Auf diese Frage der Hochschuldidaktik ist bislang keine einhellige Antwort gefunden worden. Reflektion und Forschung sollten nicht den höheren Studienjahren vorbehalten sein, sondern von Anfang an gelehrt und praktiziert werden. Sie wären also in den Studiengängen nicht auf die Masterebene zu beschränken, sondern sollten bereits auf Bachelorebene gefördert und gefordert werden. Man darf dabei nicht übersehen, dass ein solches Unternehmen auch Gefahrenmomente in sich birgt. Jeder Lehrende wird wohl mehr als einmal die Erfahrung gemacht haben, dass sich im Entwurfsunterricht gelegentlich Studierende finden, die sich aus dem Entwerfen durch rednerische Akrobatik wegstehlen möchten und Entwurfsschwäche durch Redemanöver kompensieren wollen. Dieser Diskursform als Vermeidungsstrategie des Entwerfens wäre vorzubeugen. Sie hat nichts mit der hier avisierten, im Entwurf verankerten, am Entwurf festgemachten kognitiven Kompetenz zu tun. Ihr wäre in Ausbildungsprogrammen Rechnung zu tragen, zumal wenn Studierende theoretische Interessen hegen, die bislang in der Regel bestenfalls geduldet, nicht aber explizit gefördert werden, was einer der Gründe für die immer wieder kritisierte Diskursunfähigkeit oder Diskursschwäche der Designer ist. Allerdings besteht keine Einigkeit darüber, was Designtheorie als Unterrichtsfach beinhaltet, wenn denn mehr intendiert ist als eine frei wirbelnde Mischung aus Derrida, Lacan, *gender studies*, *cultural studies*, Medientheorie und einem durch philosophische Versatzstücke bereicherten Postmodernismus.

Endogene und exogene Entwurfsforschung

Was den Forschungsansatz angeht, lassen sich zwei Formen von Forschungen im Bereich des Entwerfens unterscheiden:

Erstens, endogene Entwurfsforschung, also aus dem Entwurfsbereich selbst initiierte Forschung. Sie geht vorzugsweise von konkreter Entwurfserfahrung aus und ist oftmals eingebunden in den Entwurfsprozess und markiert somit primär ein instrumentelles Interesse. Es steht aber zu hoffen, dass in Zukunft auch eine endogene Entwurfsforschung betrieben wird, die über die unmittelbare Verwertbarkeit im Entwurfsprozess hinausreicht. Auf diese Weise könnte ein Wissensfundus geschaffen werden, den die Domäne des Entwurfs bis heute entbehrt – die Klage über das Fehlen eines entwurfsspezifischen Wissensfundus ist allgemein bekannt. Diese Art von Forschung sollte unbedingt Entwerfer involvieren, um der schon erwähnten Gefahr des Abdriftens des Diskurses in paraphilosophische Übungen entgegenzuwirken. Sollte sich die Profession gegenüber dieser Notwendigkeit verschließen, wird die Zukunft der Industrial Designer und Graphikdesigner in Frage gestellt. Es ist durchaus möglich, dass diese beiden Berufe dann zu einer aussterbenden Spezies gehören werden.

Zweitens, exogene Entwurfsforschung, die sich den Entwurf als Forschungsgegenstand wählt und ausgehend von der je spezifischen Disziplin neue Aspekte des

untersuchten Themas freilegt. Dafür wird nicht eine eigene Entwurfserfahrung vorausgesetzt, so wie man Literaturforschung betreiben kann, ohne selbst ein Schriftsteller zu
sein. Je weiter allerdings sich Texte und Forschungen von den Widersprüchen, Paradoxien und Aporien des Entwerfens entfernen, desto stärker setzen sie sich der Gefahr des
pauschalen Urteilens aus. Die Entwerfer brauchen nun wahrlich keine wissenschaftlichen Großinquisitoren, die ihnen mit erhobenem Finger predigen wollen, was sie zu
tun und was sie zu lassen hätten.

Was die Forschungsinhalte angeht, kann man eine rhizomatische Karte anlegen, um
die Spannweite der Themen zu veranschaulichen und gleichzeitig geordnet darzustellen.
Selbstredend trägt diese Klassifikation wie jede andere subjektive Momente und ge-
horcht in erster Linie Plausibilitätskriterien. Die skizzierte Landkarte (*map*) ist in sechs
thematische Gruppen gegliedert:

- Geschichte
- Technik
- Struktur/Form
- Medien
- Entwerfen/Alltagspraxis
- Globalisierung/Markt.

Jeder dieser Themenbereiche ist dann seinerseits in eine Reihe von Unterthemen
unterteilt.

Man kann im Rahmen einer historischen Forschung eine Zeitlinie der Thematiken
des Entwurfsdiskurses anlegen, in der sich das Aufkommen sowie die Dauer bestimmter Topoi im Entwurfsdiskurs ablesen lassen. Bestimmte Thematiken verschwinden
aus dem Diskurs, neue treten hinzu, alte leben wieder auf, sei es unter den bekannten
Begriffen, sei es unter neuen Bezeichnungen. Die entwurfshistorische Forschung hat da
ein fruchtbares Themenfeld vor sich. Was die Entwurfsausbildung angeht, wäre es wohl
eine reizvolle Aufgabe, einmal nachzuprüfen, wie sich die Dominanz der Diskursthema-
tiken jeweils in den Ausbildungsprogrammen niedergeschlagen hat. Eine hypothetische
Zeitlinie der jeweils dominierenden Inhalte des Entwurfsdiskurses sei hier zur Veranschaulichung gezeigt – sie müsste durch Detailuntersuchungen, etwa durch umfassende
Sichtung der Inhaltsverzeichnisse der relevanten Fachzeitschriften und Analyse exem-
plarischer Texte abgesichert werden.

Grundlagen des Entwerfens

Eine weitere ungeklärte Frage in der Entwurfsdidaktik betrifft die Grundlagen
des Entwerfens und damit verbunden die Forschung.(24) Über diesen Punkt herrscht
in Ausbildungskreisen keine Einigkeit. So wird zum Beispiel gefragt, was denn die
Grundlagen des Entwerfens konstituiert, und mehr noch, ob das Entwerfen überhaupt
über Grundlagen verfügen kann. Mit anderen Worten, es wird gefragt, ob das Entwer-

(24) Um diese Frage zu versachlichen, könnte man auf das
Reizwort ‹Grundlagen des Design› verzichten und stattdessen
auf einen weniger belasteten Begriff wie zum Beispiel ‹Standardpraktiken des Design› zurückgreifen. Dem Begriff ‹Grundlagen› haftet der Nimbus eines über lange Dauer gültigen
Kanons an. Dagegen verweist der Begriff ‹Standardpraktiken›
auf den kontextabhängigen Charakter. Aus diskurspraktischen
Gründen wird in diesem Zusammenhang weiterhin der übliche
Begriff verwendet.

fen prinzipiell eine grundlagenlose Tätigkeit ist. Wenn man dieser Meinung anhängt, signalisiert das Beharren auf Grundlagen nunmehr einen frommen, überholten, grundlosen Wunsch. Zum Vergleich werden gern die Wissenschaften herangezogen, die dem Allgemeinverständnis nach den Ruf genießen, auf Grundlagen zu stehen, weshalb sie dem Entwerfen als Muster und Bezugspunkt dienen könnten.

Holt man sich dann bei den Wissenschaften Auskunft, wird man eines Besseren belehrt, dass nämlich auch sie nicht über Grundlagen verfügen. Darüber schreibt Max Planck in einem 1941 gehaltenen Vortrag: «[...] wenn wir [...] den Aufbau der exakten Wissenschaft einer genaueren Prüfung unterziehen, dann werden wir sehr bald gewahr, dass das Gebäude eine gefährlich schwache Stelle besitzt, und diese Stelle ist das Fundament. [...] Es gibt für die exakte Wissenschaft kein Prinzip von so allgemeiner Gültigkeit und zugleich von so bedeutsamen Inhalt, dass es ihr als ausreichende Unterlage dienen kann. [...] Daraus können wir vernünftigerweise nur den einen Schluss ziehen, dass es überhaupt unmöglich ist, die exakte Wissenschaft auf eine allgemeine Grundlage endgültig abschließenden Inhalts zu stellen.»[25]

Wie man auch zur Frage steht, ob das Entwerfen Grundlagen hat oder nicht, es ist festzuhalten, dass im Bereich der Entwurfsausbildung die Vermittlung von Grundlagen auf die Lösung eines unleugbaren Problems abzielte – und noch abzielt –, nämlich die formalästhetische Bildung der Studierenden, und zwar nicht nur des rezeptiven Differenzierungsvermögens, sondern auch und vor allem des generativen Differenzierungsvermögens zu betreiben. Ein Blick auf die Geschichte der Entwurfsausbildung zeigt, dass heftige Kontroversen über den am Bauhaus erfundenen Grundkurs bestanden, der weltweit gleichsam zur Kennmarke von Entwurfsstudiengängen im Gegensatz zu anderen Studienrichtungen geworden ist. Erörtert wurde im Laufe der Entwicklung des Grundkurses die Frage, ob man die formalästhetische generative Kompetenz gleichsam verselbstständigen und als organisatorische Einheit innerhalb eines Ausbildungsprogramms behandeln sollte oder ob man den Grundkurs als ein Überbleibsel aus einer romantisch-dunstigen Phase der Entwurfsausbildung einfach abschaffen sollte. Begriffe wie ‹Grundkurs›, ‹Grundlagen des Entwerfens› üben gelegentlich eine negative Reizwirkung aus und evozieren versteifte Positionen, die dann eine Debatte vereiteln. Vielleicht wäre es schon aus diesem Grunde angebracht, von ihrer Verwendung Abstand zu nehmen. Damit wird zwar das Problem der Bildung formalästhetischer Kompetenz nicht aus der Welt geschafft, zumindest aber entschärft. Statt von ‹Grundkurs› und ‹Grundlagen des Entwerfens› zu sprechen, kann man den von Christopher Alexander geprägten Begriff ‹*patterns*› nutzen, der auf rekurrente Phänomene verweist, die relativ kontextfrei von wirtschaftlichen und produktionstechnischen Einflussfaktoren bestehen. So könnte man der immanenten Gefahr der Akademisierung des Grundkurses vorbeugen, diese Entwurfsübungen zu formalen Rezepten in Form eines Kanons oder einer Stilbibel zu kristallisieren; denn die Abwehr

---

(25) Planck, Max, *Sinn und Grenzen der exakten Wissenschaft*, Johann Ambrosius Barth, Leipzig 1942, S. 4–5.

|01| Skizze eines Diagramms zur Veranschaulichung der weit verzweigten Forschungsbereiche des Design. Designgeschichte kann von Produkttypen wie z.B. Werkzeugen handeln, sich auf die Biographie einer Person beschränken, die Entwicklung einer Firma untersuchen, einen Überblick über die Geschichte der Designausbildung oder einer Ausbildungsstätte liefern, die Trajektorie des Design in einem Land aufzeichnen. Die gestrichelten Umrisse zeigen an, dass die Themen nicht hermetisch gegeneinander abgeschlossen sind.

|02| Hypothetische Zeitleiste der vergangenen fünfzig Jahre mit einer Auflistung der Thematiken, die den Diskurs bestimmt haben. So wurde in den 1950er und 1960er Jahren das Thema Designmethodologie intensiv diskutiert, heute dagegen ist das Interesse daran abgeklungen.

Geschichte	Technik	Struktur / Form	Medien	Entwerfen / Alltagspraxis	Globalisierung / Markt
Länder	Materialien	Bionik	Mapping	Methoden	CI / Branding
Unternehmen	Verfahren	Morphologie	Netz	Designtheorie	Wettbewerb
Produktarten	Nachhaltigkeit	Wahrnehmung	Simulation	Grundlagen	Politische Ökonomie
VisKomm-Arten	TQM	Farbtheorie	Audiovisualistik	Designanalyse	Zentrum/ Peripherie
Ausbildung	Systemtheorie	Ästhetik	Bildtheorie	Doktrinen synchronisch	Mode
Protagonisten	Normen	Angewandte Mathematik	Texttheorie	Soziodynamik der Kultur	...
Doktrinen diachronisch	Management	...	Visualisierung	Kulturelle Identität	
Alltagskultur	...		Kognition	...	
...			...		

	1950	1960	1970	1980	1990	2000

Methodologie
Produktivität
Ergonomie
Funktionalismus

Produktsprache
Alternative Tech.
Dependenztheorie

Differenzierung
Management
POMO Debatte
Kompetitivität

Branding
Nachhaltigkeit
Globalisierung
Identität
Kognition
Neue Medien

eines morphologischen Kanons dürfte eines der Hauptmotive der Aversion gegen den Grundkurs sein.

Von Diskursen zu Viskursen

Seit einigen Jahren spricht man in den Wissenschaften von der ikonischen Wende. Mit dem Begriff des ‹iconic turn› wird diese neue epistemologische Konstellation bezeichnet. Darin ist der Primat der Diskursivität als privilegierter Raum von Erkenntnis gebrochen. ‹Bildwende› meint die Anerkennung der Visualität als kognitive Domäne im Gegensatz zur jahrhundertelang vorherrschenden Tradition des Verbozentrismus. Diese Wende ist durch technologische Neuerungen bestimmt worden, vor allem durch die Digitaltechniken, dank derer neue Verfahren der Bildgebung und Bilderzeugung ermöglicht wurden. Hierzu heißt es klärend: «Dabei [bei der grundlegenden Operation der Bilder, GB] geht es nicht bloß um passive, illustrierende oder veranschaulichende Wiedergabe von etwas bereits fertig Vorhandenem. Es handelt sich vielmehr um das ursprünglich aktive Zur-Darstellung-Bringen, um ein ursprüngliches Ins-Bild-Setzen.»(26)

Die Bildung der Fähigkeit des Ins-Bild-Setzens steht bekanntlich im Mittelpunkt der Ausbildungsgänge des Graphikdesign und der Visuellen Kommunikation. Dank des *iconic turn* in den Wissenschaften und dank der Digitaltechnologie kann heute das kognitive Potenzial visueller Gestaltung erschlossen werden, das heißt, die unverzichtbare Rolle der visuellen Gestaltung für Erkenntnisprozesse kann treffend charakterisiert werden. Damit öffnet sich für das herkömmliche Graphikdesign ein faszinierendes neues Arbeits- und Forschungsfeld. Allerdings tut sich eine aus Dominanz diskursiver Tradition stammende Denkweise zunächst einmal schwer damit, den kognitiven Status von Bildern und überhaupt der Visualität anzuerkennen. Das tief verankerte Vorurteil gegen Bilder wird daran deutlich, dass sie oftmals mit dem Attribut ‹schön› deklassiert werden, worin sich ein viszerales Misstrauen gegen alles bekundet, was auch nur den Hauch des Ästhetischen an sich hat. Die Indifferenz gegenüber dem Ästhetischen, das in der auf Sprache fixierten Wissenschaftstradition dominiert, ist hinlänglich bekannt. Die epistemologische Konstellation der Bildfeindlichkeit bildet das Pendant der nur am Bilde klebenden, sprachfeindlichen Designtradition. Der bereits zitierte Autor kennzeichnet das visuelle Wissen auf folgende Weise: «Demgegenüber meint nicht-sprachliches und nicht-propositionales Wissen eines, das man haben kann, ohne über entsprechende sprachliche Prädikate und Begriffe zu verfügen und diese erlernt zu haben.»(27)

Die Digitaltechnologie wird zu tief reichenden Veränderungen epistemologischer Traditionen führen und der visuellen Gestaltung eine neue Rolle ermöglichen.(28) In diesem Zusammenhang schreibt der Medienwissenschaftler Frank Hartmann: «Sicher werden Schrift und Lektüre ihre Bedeutung nicht unmittelbar verlieren, in der Bandbreite kultureller Performanzen wird ihnen aber eine weniger zentrale Position zugewiesen.»

(26) Abel, Günter, «Zeichen- und Interpretationsphilosophie der Bilder», in: *Bildwelten des Wissens*, herausgegeben von Horst Bredekamp und Gabriele Werner, *Kunsthistorisches Jahrbuch für Bildkritik*, Band 1,1, Akademie Verlag, Berlin 2003, S. 89–102.
(27) *Op.cit.*, S. 97.

(28) Der Einfluss der Digitaltechnologien auf die Designausbildung meint weit mehr als die technische Kompetenz im Umgang mit Softwareprogrammen für Bildbearbeitung, Bildherstellung, Layout, Animation. Diese bildet die unabdingliche Voraussetzung dafür, dass man einen Schritt weiter gehen und sich mit Inhaltsfragen auseinandersetzen kann.

Und weiter: «Dass nur die gedruckte Monografie etwa den Wissensstand einer wissenschaftlichen Disziplin repräsentiert, dieser Gedanke wird heute ganz allgemein als dem Bereich ‹Mythen der Buchkultur› zugerechnet.»**(29)**

Wenn es zutrifft, dass man heute nicht mehr so entwerfen kann wie noch vor einer oder zwei Generationen, dann ist ebenfalls anzuerkennen, dass man heute nicht mehr so forschen kann wie noch vor einer oder zwei Generationen, nämlich primär oder sogar ausschließlich textorientiert. Diese neue, sich abzeichnende Tendenz lässt sich in vier Worten zusammenfassen: von Diskursen zu Viskursen. Der ikonischen Wende in den Wissenschaften entspräche eine kognitive Wende in den Entwurfsdisziplinen. Sie ist bislang erst in Ansätzen vollzogen.

Bibliographie

Abel, Günter, «Zeichen- und Interpretationsphilosophie der Bilder», in: *Bildwelten des Wissens*, herausgegeben von Horst Bredekamp und Gabriele Werner, *Kunsthistorisches Jahrbuch für Bildkritik*, Band 1,1, Akademie Verlag, Berlin 2003, S. 89–102.

Alexander, Christopher, «The State of the Art in Design Methods», in: *Developments in Design Methods*, herausgegeben von Nigel Cross, John Wiley & Sons, Chichester 1984, S. 309–327.

Banse, Gerhard, Armin Grunwald, Wolfgang König und Günter Ropohl (Hrsg.), *Erkennen und Gestalten – Eine Theorie der Technikwissenschaften*, edition sigma, Berlin 2006.

Bruera, Matías, «Políticas del consumo, progresía y populismo», in: *pensamiento de los confines*, Nr. 22, 2008, S. 51–56.

Debord, Guy, *Die Gesellschaft des Spektakels*, Verlag Klaus Bittermann, Berlin 1996 (französische Orignalausgabe 1967).

Design Research News, http://www.designresearchsociety.org.

FitzGerald, Kenneth, «Quietude», in: *Emigre*, Nr. 64, 2003, S. 15–32.

Foster, Hal, *Design and Crime*, Verso, London 2002.

Friedman, Ken, «Design Science and Design Education», in: *The Challenge of Complexity,– 3rd International Conference on Design Management*, herausgegeben von Peter McGrory, University of Art and Design UIAH, Helsinki 1997, S. 54–72.

Gadamer, Hans-Georg, *Lob der Theorie*, Suhrkamp Verlag, Frankfurt 1991.

Hartmann, Frank, *Mediologie – Ansätze einer Medientheorie der Kulturwissenschaften*, Facultas Verlag, Wien 2003.

Kantorovich, Aharon, «Scientific discovery as an evolutionary phenomenon», Vortrag auf dem *International Congress on Discovery and Creativity*. Zusammenfassung unter: http://users.ugent.be/~jmeheus/abstracts/kantorovich.doc.

Kantorovich, Aharon, *Scientific Discovery: Logic and Tinkering*, State University of New York, New York 1993.

Kirchmann, Julius Hermann von, *Die Wertlosigkeit der Jurisprudenz als Wissenschaft*, Manutius Verlag, Heidelberg 2000 (1. Auflage 1848).

König, Wolfgang, *Künstler und Strichezieher – Konstruktions- und Technikkulturen im deutschen, britischen, amerikanischen und französischen Maschinenbau zwischen 1850 und 1930*, Suhrkamp Verlag, Frankfurt 1999,

Loos, Adolf, «Ornament und Verbrechen», in: *Trotzdem. Gesammelte Schriften 1900–1930*, Prachner Verlag, Wien 1997 (1. Auflage 1908), S. 78–88.

Maldonado, Tomás, «Das Zeitalter des Entwurfs und Daniel Defoe», in: *Digitale Welt und Gestaltung*, Birkhäuser Verlag, Basel, Boston, Berlin 2007, S. 257–268.

(29) Hartmann, Frank, *Mediologie – Ansätze einer Medientheorie der Kulturwissenschaften*, Facultas Verlag, Wien 2003, S. 9 und 66.

Nickles, Thomas, «The Fall and Possible Rise of Methodology of Discovery», University of Nevada, Philosophy Department, Reno 1999. Unveröffentlichtes Manuskript.

Nielsen, Jacob, *Designing Web Usability*, New Riders Publishing, Indiana 1999.

Pircher, Wolfgang, «Die Sprache des Ingenieurs», in: *Bilder der Natur – Sprachen der Technik*, herausgegeben von David Gugerli, Michael Hagner, Michael Hampe, Barbara Orland, Philipp Sarasin, Jakob Tanner, diaphanes, Zürich, Berlin 2005,

Planck, Max, *Sinn und Grenzen der exakten Wissenschaft*, Johann Ambrosius Barth, Leipzig 1942.

Simon, Herbert A., *The Sciences of the Artificial*, MIT Press, Cambridge, Mass. 1996 (1. Ausgabe 1969).

Thurm-Nemeth, Volker und Elisabeth Nemeth, *Wien und der Wiener Kreis – Orte einer unvollendeten Moderne*, Facultas Verlag, Wien 2003.

Innovationen im Design und Globalisierung

- VIER FACETTEN DER GLOBALISIERUNG
- MANTRA DES FREIEN MARKTES
- ENTWICKLUNGSKONZEPTE
- DESIGN-RANGLISTE UND KOMPETITIVITÄT
- AKADEMISIERUNG DER DESIGNAUSBILDUNG
- MARKETINGDOMINIERTE UND DESIGNDOMINIERTE FIRMENPOLITIK
- TAXONOMIE DER DESIGNINNOVATIONEN
- VEKTOREN FÜR DESIGNINNOVATIONEN

Vier Facetten der Globalisierung

Wohl zu Recht erheben Designer den Anspruch, dass das Design als eine Erscheinungsform der Innovation zu betrachten ist. Betont wird dieser Anspruch auch in jenem Prozess, der seit den 90er Jahren des letzten Jahrhunderts im deutschen Sprachbereich mit ‹Globalisierung der Märkte› bezeichnet wird. Um die Rolle des Design in diesem Kontext genauer bestimmen zu können, ist es angebracht, beide Phänomene eingehend zu analysieren, zumal der Begriff ‹Globalisierung› oftmals zur simplen Erklärung – oder besser Nicht-Erklärung – beliebiger gesellschaftlicher Probleme instrumentalisiert wird. Für den hier anvisierten Zweck lassen sich vier Facetten der Globalisierung unterscheiden:

- Technologische Globalisierung, sie wird ermöglicht durch Innovationen in den Bereichen Informatik, Kommunikation und Verkehr.
- Wirtschaftliche Globalisierung im Sinne eines uneingeschränkten Handels und unkontrollierter internationaler Kapitalflüsse.
- Kulturelle Globalisierung im Sinne einer weltweiten Etablierung okzidentaler Konsummuster und Wertvorstellungen.
- Politische Globalisierung im Sinne einer Rekolonialisierung der Peripherie oder der ehemals sogenannten ‹Dritten Welt›.(1)

Eine weitere Erscheinungsform der Globalisierung, und zwar die Globalisierung der Korruption, lasse ich in diesem Zusammenhang außer Acht.

---

(1) Der Begriff ‹Dritte Welt› wurde 1952 von dem französischen Demographen Alfred Sauvy geprägt in Analogie zum *tiers état* (der Armen und Besitzlosen) in der französischen Revolution. Die ‹Erste Welt› war synonym mit dem Westblock, die ‹Zweite Welt› mit dem Ostblock und die ‹Dritte Welt› mit dem Rest. Mit der Veränderung der weltpolitischen Machtverhältnisse hat der Begriff ‹Dritte Welt› seinen Sinn eingebüßt. Deshalb nutze ich die Begriffe ‹Peripherie› und ‹periphere Länder›. Aus dieser Änderung der Nomenklatur wäre nicht der Fehlschluss zu ziehen, dass sich heute etwas Grundsätzliches an der Lage der ehemals Dritten Welt geändert hat.

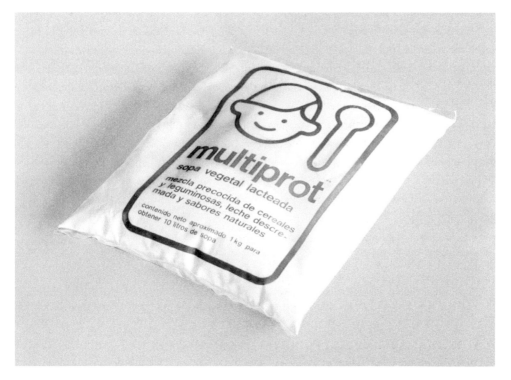

Fehlgeleitete Entwicklungskonzepte

Die Globalisierung wurde und wird unter anderem von einer Reihe von internationalen Institutionen flankiert, die unter den Akronymen TRIPPS(2), GATTS(3) und WTO(4)
bekannt sind. Der Einfluss dieser Institutionen, die sich politisch-demokratischer Kontrolle entziehen, auf die Peripherie – teilweise agieren sie zusammen mit der Weltbank
und dem Internationalen Währungsfonds – geriet ins Kreuzfeuer der Kritik, insbesondere wegen der sogenannten Anpassungskredite zur Schuldentilgung. Diese werden
beispielsweise in der Regel ohne Wissen oder Zustimmung der betroffenen Bevölkerung implementiert und tragen den gesellschaftlichen und umweltlichen Einflüssen der
Empfängerländer keine Rechnung. Die Auswirkungen dieser Kredite und der an sie geknüpften Auflagen seien kurz an Hand eines Vergleichs des Durchschnittseinkommens
von sechs Regionen (China, arabische Staaten, Südasien, Südostasien, Lateinamerika
und Subsahara) erläutert, und zwar vor und nach der Einführung der SAPs (*structural
adjustment programmes*). Die schematischen Auflagen für die kreditsuchenden Länder
der Peripherie entsprechen den Gesetzen des freien Marktes.(5) Die Daten beziehen
sich auf die beiden Zeitspannen: 1960–1980 und 1980–1998. Demnach führten diese
strukturellen Anpassungsprogramme nur in China und Südostasien zu einer Steigerung
des Durchschnittseinkommens, in den anderen vier Regionen zeitigten sie negative
Ergebnisse.

(2) TRIPPS: *Agreement on Trade-Related Aspects of Intel-
lectual Property Rights* (Abkommen über handelsbezogene
Aspekte der Rechte am geistigen Eigentum).
(3) GATS: *General Agreement on Trade and Services.* 1994
geschlossenes multilaterales Abkommen zur Liberalisierung des internationalen Dienstleistungsaustausches. Für
die peripheren Länder kann dies unter anderem bedeuten,
dass z.B. Sicherheitspersonal ausländischer Firmen – eine
beschönigende Bezeichnung für Söldnertruppen – unbehindert
seine Dienste in dem jeweiligen Gastland ausüben dürfen
soll. Soziale Unruhen und Proteste, die den Geschäftsinteres-
sen der Metropole zuwiderlaufen, können somit auf legale,
durch internationale Verträge abgesicherte Weise in Schach
gehalten werden. Die während des Hochkapitalismus übliche
Politik der Kanonenboote findet heute in abgewandelter Form
unter anderem über internationale Verträge des Dienstleis-
tungsverkehrs ihre Fortsetzung.

(4) WTO: World Trade Organisation (Welthandelsorganisation,
gegründet 1994). Wessen Handelsinteressen dabei favorisiert
wurden – und werden –, dürfte klar sein, wenn man auf
das tausend Seiten umfassende Gründungspapier dieser
Institution hinweist. Ärmere Länder verfügten weder über die
technisch-juristischen noch finanziellen Ressourcen, um ihre
Interessen signifikant einbringen zu können.
(5) Die massive Kritik an den SAPs und die fraglichen Erfolge
haben dazu geführt, dass dieser Ausdruck heute aus der
Nomenklatur der internationalen Finanzinstitutionen ver-
schwunden ist. Ob sich damit etwas Grundsätzliches geändert
hat, bleibt dahingestellt.

Während der 1990er Jahre hatten die zehn Gebote des *Washington Consensus* vor allem in Lateinamerika Geltung. Sie haben der Entwicklung dieser Region nicht gedient.(6) Sie bezogen sich auf:

- Haushaltsdisziplin,
- Umlenkung der öffentlichen Ausgaben,
- Steuerreform (allerdings nicht der Kapitalsteuer),
- Liberalisierung des Zinssatzes,
- kompetitive Wechselkurse,
- Liberalisierung des Handels,
- Liberalisierung des Kapitalzuflusses für direkte ausländische Investitionen,
- Privatisierung,
- Deregulierung,
- Sicherung der Eigentumsrechte (vor allem ausländischer Investoren).

Von der Furie der Privatisierung wurde besonders Lateinamerika heimgesucht. Zwar lag die Zahl der Transaktionen in Osteuropa und Zentralasien mit 5.634 Operationen höher als die 1.270 Transaktionen in Lateinamerika. Doch mit dem Erlös von über neunzig Milliarden Dollar führte Lateinamerika den Reigen des Privatisierungsballetts an. Das hatte die Veräußerung gesellschaftlicher Ressourcen zur Folge zugunsten einer Koalition der dominierenden lokalen und internationalen Wirtschafts- und Finanzkonglomerate, die über Verbindungen zu multilateralen Agenturen und Medien verfügten.(7) Dieser Ressourcentransfer und diese Ressourcenkonzentration können in ihrem Ausmaß und ihren Konsequenzen mit der großen Landnahme verglichen werden, die im Gefolge der Entdeckung des Subkontinents im Jahre 1492 erfolgte. Es liegt auf der Hand, eine direkte Auswirkung dieser politisch motivierten Maßnahmen – die Weltbank propagierte ‹irreversible Reform›, also Festschreibung des Status quo in alle Ewigkeit – auf den Arbeitsmarkt der Designer anzunehmen. Dem politischen und wirtschaftlichen Machtzuwachs des Finanzsektors entspricht seit den 1990er Jahren die Konzentration der Designleistungen auf CIs sowie der Abbau von Dienstleistungen im Bereich des Industrial Design, weiterhin die Pauperisierung von Absolventen der ausufernden Designkurse, die im informellen Sektor der Wirtschaft einen Ausweg aus der Misere mittels Entwurf und Herstellung handwerklicher Designobjekte für den Einrichtungsbedarf und die persönliche Ausstattung suchen – weitgehend mit präkapitalistischer Produktionsweise.

Die Umsetzung der zehn Gebote des *Washington Consensus* führte in der Regel zu folgenden Ergebnissen:

---

(6) Der Ausdruck *Washington Consensus* wurde von dem Wirtschaftswissenschaftler John Williamson geprägt, der sich später genötigt sah, diesen Begriff von einer Assoziation mit monetaristischer und neoliberaler, gegen mehrheitlich gesellschaftliche Interessen gerichteten Wirtschaftspolitik abzusetzen. Williamson, John, «What Should the Bank Think about the Washington Consensus?», 1999. Nachzulesen unter: http://www.iie.com/publications/papers/paper.cfm?ResearchID=351. (Letzter Zugriff am 19. Januar 2009.)
(7) de Medeiros, Carlos Aguiar, «Asset-stripping the State – Political Economy of Privatization in Latin America», in: *New Left Review*, Nr. 55, Januar/Februar 2009, S. 109–132. Der brasilianische Wirtschaftswissenschaftler entlarvt in diesem Artikel die in der Regel für die Privatisierung angeführten Argumente (vermeintliche Ineffizienz öffentlicher Unternehmen und durch öffentliche Unternehmen erzeugte Steuerlast). «Ich werde zeigen, dass die Massenprivatisierung der 90er Jahre nicht als eine pragmatische Reorganisation der Staats- und Marktstrukturen im Sinne einer Antwort auf echte makroökonomische Probleme konzipiert oder umgesetzt wurde; vielmehr resultierte sie aus einer politisch-ideologischen Entscheidung, den Staat aus dem Unternehmensbereich zu verdrängen, ganz gleich, um welchen Wirtschaftssektor oder Markt es sich auch handeln möchte, oder ob es um eine Versorgung mit öffentlichen Gütern geht.»

- Import von Luxusgütern für die lokale Elite, der eine Rückführung von Devisen aus Exporteinkünften in die Metropolen bedeutet;
- Zerstörung der lokalen Unternehmen, vor allem der mittleren und kleinen Betriebe;
- Reduktion des lokalen Konsums durch Priorisierung einer exportorientierten Wirtschaftspolitik;
- die der Regierung zukommenden Devisen werden sofort zur Schuldentilgung wieder in die Metropolen transferiert;
- der öffentliche Sektor wird geschwächt;
- wenn die Steuereinnahmen aus Verbrauchersteuern bestritten werden, tragen die ‹wirtschaftlich weniger Begünstigten› die Hauptlast;
- Liberalisierung des Zinssatzes führt zur Entmächtigung der Zentralbank und Erschwerung der Kredite für Kleinunternehmen;
- Abbau der Handelsschranken führt zur De-Industrialisierung einer Wirtschaft (wofür Argentinien als Beispiel gelten kann);
- Privatisierung hat die Veräußerung gesellschaftlichen Reichtums zugunsten einer lokalen Elite und ausländischer Investoren zur Folge;
- Deregulierung zeitigt Konkurrenz unter ungleichen Bedingungen.

Die Fortschritte des Industrial Design, die auf der in den 1960er Jahren praktizierten Politik der Importsubstitution und Orientierung auf den internen Markt gründeten, wurden zunichte gemacht. Desgleichen wurden die Argumente für das Industrial Design als Entwicklungsfaktor beiseitegeschoben, die 1972 als Grundlage für ein *Policy Paper* der UNIDO(8) dienten (veröffentlicht 1973) und die 1979 in der *Ahmedabad Declaration on Design and Development* (National Institute of Design, Ahmedabad) weiterverfolgt wurden. Die Empfehlungen bezogen sich auf die Nutzung des Industrial Design zur:

- Besserung der Zahlungsbilanz (auf den Binnenmarkt gerichtete Industrialisierung).
- Orientierung auf lokale Bedürfnisse. Produkte, die für die Bedürfnisse der zentralen Länder entwickelt worden sind, sind nicht gleichermaßen für periphere Länder geeignet.
- Schaffung von Arbeitsplätzen. Der Entwurf von arbeitsintensiven statt kapitalintensiven Produkten kann zur Minderung der Arbeitslosigkeit beitragen.
- Diversifikation. Industrial Design kann dazu beitragen, die Palette der erzeugten Güter zu diversifizieren.
- Besserung des Exportmarkts. Industrial Design kann als ein Instrument der Exportförderung eingesetzt werden.
- Prägung kultureller Identität. Produkte – materielle Artefakte – sind Ausdruck einer kulturellen Identität.
- Förderung alternativer Technologien. Design kann zur Entwicklung alternativer umweltverträglicher Produkte beitragen.

(8) Bonsiepe, Gui, *Design for industrialization*, herausgegeben von United Nations Industrial Development Organization, Wien 1973.
Bonsiepe, Gui, *Industrial design: basic guidelines for a policy of UNIDO*, herausgegeben von United Nations Industrial Development Organization, Wien 1973.

Bonsiepe, Gui, «Industrial Design in Latin America», in: *Design for Development*, National Institute of Design Ahmedabad, Ahmedabad 1979.

- Berücksichtigung mehrheitlicher Bedürfnisse. Die extremen Einkommensunterschiede in peripheren Ländern schließen einen Großteil der Bevölkerung vom Zugang zu industriellen Produkten aus.
- Rationalisierung des Produktsortiments. Angesichts der begrenzten Ressourcen erscheint es zweifelhaft, ob es sinnvoll ist, den Lebensstil der Metropolen zu kopieren. Das Produktsortiment kann rationalisiert werden.

Die Überlegungen hinsichtlich der Funktion des Industrial Design für eine lokale autonome Entwicklungspolitik in der Peripherie nährten sich aus verschiedenen Quellen und wurden je nach Orientierung und Ansatz verschieden benannt:
- partizipatorisches Design,
- alternatives Design,
- angepasstes Design (gemäß der *appropriate technology* und der Mittleren Technologie),
- konviviales Design.(9)

Die Debatte vor allem der 1970er Jahren über die Rolle des Design in der Peripherie war eingebettet in die umfassendere Diskussion über Wachstum und Grenzen des Wachstums, Umwelt und Umweltverschmutzung, Industrialisierung, Technologiepolitik und das Nord-Süd-Gefälle. Heute hat sie sich im Begriff der nachhaltigen Entwicklung und des nachhaltigen Design verdichtet. Eine ideengeschichtliche Darstellung des Zusammenspiels dieser verschiedenen Tendenzen steht noch aus.

Zurückkommend auf die Folgen des *Washington Consensus* hat die damit verknüpfte Wirtschaftspolitik im Bereich der Visuellen Kommunikation zur Instauration des *branding* als eines Verfahrens zur Schaffung symbolischen Kapitals geführt.(10) Ich verweise auf diese wirtschaftspolitischen Details, weil sie einen direkten Einfluss auf das Industrial Design und die Visuelle Kommunikation (Graphikdesign) in der Peripherie ausüben, sowohl in der Praxis wie auch in der Ausbildung. In Lateinamerika ist Design zu einem Modestudium geworden, was sich an der Hypertrophie der Kurse ablesen lässt.(11) Allein in Brasilien werden derzeit mehr als 380 Studienprogramme für Design mit unterschiedlichen Bezeichnungen angeboten – Modedesign, Textildesign, Visuelle Kommunikation, Visuelle Gestaltung, Kommunikationsdesign, Graphikdesign, Web-

(9) Papanek, Victor, *Das Papanek-Konzept – Design für eine Umwelt des Überlebens*, Nymphenburger Verlagsbuchhandlung, München 1972 (schwedische Originalausgabe 1970). Schumacher, Ernst F., *Es geht auch anders – Jenseits des Wachstums. Technik und Wirtschaft nach Menschenmaß*, Verlag Kurt Desch, München 1974.
Illich, Iván, *Almosen und Folter*, Kösel Verlag, München 1976. Elliott, David und Nigel Cross, *Diseño, tecnología y participación*, Gustavo Gili, Barcelona 1980 (englische Originalausgabe 1975).
Balaram, Singanapalli, *Thinking Design*, National Institute of Design, Ahmedabad 1998.
Illich, Iván, *Obras reunidas I*, Fondo de Cultura Económica, Mexiko 2006.

(10) Dieser nicht nur für Argentinien typische Prozess ist detailliert dokumentiert in der Geschichte des Design in Lateinamerika und der Karibik. Siehe: de Ponti, Javier und Alejandra Gaudio, «Argentina 1940–1983», in: *Historia del diseño en América Latina y el Caribe – Industrialización y comunicación visual para la autonomía*, herausgegeben von Silvia Fernández und Gui Bonsiepe, Editora Edgar Blücher, São Paulo 2008, S. 24–43. Fernández, Silvia, «Argentina 1983–2005», in: *op.cit.*, S. 44–60.
(11) Sicher bildet der *Washington Consensus* nicht allein den ursächlichen Grund für diese Expansion. Wohl aber hat die forcierte Privatisierung der Hochschulausbildung zu der hohen Wachstumsrate der Designkurse beigetragen.

design, Digital Design, Informationsdesign ... Es gibt 82 Kurse für Produktgestaltung, sieben Masterkurse sowie zwei PhD-Programme für Design.**(12)**

In Chile beläuft sich das Angebot auf rund 120 Designkurse, die Hälfte auf universitärer Ebene und die andere Hälfte auf Ebene der Berufsausbildung, die überwiegend von privaten Ausbildungsinstituten angeboten werden. Die Zahl der Studierenden wird derzeit auf 18.000 geschätzt, von denen jährlich etwa 3.000 ihr Studium mit einem Abschluss beenden. Die Zahl der Designdozenten übertrifft die Zahl der Designer, die ihren Beruf als Entwerfer ausüben.**(13)**

Über die Deprofessionalisierung der Designausbildung sagt der Ingenieur Itiro Iida, der eine Schlüsselrolle bei der Konsolidierung des Design in Brasilien spielte: «Erstens gibt es viele Designkurse, in denen die Dozenten Nicht-Designer sind, wie z.B. Ingenieure, Architekten und Künstler. Dann gibt es Philosophen, Soziologen, Psychologen und alle möglichen Vertreter von Berufen, die niemals einen Bleistift in die Hand genommen oder den Computer benutzt haben, um ein Projekt zustande zu bringen. Zweitens gibt es Designdozenten mit einem Designabschluss, die aber niemals den Designerberuf selbst ausgeübt haben. Dieser Missstand lässt sich vor allem in den öffentlichen Universitäten beobachten, in denen der Master- oder Doktortitel bei einer Berufung den alles bestimmenden Stellenwert genießt, die praktische Entwurfserfahrung hingegen nichts gilt.»**(14)** Es lässt sich eine befremdliche Asymmetrie in den Leistungsanforderungen für Designdozenturen feststellen: Eine akademisch verbriefte Kandidatur genießt das Privileg, keine Entwurfskompetenz vorweisen zu müssen, was eine geringere Qualität der Designausbildung zur Folge haben kann, wogegen entwurfskompetente Bewerber sich wissenschaftlich durch einen akademischen Titel, zum Beispiel den des Doktors qualifizieren müssen. Von einem Soziologen wird niemand die Kompetenz verlangen, ein Krankenbett entwerfen zu können. Es bleibt offen, ob der quantitativen Ausweitung eine qualitative Vertiefung entspricht. Das Designstudium genießt den zweifelhaften Ruf, eine leichte, Glamour versprechende Karriere zu ermöglichen und nur geringe kognitive Anforderungen zu stellen.**(15)**

Mit dem Hinweis auf die im Interesse des Zentrums wirkenden Finanzinstitutionen ist die Sensibilität für die politischen Aspekte des Entwerfens verständlich, die aus dem Bewusstsein der Abhängigkeit resultiert. Dann werden auch die Motive der gelegentlich zu beobachtenden Reaktionen der Bevölkerung, etwa auf die Konfiszierung der Sparguthaben Ende 2001 in Argentinien, deutlich. Mit dieser Maßnahme fand eine Phase der Wirtschafts- und Sozialpolitik ihr Ende, die das Land in eine bis dahin nicht gekannte Verarmung gestürzt hat. Freilich, viele dieser Proteste finden in der Berichterstattung der zentralen Medien kaum Resonanz und sind deshalb nur über alternative Informationskanäle zugänglich.

Auf die Kritik am *Washington Consensus* reagierten dessen Befürworter sehr empfindlich. Sie fanden darauf keine bessere Antwort, als diese Kritik als ideologische

(12) Pires Stephan, Auresnede, Persönliche Mitteilung, 21. Januar 2009.

(13) Walker, Rodrigo, Persönliche Mitteilung, 20. Februar 2009.

(14) Iida, Itiro, Persönliche Mitteilung, 22. Februar 2009.

(15) Über das Thema der Doktorabilität des Design und der Gefahr der Akademisierung der Designausbildung siehe meine Glosse: «Was bringt uns Doktor Design?», in: *Hochparterre*, Nr. 1–2, 2003. Eine ungekürzte, schärfere Fassung wurde in Argentinien veröffentlicht: Bonsiepe, Gui, «Doctorabilidad del diseño», in: *tipográfica* XVI, Nr. 54, Dezember 2002, S. 8–9.

Äußerungen zu disqualifizieren (bekanntlich ist Ideologie immer die Ideologie des anderen): «… der meiste Dissens mit seiner [des *Washington Consensus*, GB] Politik war oftmals inspiriert von Antimarkt-Ideologien, Nationalismus, Antiamerikanismus und anderen Formen zeitgenössischer Auflagen des Obskurantismus.»**(16)**

Rangliste der Wettbewerbsfähigkeit und des Design

Nach dieser kurzen Erläuterung zur Globalisierung und ihrem Einfluss auf die Entwicklung des Design und auf das Innovationspotenzial in der Peripherie möchte ich mich jetzt dem Thema der Wettbewerbsfähigkeit zuwenden, für die das Design als einer der zahlreichen Indikatoren fungieren kann. Ausgehend von einer vom Weltwirtschaftsforum veröffentlichen Rangliste der wettbewerbsfähigsten Wirtschaftsländer, hat eine neuseeländische Gruppe von Wirtschaftswissenschaftlern aus einer Vielzahl fünf für das Design relevante Indikatoren ermittelt und eine Rangliste der Länder ausgearbeitet, in denen das Design eine wirtschaftlich bedeutende Rolle spielt. Diese Designrangliste wurde dann mit der Rangliste der wettbewerbsfähigsten Wirtschaftsländer in einem Koordinatendiagramm korreliert. Erfasst wurden:
- Verbreitung der Branding-Praxis
- Innovationsfähigkeit
- Einzigartigkeit des Produktdesign (bezogen auf Kopien und Neuentwicklungen)
- Perfektion und Reife der Fertigungsverfahren
- Entwicklung des Marketing-Bewusstseins.

Wenngleich man dem Aussagewert dieser Rangliste wegen der geringen Anzahl der für das Design relevanten Indikatoren, die zudem eine starke Ausrichtung auf das Marketing aufweisen, zurückhaltend gegenüberstehen kann, so fördert diese Untersuchung doch ein aufschlussreiches Ergebnis zutage: Von den fünfundsiebzig im *Global Competitiveness Report* erfassten Ländern sind die in wirtschaftlicher Wettbewerbsfähigkeit führenden Länder auch im Bereich des Design führend. Drei Jahre später wurde diese Untersuchung von einem Forschungsteam der University of Art and Design in Helsinki verfeinert. Sie ermittelte, inwieweit sich nationale Förderprogramme des Design auf die nationale Wettbewerbsfähigkeit auswirken.**(17)** Da in der Version aus dem Jahr 2005 die Zahl der Kriterien auf sieben erhöht wurde, sind allerdings die Vergleichsmöglichkeiten eingeschränkt; dennoch vermitteln sie einen aufschlussreichen Überblick. Erfasst wurden folgende Indikatoren:
- Ausgaben der Firmen für Forschung und Entwicklung
- Art des Wettbewerbsvorteils (z.B. niedrige Lohnkosten)
- Präsenz des Design in der Wertschöpfungskette (z.B. Lizenzfertigung oder Eigenentwicklung)
- Innovationsfähigkeit
- Perfektion und Reife der Fertigungsverfahren

(16) Naim, Moses, «Fads and Fashion in Economic Reforms: Washington Consensus or Washington Confusion?» (1999), vgl. http://www.imf.org/exernal/pubs/ft/seminar/1999 reforms/Naim.HTM. (Letzter Zugriff am 3. März 2002.)

(17) Sorvali, Katja, Jaana Hytönen und Eija Nieminen, *Global Design Watch*, herausgegeben von New Centre of Innovation in Design at the University of Art and Design (UIAH), Helsinki 2006 (April).

- Entwicklung der Marketing-Praxis.
- Grad der Kundenorientierung.

Es wurde wiederum wurde eine Designrangliste aufgestellt, aus der sich nun folgende Verschiebungen erkennen lassen.

Rangliste 2002	Rangliste 2005
1. Finnland	1. Japan
2. USA	2. USA
3. Deutschland	3. Deutschland
4. Frankreich	4. Schweiz
5. Japan	5. Dänemark
6. Schweiz	6. Frankreich
7. Niederlande	7. Finnland
8. Schweden	8. Schweden
9. Dänemark	9. Belgien
10. Großbritannien	10. Österreich

Im Jahre 2002 belegte Finnland den 1. Platz, Bolivien dagegen rangierte auf dem letzten Platz. Diese Daten dürften den Schluss rechtfertigen, dass das Design zu einem nicht zu unterschätzenden Wirtschaftsfaktor geworden ist.[18] Diese positive Feststellung wird jedoch gedämpft durch eine italienische Untersuchung der Industriebranche des *arredo* (der Möbel- und Beleuchtungsindustrie), welche erheblich zum internationalen Ruf des italienischen Design beigetragen hat.[19] Die Autorin Gabriella Lojacono unterscheidet zwischen zwei Arten von Firmenpolitik, und zwar zwischen marketingdominierten (MD) Firmen und designdominierten (DD) Firmen und vergleicht deren wirtschaftliche Performance. Von den 62 ausgewählten Unternehmen waren nur 27 designdominiert. Wenngleich die designdominierten Firmen einen höheren Mehrwert erzeugten, schnitten die marketingdominierten Firmen mit 4,5 Prozent im Vergleich mit den designdominierten Firmen mit 2,7 Prozent in der wirtschaftlichen Gesamtrechnung besser ab.[20]

Wettbewerbsstrategien

Es lassen sich sieben Strategien angeben, um auf internationalen Märkten zu konkurrieren – eine dieser Strategien ist das Design.

1. Technologische Innovation

   Diese Strategie ist in der Regel forschungsintensiv und dementsprechend kapitalintensiv und kommt somit für periphere Länder und kleine Unternehmen nur bedingt, wenn überhaupt, in Frage.

(18) Eine in der Schweiz gemachte Untersuchung förderte ein aufschlussreiches Ergebnis zutage: Im Jahre 2000 betrug der Gesamtumsatz der in der Branche der Kulturwirtschaft angesiedelten Designtätigkeiten (Graphikdesign, Kommunikationsdesign, Werbegestaltung und Industriedesign) abgerundet 5,6 Milliarden Schweizer Franken – ein erstaunlich hoher Wert, verglichen mit dem Gesamtumsatz der Uhrenindustrie mit etwa 12,95 Milliarden Schweizer Franken. Quelle: Hofecker, Franz-Otto, Sabine Peternell, Tanja Scar-tazzini, Michael Söndermann, Hubert Theler und Christoph Weckerle, *Kultur.Wirtschaft.Schweiz*, herausgegeben von hgkz (hochschule für gestaltung und kunst), Zürich 2003.
(19) Lojacono, Gabriella, «Un'analisi del sistema arredamento italiano», in: *Disegnato in Italia*, herausgegeben von Laura Galloni und Raffaella Mangiarotti, Hoepli, Mailand 2005.
(20) Aus diesem Durchschnittsergebnis wäre aber kein Argument gegen eine designdominierte Firmenpolitik zu schmieden.

|03| Auswirkung der SAPs (*Structural Adjustment Programmes*) auf das Durchschnittseinkommen in sechs verschiedenen Regionen. Nur China und Südostasien zeitigten positive Ergebnisse.

|04| Spuren des Zorns an den mit Metallplatten bewehrten Fassaden der Bankgebäude in Buenos Aires nach der Konfiszierung der Sparguthaben in Argentinien 2001.

|05| Eine eindeutige Forderung «Weniger Banken – Mehr Schulen». Graffiti an der Fassade einer Bank in La Plata, Argentinien, 2002.

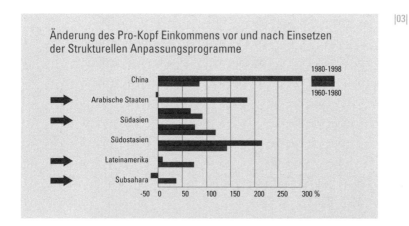

|03|

Änderung des Pro-Kopf Einkommens vor und nach Einsetzen der Strukturellen Anpassungsprogramme

|04|

|05|

|06| Designindex Rangliste 2002

at. Österreich
au. Australien
bo. Bolivien
ch. Schweiz
cn. China
de. Deutschland
dk. Dänemark
fi. Finnland
fr. Frankreich
ir. Irland

it. Italien
jp. Japan
my. Malayasia
nl. Niederlande
no. Norwegen
nz. Neuseeland
se. Schweden
uk. Großbritannien
us. USA

|07| Designindex Rangliste 2005

au. Australien
cn. China
de. Deutschland
dk. Dänemark
ee. Estland
fi. Finnland
hk. Hongkong
in. Indien
is. Island

jp. Japan
kr. Korea
nl. Niederlande
no. Norwegen
se. Schweden
sg. Singapur
uk. Großbritannien
us. USA

|06|

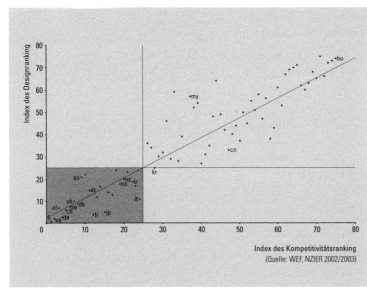

Index des Designranking

Index des Kompetitivitätsranking
(Quelle: WEF, NZIER 2002/2003)

|07|

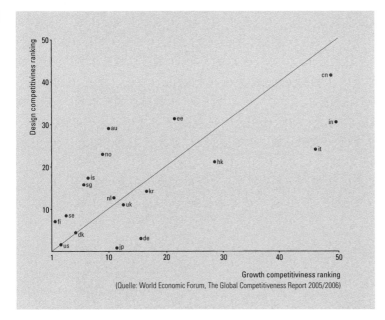

Design competitivines ranking

Growth competitiviness ranking
(Quelle: World Economic Forum, The Global Competitiveness Report 2005/2006)

2. Niedriger Preis

Diese Strategie nutzt niedrige Löhne, weiche Umweltschutzgesetze (also umgehbare und bei Verstoß nur mit milden oder gar keinen Strafen belegte Umweltauflagen) sowie preiswerte Energie und Rohstoffe.

3. Kurzer Liefertermin

Diese Strategie erfordert Kompetenz im Bereich der Logistik.

4. Qualität

Diese Strategie erfordert Know-how in der Qualitätskontrolle, ausgereifte Fertigungsverfahren und qualifizierte Arbeitskräfte.

5. Nachhaltigkeit

Diese Strategie erfordert Know-how der Auswirkungen von Materialien und Fertigungsprozessen auf die Umwelt (z.B. der ‹ökologischen Rucksäcke›).

6. Design

Diese Strategie erfordert Entwurfskompetenz.

7. *National branding*

Diese Strategie erfordert Know-how im Bereich des Marketing. Die strategischen Optionen gelten sowohl volkswirtschaftlich – z.B. für Förderprogramme – als auch für einzelne Unternehmen.

Typologie der Designinnovationen

Wenn man die Strategie, mittels Design zu konkurrieren, näher untersucht, kann man acht Innovationsklassen erstellen. Diese Auflistung beansprucht keine Vollständigkeit, sondern ist als Versuch zu sehen, die Streubreite der von Industrial Designern geleisteten innovativen Tätigkeiten aufzuzeigen und es nicht bei einem abstrakten Innovationsanspruch zu belassen. In der Praxis werden sich die Innovationsklassen überschneiden.

1. Innovation in Form der *Verbesserung der Gebrauchsqualität* eines Produktes oder einer Information.

   Als Beispiel dient die herauf- und herunterklappbare Auslaufschnaupe an einer Zitruspresse (Abbildung 08 und 09).

2. Innovation in Form eines *neuen Produktes* und/oder neuer *affordances*.

   Das abgebildete Produkt bietet (Abbildung 10) die Möglichkeit, Sonnenschirme im Sand am Strand zu verankern, sodass sie bei einem Windstoß nicht davonfliegen. Dieses Beispiel kann auch als funktionale Innovation angesehen werden, wobei in diesem Kontext unter Funktion das Leistungsangebot verstanden wird und nicht die Gebrauchsweise.

3. Innovation im *Fertigungsprozess*.

4. Innovation in der *Nachhaltigkeit*.

5. Innovation in der Form des *Zugangs zu einem Produkt* (sozial inklusives Design).

   Was inklusives Design ist, lässt sich im Vergleich zu seinem Gegenstück, dem exklusiven Design, also primär Luxusdesign und dem ‹Boutique-Design› sehen. Beim inklusiven Design handelt es sich um ein Design, das die Befriedigung von Bedürfnissen, zumal Grundbedürfnissen der Bevölkerung nicht auf monetäre Klippen auflaufen lässt. Eine inklusive Politik im Gesundheitssektor stellt z.B. markenlose Medikamente zu nicht an Gewinnmargen orientierten Preisen in eigenen Laboratorien her.

|08| |09| Innovation im Bereich der Gebrauchsqualität. Klappbare Schnaupe an einer Zitruspresse, die das Austropfen der Saftreste verhindert. Werksentwurf Philips.
|10| Innovation im Bereich neuer *affordances*. Halterung für Sonnenschirme.

|11| Innovation im Bereich des Recycling: Abfalltonne für Müllsäcke (Uruguay).
|12| |13| Nutzerdeterminierte Innovation. Detail des Schneidrades eines Dosenöffners.

|00| |09|

|10| |11|

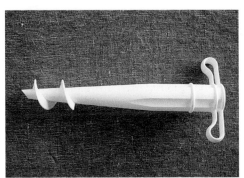

|12| |13|

|14| Logo für die Firma Telecom Argentina (Design des gesamten Erscheinungsbildes). Entwurf: Studio Fontanadiseño. Rubén Fontana und Zalma Jalluf, 1998 (Argentinien).

|15| Technologiedeterminierte Innovation. Radfelge aus Karbonfasern. Werksentwurf Shimano.

|16| Trenddeterminierte Innovation.

|14| |15|

|16|

|17| Erfindungsdeterminierte Innovation. Staubsauger, der ohne Papiertüten funktioniert. Entwurf: James Dyson, 2004.
|18| Innovation im formalästhetischen Bereich. Über einen Rahmen gespanntes Gewebe, mit minimal angedeuteter Sitzfläche. Entwurf: NOPICNIC Industrial designer AB, 2002.

|19| |20| Innovation im formalästhetischen Bereich: metaphorisches Design eines Salz- und Pfefferstreuers, die durch Magneten aneinandergefügt werden. Entwurf: Barro de Gast für die Firma Koziol.

|17| |18|

|19|

|20|

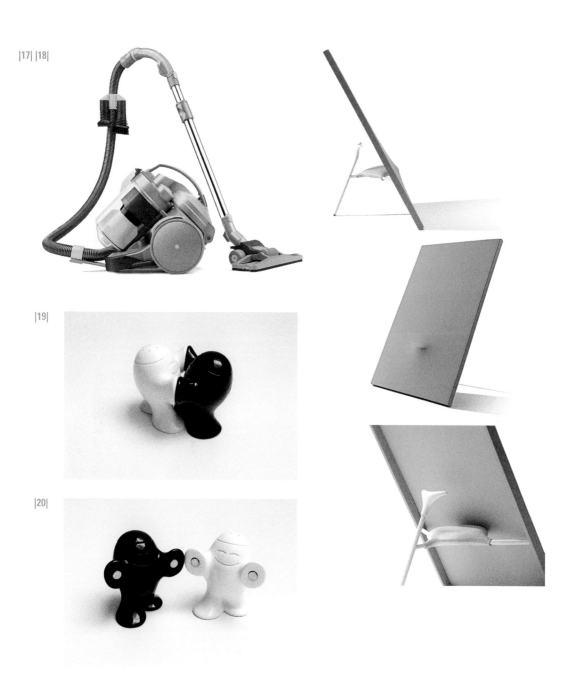

|21| Symboldeterminierte Innovation. Zitruspresse.
Entwurf: Philippe Starck, 1990.
|22| Traditionsdeterminierte Innovation. Geschnitzte
Tischplatte. Michoacán, Mexiko.

|23| Maschinenbaudeterminierte Innovation. Lastwa-
gen für Bergbau.
|24| Ökologiedetermierte Innovation. Verbindungsdetail
der Armlehne. Entwurf: Nick Roericht für die Firma
Wilkhahn, 1993.

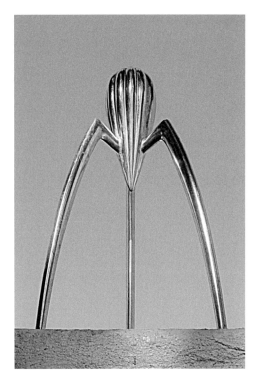

|21| |22|

|23|

|24|

|25| Kunstdetermierte Innovation. Skulptur aus Edel-
stahl appliziert an einer Straßenbeleuchtung in Novara.

|26| Kritikdeterminierte Innovation. Jacques Carelman.
Eine Parodie auf die Nützlichkeit.

|25| |26|

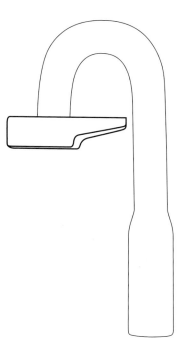

6. Innovation in der *Anwendung neuer Werkstoffe* oder alter Werkstoffe für neue Produkte (Recycling).

7. Innovation im Bereich der *formalästhetischen Qualität*.

   In diese Klasse dürfte die Mehrzahl der innovativen Arbeiten von Designern fallen.

8. Innovation in der *Angebotspalette eines Unternehmens* (strategisches Design).

   Strategisches Design lässt sich am Beispiel einer Firma erläutern, die landwirtschaftliche Maschinen herstellt. Als diese Firma mit ihrem herkömmlichen Produktsortiment auf Absatzschwierigkeiten stieß, wurde als Ausweg eine Ausweitung des Angebots auf spezielle Mischungen von Viehfutter erwogen – ohne die Produktion der landwirtschaftlichen Maschinen aufzugeben. Dank dieses Ausweitens der Produktpalette konnte sich das Unternehmen auf dem Markt halten.

Vektoren oder Antriebskräfte (*driving forces*) für Designinnovationen

In Ergänzung zur Taxonomie der Designinnovationen werden nachfolgend die wesentlichen Faktoren oder Vektoren für die Innovation aufgelistet.

1. Technikbasierte Innovation (*technology-driven*)

   Beispiel: eine extrem widerstandsfähige und leichte Felge mit Speichen für ein Rennrad. Diese Innovation setzt die Verfügbarkeit von Karbonfasern und das Knowhow ihrer Verarbeitung voraus.

2. Nutzerbasierte Innovation (*user-driven*)

   Beispiel: ein Dosenöffner, dessen Schneidrad seitlich am Dosenzylinder statt auf dem Deckel ansetzt. Damit wird vermieden, dass Metallspäne in das Konservengut fallen.

3. Formbasierte Innovation (*form-driven*)

   Beispiel: Ein Salz- und Pfefferstreuerpaar (metaphorisches Design), dessen Figuren durch Magnete aneinander gekoppelt werden können.

4. Erfindungsbasierte Innovation (*invention-driven*)

   Beispiel: der Dyson-Staubsauger als Ergebnis einer langen Versuchsreihe, einen staubbeutelfreien Staubsauger zu einem brauchbaren Produkt zu machen.

5. Symbol- oder statusbasierte Innovation (*symbol- or status-driven*)

   Beispiel: die Zitronenpresse von Philippe Starck, die zu einem Statusobjekt geworden ist – was nicht in der ursprünglichen Absicht des Entwerfers gelegen haben muss.

6. Traditionsbasierte Innovation (*tradition-driven*)

   Beispiel: handgeschnitzte Dekoration einer Tischplatte aus Mexiko.

7. Konstruktionsbasierte Innovation (*engineering-driven*)

   Beispiel: Bei einem Schwerlaster für den Bergbau oder einer MRT-Anlage (Magnetresonanztomographie) wird die Ingenieurskonstruktion eine bestimmende Rolle spielen. Der formalästhetische Freiheitsgrad ist niedriger als die formbasierte Innovation.

8. Ökologiebasierte Innovation (*ecology-driven*)

   Beispiel: der Stuhl ‹picto›. Nachhaltiges Design, das sich dadurch auszeichnet, dass die Materialvielfalt gemindert wurde, dass reine Materialien, aber keine Schwermetalle auch in den Farben verwendet werden, dass lösbare Verbindungen eingesetzt werden, wodurch die Reparatur vereinfacht wird. Die Recyclingquote liegt bei mindestens 90 Prozent.

9. Brandingbasierte Innovation (*brand-driven*)

Beispiel: Im Rahmen der Privatisierung (1990) des öffentlichen Telefonservices ENTel in Argentinien wurden die beiden neuen Konsortien mit jeweils eigener Branding-Kampagne in der Öffentlichkeit profiliert.

10. Trendbasierte Innovation (*trend-driven*)

Beispiel: das Design von Sneekers, das Trends setzt oder fördert.

11. Kunstbasierte Innovation (*art-driven*)

Beispiel: eine um die Basis eines Verkehrsschildes applizierte Skulptur.

12. Kritikbasierte Innovation (*critique-driven*)

Beispiel: ein Hammer mit einem um 180 Grad gekrümmten Griff – eine Parodie auf die Nützlichkeit eines Werkzeugs von Jacques Carelman.**(21)**

Innovation – zumindest der Begriff – steht derzeit hoch und unangefochten im Kurs. Nichts ist damit allerdings über die Inhalte der Innovation ausgesagt. Was das Design angeht, reicht sie von radikaler Innovation bis zur Variation des Identischen.

Postscriptum

Ebenso wie die planwirtschaftliche, zentralistische Organisation der Wirtschaft sich als nicht lebensfähig erwiesen hat, so dürfte nach dem Schwelgen in deregulierten Finanzmärkten und der nicht minder rabiaten Privatisierung gesellschaftlicher Ressourcen die Suche nach anderen gesellschaftlichen Organisationsformen Anziehungskraft und Rechtfertigung gewinnen.**(22)** Wie immer man zur derzeitigen Krise und der damit verbundenen Legitimationseinbuße des mit dem Adjektiv ‹frei› gekennzeichneten Marktes als zentraler Regelungsinstanz aller gesellschaftlichen Beziehungen stehen mag – ob man darin den Beginn des Endes des Kapitalismus sieht oder allenfalls eine der periodisch auftauchenden Krisen –, es dürfte wohl Einstimmigkeit herrschen, dass eine Periode tief greifender politischer, sozialer und umweltlicher Turbulenzen begonnen hat. Das «immer wachsame Auge des Status quo»**(23)** wird schwerlich umhin kommen, den zumal in der Peripherie aufkeimenden Ansätzen einer neuen Organisation mit Misstrauen zu begegnen. Sollten sich diese vom okzidentalen Verständnis von Gesellschaft, Natur und alltäglicher Lebenspraxis ausscherenden Ansätze in Zukunft festigen, stünde auch eine Neuinterpretation des an die okzidentale Tradition geknüpften Verständnisses von Design und Innovation an. Inwieweit damit auch verschüttete, in Latenz abgeschobene okzidentale Traditionen wieder aufgedeckt werden, lässt sich beim gegenwärtigen Entwicklungsstand nicht abschätzen. Wohl aber lässt sich mit Sicherheit behaupten,

(21) Carelman, Jacques, *Objets Introuvables – A Catalogue of Unfindable Objects*, Frederick Muller, London 1984 (Originalausgabe 1969). Abrufbar unter: http://www.cienaniosdeperdon.com.ar/IO/#.

(22) Dass der Rückgriff auf Begriffe ‹Gier› und ‹Gewinnstreben› nichts zur Erklärung der Krise beiträgt, wird in folgender Einschätzung hervorgehoben: «Das Problem [der Krise. GB] besteht darin, dass naiv-optimistische Ideen über den ‹freien Markt› auf der einen Seite allenfalls lockere oder gar keine Regulierung eines potenziell instabilen Finanzsystems und auf der anderen Seite die Ausarbeitung von Vergütungsmechanismen [Boni. GB] förderten, die einer Risikobereitschaft und einem kurzfristigem Opportunismus Vorschub leisteten.»

Solow, Robert M., «How to Understand the Disaster», in: *The New York Review of Books*, LCI, Nr. 8, 2009. Diese Erklärung mag zum Teil zutreffen, wenngleich der tiefere Grund für das Debakel im seit den 1980er Jahren von den Machtzentren rabiat verfolgten, als sakrosankt angesehenen Prinzip des Freihandels zu suchen sein dürfte.

(23) Tomás Maldonado in einer öffentlichen Diskussion, die im Rahmen der Ausstellung der hfg ulm im Museo Nacional de Bellas Artes in Buenos Aires am 4.12.2007 stattfand, in der die Frage gestellt wurde, wieso es möglich war, in einem nicht gerade gesellschaftlich innovationsfreudigen Land in den 1950er Jahren ein derart zukunftsweisendes Experiment zu starten.

dass die in diesen sich außerhalb fiebriger medialer Geschäftigkeit anbahnenden Ansätzen solidarischer Lebensformen das gegenwärtige Designverständnis unterlaufen werden wird, womit dann die Inhalte innovativer Tätigkeit und ihre gesellschaftliche Relevanz im Gegensatz zur Innovation an und für sich ins Blickfeld rücken dürften.

Bibliographie

Balaram, Singanapalli, *Thinking Design*, National Institute of Design, Ahmedabad 1998.

Bonsiepe, Gui, *Design for industrialization*, herausgegeben von United Nations Industrial Development Organization, Wien 1973.

Bonsiepe, Gui, *Industrial design: basic guidelines for a policy of UNIDO*, herausgegeben von United Nations Industrial Development Organization, Wien 1973.

Bonsiepe, Gui, «Industrial Design in Latin America», in: *Design for Development*, National Institute of Design Ahmedabad, Ahmedabad 1979.

Bonsiepe, Gui, «Doctorabilidad del diseño», in: *tipográfica* XVI, Nr. 54, Dezember 2002, S. 8–9.

«Building a case for added value through design», NZ Institute of Economic Research, Wellington 2003 (Februar).

Carelman, Jacques, *Objets Introuvables – A Catalogue of Unfindable Objects*, Frederick Muller, London 1984 (Originalausgabe 1969). Abrufbar unter: http://www.cienaniosdeperdon.com.ar/IO/#.

Dickson, David, *Alternative Technology and the Politics of Technical Change*, Fontana/Collins, London 1974.

Elliott, David und Nigel Cross, *Diseño, tecnología y participación*, Gustavo Gili, Barcelona 1980 (englische Originalausgabe 1975).

Fernández, Silvia und Gui Bonsiepe (Hrsg.), *Historia del diseño en América Latina y el Caribe – Industrialización y comunicación visual para la autonomía*, Editora Blücher, São Paulo 2008.

Galloni, Laura und Raffaella Mangiarotti (Hrsg.), *Disegnato in Italia – Il design come elemento competitivo nella piccola-media impresa*, Hoepli, Mailand 2005.

Hofecker, Franz-Otto, Sabine Peternell, Tanja Scartazzini, Michael Söndermann, Hubert Theler und Christoph Weckerle, *Kultur. Wirtschaft.Schweiz*, herausgegeben von hgkz (hochschule für gestaltung und kunst), Zürich 2003.

Illich, Iván, *Almosen und Folter*, Kösel Verlag, München 1976.

Illich, Iván, *Obras reunidas I*, Fondo de Cultura Económica, Mexiko 2006.

Kozak, Claudia, *Contra la pared. Sobre graffitis, y otras intervenciones urbanas*, Libros del Rojas, Universidad de Buenos Aires, Buenos Aires 2004.

de Medeiros, Carlos Aguiar, «Asset-stripping the State – Political Economy of Privatization in Latin America», in: *New Left Review*, Nr. 55, Januar/Februar 2009, S. 109–132.

Naim, Moses, «Fads and Fashion in Economic Reforms: Washington Consensus or Washington Confusion?» (1999). http://www.imf.org/exernal/pubs/ft/seminar/1999 reforms/Naim.HTM.

Papanek, Victor, Das *Papanek-Konzept – Design für eine Umwelt des Überlebens*, Nymphenburger Verlagsbuchhandlung, München 1972 (schwedische Originalausgabe 1970).

Schumacher, Ernst F., *Es geht auch anders – Jenseits des Wachstums. Technik und Wirtschaft nach Menschenmaß*, Verlag Kurt Desch, München 1974.

Solow, Robert M., «How to Understand the Disaster», in: *The New York Review of Books*, LCI, Nr. 8, 2009.

Sorvali, Katja, Jaana Hytönen und Eija Nieminen, *Global Design Watch*, herausgegeben von New Centre of Innovation in Design at the University of Art and Design (UIAH), Helsinki 2006 (April).

Williamson, John, «What Should the Bank Think about the Washington Consensus?» (1999). Abrufbar unter: www.financialpolicy.org/financedev/williamson.pdf.

Bildnachweis

02. Über einige Tugenden des Design

|01| – |04| Fotos G. Bonsiepe.

03. Der *Opsroom* – zum Eigensinn der Peripherie

|01| |05| |14| – |17| Fotos G. Bonsiepe.
|02| |07| – |13| Projektbericht. Archiv G. Bonsiepe.
|06| |18| – |27| Projektbericht. Archiv G. Bonsiepe.
Digitalisiert und nachgezeichnet.
|03| |04| Stafford Beer. Digitalisiert, aktualisiert und
nachgezeichnet.
|28| Quelle: Patricio Guzmán.

04. Identität – Gegenidentität im Design

|01| |02| |03| |16| |19| |21| – |39| |45| – |61| |63| |68| |69|
Fotos G. Bonsiepe.
|04| – |14| |20| |64| |65| Archiv G. Bonsiepe.
|15| Studio Boldring & Ficardi.
|17| Studio Oswaldo Rocco und Roberto Brazil.
|18| Fernando Shultz.
|40| |41| |42| Municipalidad de la Ciudad de Buenos Aires,
Guillermo González Ruiz, Ronald Shakespear.
|43| Municipalidad de la Ciudad de Buenos Aires,
Eduardo Cánovas.
|44| Municipalidad de la Ciudad de Buenos Aires,
Ronald Shakespear.
|62| Inés Ulanovsky, Studio Zkysky.
|66| |67| Alejandro Ros.
|70| Studio Guto Índio da Costa.
|71| Martín Olavarría.
|72| |73| |74| Eduardo Simonetti.

05. Kognition und Gestaltung – Die Rolle der Visualisierung für die Sozialisierung des Wissens

|01| – |24| Doris te Wilde und Bina Witte.
|25| – |40| Projektbericht. Archiv G. Bonsiepe.

06. Audiovisualistische *patterns*

|01| Diagramm G. Bonsiepe.
|02| Annette Haas und Lars Backhaus. Archiv G. Bonsiepe.
|03| – |10| AD Studio. Archiv G. Bonsiepe.
|11| |12| Sandra Buchmüller und Gesche Joost.
Archiv G. Bonsiepe.
|13| Juan Arroyo und Oliver Hochscheid.
Archiv G. Bonsiepe.
|14| – |18| clearinteractive. Archiv: G. Bonsiepe.
|19| Tsuyoshi Ogihara. Archiv G. Bonsiepe.

07. Blick auf Bruchstellen und Fugen

|01| – |11| |13| – |19| |22| – |26| |28| – |31| Fotos G. Bonsiepe.
|12| Foto Augusto González.
|27| Screenshot Apple Computer Mac OS 8.0, 1997.
|20| |21| |32| Diagramme G. Bonsiepe.

09. Operationelles und gegenläufiges Denken

|01| – |05| Fotos G. Bonsiepe.
|06| Foto Christian Staub. Mit freundlicher Genehmigung
des hfg-Archivs Ulm.
|07| Foto Wolfgang Siol. Mit freundlicher Genehmigung
des hfg-Archivs Ulm.

10. Militanter Rationalismus in einem Labor kultureller Innovation

|01| |02| Foto Roland Fürst. Archiv G. Bonsiepe.
|03| – |18| Werner Zemp. Archiv G. Bonsiepe.
|19| |20| Archiv G. Bonsiepe.

11. Entwurf und Entwurfsforschung – Differenz und Affinität

|01| |02| Diagramme G. Bonsiepe.

12. Innovationen im Design und Globalisierung

|01| |02| |04| |05| |08| – |13| |16| |19| – |22| |25| Fotos G. Bonsiepe.
|03| |24| Archiv G. Bonsiepe.
|06| NZIER, Neuseeland. Digitalisiert und nachgezeichnet.
|07| New Centre of Innovation in Design, Helsinki.
Digitalisiert und nachgezeichnet.
|14| Studio Fontanadiseño.
|15| |23| Mit freundlicher Genehmigung des iF International
Forum Design, Hannover.
|17| Werkfoto Dyson.
|18| NOPICNIC Industrial Designer AB.
|24| Werkfoto Wilkhahn.
|26| Nachgezeichnet nach Jacques Carelman.

Trotz intensiver Nachforschungen ist es bei einigen
Abbildungen nicht gelungen, den Namen des jeweiligen
Fotografen ausfindig zu machen. Eventuelle Hinweise
sollten an den Autor gerichtet werden.

Die Reihe *Schriften zur Gestaltung* wird herausge-
geben von der Zürcher Hochschule der Künste
Ralf Michel, Jacqueline Otten, Hans-Peter
Schwarz

Bibliographische Information der Deutschen
Bibliothek
Die Deutsche Bibliothek verzeichnet diese
Publikation in der Deutschen Nationalbibliogra-
phie; detaillierte bibliographische Daten sind im
Internet über http://dnb.d-nb.de abrufbar.

© 2009 Birkhäuser Verlag AG
Basel · Boston · Berlin
Postfach 133, CH-4010 Basel, Schweiz
Ein Unternehmen der Fachverlagsgruppe
Springer Science + Business Media

Redaktion: Karoline Mueller-Stahl
Gestaltung: marca, Carlos Venancio
und Fabián Goya, Buenos Aires
Layout: María Carla Mazzitelli (marca)
Umschlag: Ignacio Darraidou (marca)
Gestaltungskonzept Umschlag: Formal,
Christian Riis Ruggaber, Zürich
Schrift: Garamond 3, Univers
Papier: Opus Praximatt 135 gm²

Gedruckt auf säurefreiem Papier, hergestellt aus
chlorfrei gebleichtem Zellstoff. TCF ∞
Printed in Germany
ISBN: 978-3-7643-8965-9
www.birkhauser.ch
9 8 7 6 5 4 3 2 1